AFRO!

Cher Philippe,

Vive la liberté capillaire ! (sans ironie !)

Amicalement, et bises

Rokhaya

Direction éditoriale
Laurence Lacour

Coordination éditoriale
Marie Baird-Smith

Conception graphique
Fanny Allemand, Chloé Laforest

Mise en pages
Fanny Allemand

Révision des textes
Emmanuel Dazin

Photogravure
Axiome Communication

Afro ! se prolonge sur le site www.arenes.fr

Éditions des Arènes
27 rue Jacob, 75006 Paris
Tél. : 01 42 17 47 80
arenes@arenes.fr

Crédits photographiques :

P. 4 : droits réservés. P. 63 : © REUTERS/Pete Souza/The White House/Handout. P. 243 : © Haruely Diloko. P. 251 : © Brigitte Sombié.

Crédits des textes et chansons :

P. 32-33, p. 111, p. 195 : Extraits du livre *Americanah*, Chimamanda Ngozi Adichie, trad. Anne Damour, Gallimard, 2015. P. 53 : « Chez moi », *Tragédie d'une trajectoire*, paroles et musique Casey, Discograph, 2006. P. 99 : « Afro », *Baduizm*, paroles et musique Erykah Badu, Jalfar Barron & James Poyser, Universal Music, 1997. Traduction des paroles Laurent Bury. P. 123 : « Four Women », *Wild Is The Wind*, paroles et musique Nina Simone, Phillips Records, 1966. Traduction des paroles Laurent Bury. P. 135 : « Kinks In My Hair », *Love Revolution*, paroles et musique Inna Modja, Warner Chappell Music France, 2011. Traduction des paroles Laurent Bury. P. 144-145 : « Lettre de Fatouma à sa fille Aïssé », extrait du film *La Ligne de couleur*, Laurence Petit-Jouvet, texte Fatouma Diallo, 2015. P. 155 : « I Am Not My Hair », *Testimony: Vol. 1, Life & Relationship*, paroles et musique India Arie, Motown, 2006. Traduction des paroles Laurent Bury. P. 207 : « Afrodance », *Nü Revolution*, paroles et musique Hélène Faussart, Célia Faussart & Piranha Head, import, 2011, Nubiatik. Traduction des paroles Les Nubians. P. 216-217 : *L'Autobiographie de Malcolm X*, Malcom X et Alex Haley, trad. Anne Guérin, Grasset, 1993. P. 271-273 : *Moi et mon cheveu, cabaret capillaire*, mise en scène et jeu Eva Doumbia, Paola Audrey N., La Part du Pauvre, coproduction Théâtre des Bernardines, festival de Marseille, 2011. P. 281 : *Mouton*, Zeina Abirached, Cambourackis, 2012.

AFRO !

Textes de **ROKHAYA DIALLO**
Photographies de **BRIGITTE SOMBIÉ**

les arènes

Marème Gueye-Diallo dans les années 1970.

PRÉFACE

par **Rokhaya Diallo**

〜〜〜〜〜〜〜〜〜

Il y a quelques années, je suis tombée sur une ancienne photo de ma mère portant une magnifique coiffure afro, à la mode des années 1970. Cette superbe chevelure, je ne l'ai jamais vue de mes yeux puisque ma mère avait décidé quelques années plus tard de transformer ses cheveux crépus en les défrisant ou en les parant d'extensions lisses. Cette expérience capillaire est loin d'être exceptionnelle. En France, la plupart des femmes noires et d'origine maghrébine coiffent leurs cheveux frisés ou crépus en modifiant leur nature. Le lissage étant souvent la seule condition pour que les chevelures de nature crépue soient admises, perçues comme « bien coiffées », ces femmes optent pour la dénaturation (défrisage chimique ou au fer chaud) de leurs cheveux. L'autre procédé consiste à porter des extensions (tissages ou perruques). Assumer ses cheveux non lissés, dans un monde où les plus grandes icônes noires sont Beyoncé, Naomi Campbell ou Michelle Obama, reste un choix marginal.

Notre pays est pluriel, pourtant certains espaces demeurent hermétiques à la présence de minorités, plus encore lorsqu'elles se présentent avec leurs cheveux au naturel. Or, l'acceptation de cette diversité ne peut être partielle. Comment prétendre considérer comme légitime la place des personnes noires et d'origine maghrébine si celles-ci intériorisent un interdit selon lequel on ne tolère pas leurs cheveux dans tous les espaces ? Autant les prévenir clairement : « Nous ne voyons aucun inconvénient à ce que vous soyez arabes ou noirs, mais s'il vous plaît, soyez-le avec modération ! »

●●●

●●● Dans ce contexte, on remarque d'autant plus les changements récents survenus dans les représentations publicitaires en France, où apparaissent quelques afros associées aux idées positives de jeunesse et de liberté.

En cela, la publicité flaire l'air du temps car, malgré la pesanteur des contraintes sociales, on a vu émerger, ces dernières années, une volonté exprimée et de plus en plus décomplexée chez les afro-descendants d'un retour au naturel. Né aux États-Unis, le mouvement dit « *nappy*[1] » (contraction de *natural* et *happy*), qui promeut le cheveu afro au naturel, semble avoir trouvé ses adeptes en France. Il est temps aujourd'hui de célébrer ces identités multiples qui animent notre pays et qui s'affirment en opérant une douce révolution esthétique.

France–États-Unis : même combat ?

En 2013, j'ai réalisé un documentaire, *Les Marches de la liberté*, dans lequel je suivais un groupe de jeunes Américains à la découverte de notre patrie des droits humains. Marquée par sa rencontre avec la garde des Sceaux Christiane Taubira, une des visiteuses, afro-américaine, s'est trouvée agréablement surprise de voir une femme noire de ce niveau porter des tresses. « Tu imagines Michelle Obama avec une afro ? », me confiait-elle plus tard. Effectivement, j'avais du mal à imaginer la First Lady du pays le plus puissant du monde portant

---

1. À l'origine, le terme « *nappy* » revêt un sens péjoratif. Il est né dans le contexte esclavagiste pour moquer les cheveux des Noirs (« *nappy* » désigne aussi les couches sales). C'est pourquoi il est souvent rejeté aux États-Unis, où de nombreuses personnes lui préfèrent « *natural hair* », cheveux naturels.

des cheveux crépus qui l'auraient étiquetée comme rebelle ingérable et sans doute hypothéqué toutes les chances électorales de son époux.

Cette réflexion venant d'une Américaine montre à quel point, aux États-Unis, les cheveux sont au centre des questions identitaires. Ce n'est pas un hasard si la première millionnaire self-made woman, l'Afro-Américaine Madam C. J. Walker (1867-1919), a fait fortune en développant une ligne de produits capillaires spécifiques pour les cheveux des Noirs. En pleine ségrégation, la question de la présentation de ces cheveux honnis par la société dominante était cruciale.

Des décennies plus tard, les Noirs en lutte pour leurs droits civiques ont aussi investi le champ esthétique pour clamer leur égalité. Égaux en droits et égaux en beauté : « *Black is beautiful !* » Dans une société dominée par les canons de la beauté blanche, il était impératif pour les Afro-Américains d'affirmer leur corps et de créer leurs propres canons, pour forger une esthétique nouvelle. L'image du visage de la militante américaine Angela Davis orné d'une splendide coiffure afro faisait alors le tour du monde, bouleversant les codes visuels, entremêlant esthétique et politique.

Frisés et fiers de l'être ?

Lorsque j'ai décidé d'adopter le cheveu naturel après des années de défrisage, je l'ai fait animée du sentiment d'agir à contre-courant de toutes les recommandations plus ou moins tacites qui m'avaient été adressées depuis ma plus tendre enfance. Et c'est paradoxalement le fait de ne plus rien faire à mes cheveux, de les laisser tels qu'ils poussent sur ma tête, qui est apparu comme un ●●●

> *« Paris, boulevard de Strasbourg. Le plus petit coin de rue révèle la longue peine des femmes noires, leur obsession intime : se trouver belles en portant les cheveux crépus. Les autres femmes ne savent pas cela. Toutes les autres femmes du monde, même les Aborigènes des Antipodes, sont nées avec une chevelure lisse. Des cheveux qui bougent sous le souffle du vent, qui ne s'aplatissent pas quand elles se couchent, des cheveux dans lesquels les hommes peuvent passer la main. Les femmes d'ascendance subsaharienne sont les seules à avoir été radiées de la douceur. »*
>
> Léonora Miano, *Blues pour Élise*, Plon, 2010.

●●● acte militant. Si la question de la beauté peut sembler superficielle – après tout, de nombreuses féministes s'opposent à ces canons qui enferment et briment le corps des femmes –, elle relève pourtant de lourdes pesanteurs sociales et historiques. Pour ces femmes et ces hommes non blancs dont les traits – peau sombre, cheveux frisés, yeux bridés... – sont d'emblée exclus de ce qui est perçu comme « beau », la conquête de la beauté revêt un tout autre sens, un sens éminemment politique. Il s'agit non seulement d'être pris en compte dans sa société, mais aussi de voir ses caractéristiques respectées et valorisées.

Dans cette démarche, la place des cheveux n'est pas anodine, la revendication de sa propre beauté capillaire au naturel signifiant la réappropriation d'un trait physique lourdement stigmatisé et marginalisé.

À force d'être masqués, les cheveux crépus et frisés sont vus comme des anomalies à éradiquer. Le champ public étant majoritairement investi par des femmes qui ont opté pour le lisse, il est d'autant plus difficile pour celles et ceux qui font un autre choix de l'assumer sans prendre le risque d'apparaître comme négligés. Le fait que les femmes noires soient le seul groupe dont la pratique majoritaire consiste à cacher ses cheveux produit une déformation de leur perception dans la représentation collective.

Ce livre ne vise pas à remplacer un diktat par un autre en stigmatisant l'usage des différentes techniques de lissage ou les personnes qui en sont adeptes.

Mon souhait est d'offrir de la visibilité à des cheveux trop souvent masqués et à leur texture niée, condition pour qu'ils trouvent leur place dans l'imaginaire collectif. C'est un pas vers la déconstruction de la norme dominante du cheveu

« Malgré la répression implacable des racistes, les Panthers ont déjà remporté des victoires énormes. En même temps, les jeunes Noirs des États-Unis se sentent orgueilleux d'être Noirs et s'imposent aux Blancs comme tels. C'en est fini de l'époque où ils utilisaient des produits cosmétiques et se défrisaient les cheveux. Maintenant, ils les laissent en liberté par provocation, comme ces merveilleuses infantes que peignait Vélasquez, uniquement pour se faire voir, pour montrer qu'ils existent et qu'ils sont différents. Quand un peuple prend conscience de son identité et affirme ses propres valeurs, il devient invincible. »

Extrait de « Jean Genet et les Black Panthers », *La Règle du jeu*, n° 18, 1996, propos de Jean Genet recueillis par Juan Goytisolo.

lissé ou défrisé – portée par la sacralisation du fameux *white girl flow*[2] – pour hisser le cheveu frisé ou crépu au même rang de respectabilité en lui conférant une valeur esthétique équivalente.

Si des personnes afro-descendantes font le choix de dénaturer leurs cheveux, ce choix doit s'opérer en toute liberté, et non dans une optique dévalorisant l'aspect naturel. J'ai choisi d'ancrer ces visages dans le paysage parisien, en brossant le portrait de ce Paris qui m'a vue naître à travers les personnalités multiples qui l'incarnent. La capitale française reste trop souvent associée à l'image d'une ville sublime mais monocolore, alors que New York ou Londres se sont imposées sur la scène mondiale comme des espaces dynamiques et métissés.

Ces Parisiens, de passage ou de résidence, autant à l'aise avec leur identité métissée qu'avec leur apparence physique, témoignent de liens plus ou moins lointains avec le continent africain. Femmes et hommes, d'ascendance africaine au sens large – subsaharienne, caribéenne, arabe, berbère... –, se racontent à travers leurs cheveux. L'Afrique, gagnée par la standardisation de la beauté, n'est d'ailleurs pas absente de leurs propos. Nombre d'entre eux sont des artistes ou exercent des professions libérales qui leur offrent sans doute plus de souplesse pour libérer leur chevelure à leur guise.

Photographiés dans leur environnement, ils incarnent un instantané du Paris du XXIe siècle et montrent toute une variété de canons de beauté qui forge désormais son identité. ●

---

2. Mouvement des cheveux des filles blanches aux cheveux lisses, lorsqu'elles bougent la tête.

LAURENCE LASCARY

Productrice, 34 ans

Née à Bobigny, où j'ai grandi, je suis d'origine guadeloupéenne. Après mon diplôme en marketing et distribution dans l'audiovisuel, j'ai eu à coordonner la production d'une fiction sur la discrimination au sein de l'entreprise. Cela m'a ouvert les yeux. Ensuite, j'ai travaillé à New York, chez uniFrance, pour promouvoir le cinéma français. J'y ai trouvé la force de créer ma propre boîte. Mon ambition est de montrer la France réelle à la télé, avec sa diversité ethnique, sociale, au sens le plus large du terme.

J'ai la chance d'avoir grandi à l'époque du *Cosby Show*. Je m'identifiais à leur fille, à laquelle je ressemblais. En plus, j'aimais bien mes cheveux donc tout allait bien. Quand j'ai eu 7 ans et ma sœur 10 ans, nous avons voulu nous défriser les cheveux par mimétisme, pour ressembler à notre mère que l'on l'accompagnait au salon de coiffure. Nous étions contentes parce qu'ils étaient devenus souples. On pouvait secouer la tête, glisser des serre-tête très fins qui n'auraient pas tenu dans une chevelure crépue. Mais un jour la coiffeuse s'est trompée, en utilisant un produit contenant de la soude. On a perdu tous nos cheveux de devant...

J'ai continué mais, au fil du temps, j'ai ralenti car mon cuir chevelu ne supportait plus ces traitements. J'avais des plaques sur le crâne. Quand j'ai commencé à assumer mes cheveux naturels, la culture *nappy* n'existait pas. Les premiers articles sont apparus vers 2001. J'ai décidé de couper ceux qui étaient encore défrisés. ~ **J'étais heureuse de pouvoir me réapproprier les codes de la beauté. J'avais vraiment envie d'affirmer mes propres critères esthétiques. Pour les Noirs, affirmer « Black is beautiful », c'est devenir sa propre référence et s'inscrire dans l'humanité.** ~

J'aime bien changer de tête, mais il est difficile de trouver une bonne coiffeuse. L'offre est inférieure à la demande, alors on se fie au bouche à oreille. J'en avais une excellente mais elle est partie à l'étranger. Cette coiffure reflète ma personnalité et les gens me prennent comme ça. Ma mère m'appelle « Angela Davis »... C'est un compliment. Une de mes amies n'ose pas franchir le cap. Elle craint de n'être plus féminine.

J'approuve le mouvement *nappy* tant qu'il n'est pas intransigeant. C'est important d'être bien dans sa peau et d'échanger des conseils pour apprendre ou réapprendre à aimer nos cheveux. Les femmes noires médiatiques portent toutes des tissages ou des défrisages, rares sont celles qui évoluent avec leur chevelure naturelle. Est-ce un choix raisonné ou bien une concession pour être visible ? ~ **Si un jour j'ai une fille, j'aimerais qu'elle aime ses cheveux. Cela me peine de voir toutes ces ados qui s'affublent de perruques.** ~

Parc Martin-Luther-King, Batignolles, XVIIe ~ *J'aime venir ici pour me recentrer, me vider la tête. C'est agréable, il y a plein de verdure, ce qui est rare finalement dans le nord de Paris. Ça me met dans un bon état d'esprit.*

Paris, IIᵉ ~ *Sur le balcon de l'appartement d'Aïssa Maïga.*

ALPHA & AÏSSA MAÏGA

Oncle & nièce, journaliste, 55 ans, & actrice, 39 ans

ALPHA : Je suis né au Mali et j'ai grandi dans la région de Gao, dans le vieux village de Lollehoye, qui donne sur le fleuve Niger. J'ai suivi l'école primaire là-bas en trois ans, puis j'ai continué jusqu'au bac à Gao, où j'habitais chez ma sœur aînée. J'ai fait partie de la première promotion du lycée de Gao. En tant que major du Mali en anglais au bac, j'aurais dû partir au Caire, mais les démarches pour ma bourse ont traîné un peu et j'ai passé le concours de l'École de journalisme de Dakar. Je me suis placé dans le sillage de Mohamed Maïga[1], mon frère, qui a fait partie des leaders de la révolution au Burkina Faso. Je me suis retrouvé là-bas avec Thomas Sankara, Blaise Compaoré, Henri Zongo, Jean-Baptiste Lingani et Mohamed, le cinquième meneur de cette révolution. Le 1er janvier 1984, alors qu'on déjeunait, j'ai vu mon frère Mohamed se lever puis tituber en s'accrochant au mur. Je me suis levé pour l'attraper mais il m'a entraîné au sol et il est mort comme ça, dans mes bras...

Ensuite, j'ai fréquenté l'École supérieure de lettres et de sciences humaines au Burkina Faso et, arrivé en France, j'ai continué à la Sorbonne. Après un petit essai au journal *Jeune Afrique*, j'ai approché le musée de l'Homme et l'ethnologue Jean Rouch, pour qui j'ai réalisé des traductions et des commentaires. J'ai travaillé avec lui jusqu'à sa mort en 2004. Parallèlement, j'ai publié un livre sur la situation actuelle du nord du Mali.

J'ai toujours eu les cheveux afro depuis mon enfance. Mon frère, Mohamed, qui avait « les grands cheveux », était mon modèle. Quand il venait en vacances, c'était un monument. Ensuite, j'étais adolescent du temps de l'afro. Quand la mode est passée, les gens ont coupé leurs cheveux, mais pas moi. C'est resté mon style, ce qui m'identifie. ~ Je ne veux pas ressembler à tout le monde. Toutes les femmes qui ont traversé ma vie ont aimé mes cheveux. Le mouvement naturel ? C'est une révolution : la révolution c'est faire le tour, aller d'un point au même point. Les gens sont fatigués des histoires de mode, ils reviennent nécessairement vers la nature. Je ne saurais pas dire si c'est par résistance ou par affirmation identitaire. ~ ●●●

1. Journaliste malien engagé, mort assassiné en 1984. C'est le père d'Aïssa Maïga.

●●● **AÏSSA** : Je suis née à Dakar et arrivée en France, à Fresnes, en 1979, par un glacial mois de novembre… J'avais 11 ans quand on s'est installés à Paris. Mon père est malien et ma mère sénégalaise, de la région de Kaolack. J'ai grandi avec elle jusqu'à l'âge de 4 ans puis avec mon père jusqu'à l'âge de 8 ans et, lorsqu'il est décédé, on m'a envoyée chez mon autre oncle et sa femme, une Française, blanche. Je suis une enfant de l'école de la République, d'abord à Fresnes puis à Paris, au collège et au lycée Voltaire. Mon oncle avait tout planifié pour moi, finalement, j'ai trahi ses espoirs. Je devais étudier la sociologie, mais comme à l'adolescence j'avais joué la comédie par le biais d'une de mes professeurs de collège, j'ai voulu continuer. Mon oncle, qui avait la lourde tâche de m'éduquer, a accepté que je continue le week-end et les vacances. Et, pendant trois ans, j'étais franchement mordue. Ensuite, par hasard, j'ai été contactée pour tourner dans le film *Le Royaume du passage*, au Zimbabwe.

Petite, c'est ma belle-mère qui me coiffait. Mais elle faisait tellement mal ! En général, on me faisait des critiques sévères sur ma coupe de cheveux. En fait, elle avait la mauvaise idée de me faire la coupe en soleil, avec des tresses dressées sur la tête. Je n'aimais pas trop mes cheveux, mais en même temps, j'aimais bien tresser mes poupées. Je ne leur faisais pas ces coiffures de filles blanches dont je rêvais pourtant par ailleurs. Je me mettais des serviettes sur la tête… toutes les petites filles noires de France et de Navarre ont joué à ce jeu. Ça dit beaucoup sur l'influence de la majorité qui, en nous dictant le beau, allait vraiment à l'encontre de notre nature de cheveux. Ensuite, ado, je n'avais pas particulièrement de modèles, à part Grace Jones à laquelle on me comparait tout le temps, mais je n'étais pas du tout sensible à ce qu'elle faisait. Je me suis défrisée deux fois, d'abord à 14 ans car j'en avais marre de me coiffer. Je me suis retrouvée avec des fils sur la tête, un air d'oiseau déplumé. En plus, ça m'avait brûlé la peau. Je me sentais vraiment atteinte dans ma nature profonde. Et je l'ai refait encore une fois quand j'étais enceinte... Un moment de faiblesse.

J'optais plutôt pour des tresses avec des rajouts. Déjà, c'était plus pratique : plus besoin de se coiffer tous les jours. C'était l'idée qu'on se faisait d'une coupe africaine, alors ça donnait l'impression de ne pas se trahir. C'était un bon compromis, tout en ayant des cheveux un peu longs.

Et puis après, j'ai tout fait, je suis allée du pire au meilleur. Le cheveu afro, avec tout ce qu'il a fallu d'inventivité au fil des siècles, offre aujourd'hui une vraie liberté et beaucoup de choix. Cela me permet de changer de coupe, de personnalité au fil des rôles pour les films et au fil des humeurs, des envies. Je les garde naturels mais, si je veux, je sais que je peux les porter raides ou bouclés avec des tissages. Mais dans mon métier, il y a un véritable obstacle : peu de professionnels savent prendre soin de mes cheveux. Sur un tournage ou lors de festivals, comme à Cannes, j'ai carrément peur de leur confier ma tête. Et comme je ne suis pas non plus un as de la coiffure, le fait de me présenter avec un tissage me donne le sentiment d'être un peu protégée. Je sais que je n'aurai pas les cheveux cramés ou une coupe sans allure. Et au milieu de tout ça, parfois, je garde mes cheveux afro pour des séances photos.

La création du mouvement *nappy* m'a vraiment soulagée. ~ Se réapproprier et affirmer une esthétique conforme à notre nature profonde, c'est quand même très positif. En même temps, l'effet de mode me dérange un peu, sans nier sa portée sociologique. Je revendique la liberté de pouvoir piocher dans toutes mes cultures. Lire la personnalité des gens au travers du seul regard univoque porté sur les cheveux, c'est forcément réducteur. Ma mère et mes tantes, qui se sont beaucoup défrisé les cheveux, sont beaucoup plus africaines que nous, c'est sans comparaison. ~

CLAUDIA TAGBO

Comédienne

Je suis née en Côte d'Ivoire, à Abidjan. Je suis arrivée assez tard en France, vers 13 ans, et j'ai grandi dans le sud de la France, d'abord en Lozère puis dans le Gard. Mon parcours scolaire a été chaotique. Je fais partie de ces élèves qui aiment l'école mais que l'école n'aime pas. Pourtant, j'ai été déléguée de classe, de lycée et même de région. Ensuite, j'ai étudié l'art et le théâtre à Paris-VIII. Grâce à nos professeurs, on a travaillé vite et bien, avec des auteurs comme Valère Novarina. Le stand-up, c'est venu avec un comédien, Diouc Koma, et ça m'a conduite au Jamel Comedy Club. Je suis comédienne, je ne fais pas de l'humour, pour moi c'est un exercice, une couleur à ajouter à ma palette.

Ma mère étant coiffeuse, il était inconcevable que ses enfants soient mal coiffés. Elle a même réalisé sur nous toutes les expériences de la planète, dont le défrisage au fer chaud, ou avec des produits. J'ai arrêté de me défriser en 2006, parce que la soude brûle le cheveu et forme des petites croûtes que j'avais le réflexe de gratter. Et surtout à cause des produits chimiques contenus dans les défrisants. Nos cheveux sont magnifiques mais ils sont fragiles. J'ai beau prévenir les femmes autour de moi, elles ne m'entendent pas et s'obstinent à vouloir des cheveux lisses. On doit correspondre à une certaine beauté, laquelle est européenne.

~ Ce qui m'a fait le plus rire, c'est la panique dans les yeux des coiffeuses quand j'arrivais sur des tournages. Parfois, pour aller plus vite, on me mettait une perruque. Mais maintenant, elles font des stages d'initiation. Je suis dans un domaine plus souple que celles qui présentent les infos, comme Audrey Pulvar. Elle n'a pas la même liberté de comportement. Je ne crois pas que l'on manque de modèles. Ce sont nos modèles qui ne sont pas en lumière. Nuance. ~

Une cour d'immeuble, Xᵉ ~ *Depuis que je vis en France, j'ai toujours trouvé ces cours assez tristes et trop calmes. Là d'où je viens, une cour signifie du bruit : on y fait à manger, on s'y fait coiffer, on s'interpelle. On vit !*

Place Jean-Jaurès, XIXe ~ *Mon petit nid, mon havre de sécurité. Je me sens bien dans l'immeuble, très familial. Et c'est un quartier multi ethnique, j'aime les quartiers vivants. En plus, il y a de l'eau, avec le canal.*

LAWA FAUQUET

Comédienne, 56 ans

Je suis née à Clermont-Ferrand. Ma maman est française blanche et mon père camerounais. Toute petite, j'ai su que je voulais devenir comédienne ; j'ai fait le conservatoire d'art dramatique à Clermont-Ferrand, ensuite l'Actors Studio à Paris, et le Roy Hart Theatre à Malérargues. Parallèlement, j'ai suivi une formation de chanteuse. J'étais la seule petite Black dans une famille de blonds aux yeux bleus. En fait, ma mère s'est mariée avec un Blanc, mes frères et sœurs sont donc blancs aux yeux bleus. Elle a les cheveux lisses, blond-châtain, et moi, je ne ressemblais à personne dans la famille. À Clermont-Ferrand, à l'époque, il n'y avait pas beaucoup de Blacks. J'ai très mal vécu cette différence. Je n'avais pas de réponses à mes questions. Quand je demandais : « Maman, pourquoi je suis noire ? », elle me disait : « On t'a oubliée dans la voiture au soleil quand tu étais bébé ! » Elle ne savait pas quoi dire, elle devait faire un déni total de son histoire avec mon père, que j'ai découvert à l'âge de 18 ans. Je ne suis pas qu'une Auvergnate, je suis aussi une petite Africaine. C'est important pour moi. La question se pose encore aujourd'hui pour les castings. On ne me convoque que s'il est précisé dans le scénario que le personnage est une femme noire.

Mes cheveux, je les ai toujours laissés naturels, sauf une fois à 16 ans ; j'étais encore chez ma mère, où on a voulu me faire défriser. J'ai détesté, je ne me reconnaissais pas. J'avais l'impression d'être une poupée, j'ai vite mis la tête sous l'eau. J'ai bien conscience que ça me met dans une case, le groupe des « touffes ». Mais d'un autre côté, mes cheveux me représentent vraiment. Si je ressemblais à toutes les petites frangines avec leurs tresses, leurs vanilles et leurs cheveux lissés, aurais-je moins de propositions ? **~ En entendant parler d'un mouvement « *natural and happy* », j'ai réalisé que j'appartenais à une famille. C'est chouette. Il faudrait le développer. Les frangines doivent arrêter de se massacrer la tête. Ce sont leurs racines, c'est leur identité. Et puis, il faudrait que les mamans arrêtent de martyriser leurs petites filles et leurs petits crânes chéris. ~** Il n'y a pas longtemps, sur un tournage, un mec m'a dit : « Hé sœur, tu veux pas que je te donne 10 balles pour aller chez le coiffeur ? » Sinon c'est plutôt positif. Quand je croise une « frangine de la touffe » dans la rue, on se sourit, j'adore ça.

Le cheveu comme arme de reconnaissance

Virginie Sassoon ~ Sociologue des médias

Notre conception de la beauté est le produit de rapports de force politiques. Les représentations médiatiques hégémoniques façonnent des hiérarchies symboliques du « beau ». Le psychiatre et penseur Frantz Fanon écrivait que le colonisé doit se débarrasser des images dépréciatives que les colonisateurs lui ont imposées. Pour se construire une autre vision de lui-même, il doit se libérer de « l'arsenal complexuel qui a germé au sein de la situation coloniale ».

Le mouvement Black Power aux États-Unis, dans les années 1960, a cherché à retourner le stigmate que représentait le cheveu crépu en motif de fierté. Le cheveu naturel apparaissait comme l'un des symboles forts de cette lutte pour l'égalité, son défrisage ayant été analysé comme l'intériorisation d'un complexe d'infériorité. Le slogan « Black is beautiful » incarnait alors un enjeu politique de lutte contre le racisme et pour l'égalité des droits.

La mode des coupes afro n'a pourtant pas survécu aux années 1970. Popularisée par les Black Panthers, cette coupe était un symbole politique pour lutter contre l'uniformisation du défrisage et incarnait une revendication identitaire et militante, un symbole de résistance. Si cette période n'a pas duré plus d'une décennie, c'est parce qu'elle a été notamment rejetée par la société blanche américaine, considérant les porteurs de cette coupe comme des marginaux, des inadaptés sociaux. Le passage des cheveux crépus en boule afro des années 1970 aux cheveux défrisés marque, pour le chercheur Souley Hassane, un changement d'époque : de « celle des luttes pour les droits civiques à celle de la réussite par les affaires ».

Aujourd'hui, les femmes noires les plus puissantes – de la première dame Michelle Obama à la productrice et présentatrice Oprah Winfrey, de la chanteuse Beyoncé au mannequin Naomi Campbell – se plient au diktat du cheveu lisse. Néanmoins, d'autres figures s'imposent, du mannequin Alek Wek à la comédienne Lupita Nyong'o, jusqu'à la chanteuse Solange Knowles, qui incarnent une beauté noire au naturel.

Loin des discours militants des années 1960, le mouvement *nappy* commence à être médiatisé en France au début des années 2000, et connaît un véritable succès d'audience sur Internet. Ce mouvement a eu le mérite de déplacer le cadre interprétatif du cheveu crépu du « politique » (*black power*) au « bien-être » (*happy*). Il est ainsi parvenu à élargir de manière plus consensuelle les possibilités d'une réappropriation symbolique et physique du cheveu naturel. Son succès est également concomitant au développement d'un marché : le naturel se « vend » mieux.

Pourtant, derrière l'habillage marketing, cette esthétique, parce qu'elle transgresse la norme dominante du cheveu lisse, continue à soulever des enjeux politiques. Dans une société où la visibilité médiatique est devenue synonyme d'existence sociale, le développement du mouvement *nappy* peut être compris comme participant à une lutte pour la visibilité du cheveu crépu, en vue d'une reconnaissance. Les forums sur Internet attestent d'ailleurs d'une radicalisation politique d'une partie des *nappy girls* en France, pour qui le respect du cheveu naturel est inextricablement lié à une revendication identitaire. •

CYNTHIA TOCNY

Chef de projet informatique bancaire, 40 ans

Née à Clamart, j'ai grandi à Fontenay-aux-Roses dans le 92, avec mes parents guadeloupéens. J'ai étudié la gestion des entreprises et administration, puis l'anglais et l'allemand, mais j'ai tout abandonné car quand j'ai commencé à travailler, cela ne me plaisait pas. Après un bilan de compétences, j'ai opté pour l'informatique et, avec un BTS, je suis entrée dans une grande banque où je travaille comme chef de projet informatique.

J'ai toujours eu des copines blanches, je rêvais d'avoir les cheveux raides, comme elles. Comme beaucoup de filles noires, je mettais une serviette ou un pull sur ma tête pour jouer à leur ressembler. En quatrième, lors d'un carnaval, j'ai voulu me déguiser en Whitney Houston, j'ai tellement brossé mes cheveux qu'ils ont formé une touffe afro. Sauf qu'au carnaval, on te lance des œufs et de la farine, alors je suis rentrée chez moi avec un gâteau sur la tête ! Ensuite, je n'ai plus voulu lâcher mes cheveux. À 18 ans, après ma première expérience de défrisage, ils ont été longs et beaux, comme je l'avais toujours rêvé. Mais au fil des défrisages, ils se rabougrissaient et mon crâne était irrité en permanence. Les soins chez les coiffeurs coûtaient cher, et quand ils me brûlaient la tête, ils me disaient, fatalistes : « Oui, mais c'est le défrisage ! » Ça tournait à la contrainte, et puis j'étais toujours coiffée de la même manière, avec un chignon. Le 31 juillet 2007, j'ai décidé d'arrêter tout ça définitivement. Pas une question de mode, mais de ras-le-bol. Aux États-Unis, j'ai vu beaucoup de gens porter des coiffures afro. Ça m'a aidée. Mais ma famille n'était pas prête. Pour ma mère, les cheveux sont très importants, dès que je lui parle d'une femme noire, elle m'interroge d'abord sur ses cheveux. Quand ils sont clairs, elle les trouve beaux. Elle était d'accord pour que j'arrête le défrisage, mais contre l'afro car pour elle, ça n'était pas une coiffure.

~ Moi-même, au début, j'avais du mal à aller au travail en afro. J'ai fait des nattes pendant un temps, puis j'ai porté un bandeau, avant de les laisser naturels. J'étais assez fière. Mes collègues rechignaient sans oser me dire franchement qu'ils n'aimaient pas mon allure. À leur réaction, j'ai vu qu'ils préféraient les nattes à l'afro. ~ Un jour, j'attendais le bus, une voiture s'est arrêtée et on m'a demandé si j'allais chez le coiffeur... C'est dur. J'avais besoin d'encouragements et d'aide pour faire les nattes et les vanilles. Maintenant ça va, je gère. Je suis les conseils de coiffure sur YouTube. J'ai un peu peur que le mouvement *nappy* ne soit qu'un effet de mode éphémère. Ce serait dommage car on commence à s'habituer à voir des coiffures naturelles. Il ne faudrait pas que les générations futures souffrent des mêmes problèmes de cheveux que leurs aînées.

Les Buttes-Chaumont, XIXe ~ *J'ai choisi ce parc parce que c'est un endroit particulièrement charmant, avec ses dénivelés, ses cascades... et surtout, il est à proximité de mon domicile, ce qui m'a convaincue dans le choix de mon appartement.*

Avenue Jean-Moulin, XIVᵉ ~ Anthony : *Le XIVᵉ arrondissement, c'est là où on est nés. On a grandi ici, juste à côté. Et puis c'est un quartier de Paris qui est calme, avec quand même une histoire artistique assez forte. C'est le quartier de Renaud, Georges Brassens et aussi Gainsbarre… C'est pas mal !* De gauche à droite : Anthony, Anna, Adrien et Alexis.

ANNA AMAZONAS SILVA PESKINE

Sculptrice, 68 ans

ALEXIS, ANTHONY & ADRIEN PESKINE

Ses fils artistes plasticiens & musicien, 32, 34 & 35 ans

ANNA AMAZONAS SILVA PESKINE : Je suis née au Brésil. J'y ai rencontré mon mari et, en 1976, on a décidé de venir vivre à Paris, où j'ai étudié trois ans aux Beaux-Arts. Avant, dans ma jeunesse, on se lissait beaucoup les cheveux. Ma mère les a toujours portés lisses. Je l'ai fait jusqu'à l'âge de 15 ans puis j'ai arrêté, c'était trop contraignant et je trouvais que c'était mieux comme ça. Mais c'était très dur, parce que ça ne plaisait pas. On me trouvait un peu bizarre, j'ai eu beaucoup de problèmes avec ça. J'ai subi des moqueries, et un jour, on m'a même lancé des pierres. Le Brésil est un pays assez raciste, il est rare de voir des Noirs avec leurs cheveux naturels. C'est pourquoi j'ai décidé de m'affirmer comme je suis.

En France, bien sûr, il y a du racisme, mais je n'ai pas eu de remarques comme au Brésil. Parfois, ce sont des Noires avec des perruques ou des rajouts qui ricanent quand elles me croisent. Les cheveux naturels, c'est moi, ma personnalité profonde. ~ **À passer un temps fou, chaque matin, pour se faire un brushing, ou à dépenser beaucoup d'argent chez le coiffeur, on n'est plus soi.** ~ Je trouve génial le retour au naturel des jeunes générations, c'est tout ce que j'attendais.

ANTHONY PESKINE : Je suis né à Paris dans le XIVe. ~ **Quand j'étais petit, je laissais pousser mes cheveux, mais je ne pouvais jamais avoir les coiffures de mes héros à la télévision. Des petits blonds comme ceux de la série animée *Mask*, ou Axel, de *Streets of Rage*.** ~ Ado, je les ai eus encore plus longs, mais il fallait les démêler chaque semaine. C'était pénible et ça faisait une demi-heure de douche, ce qui ne correspondait pas à ma vision de l'écologie ! J'ai voulu les couper mais on me l'a déconseillé, parce qu'on les trouvait très beaux. Je l'ai quand même fait. Maintenant, ils sont bouclés et je peux faire ce que je veux. Je me suis déjà lissé les cheveux à l'occasion d'une fête, mais je ne le referai plus, c'est trop étrange. ●●●

●●● **ADRIEN PESKINE** : Moi aussi, je suis né dans le XIVe. Je suis musicien par vocation, et aussi dessinateur. Je faisais de la BD quand j'étais petit mais la musique est le truc le plus fort chez moi. J'en fais aussi avec mon petit frère, qui joue du saxophone depuis vingt ans. Petit, j'avais les cheveux tout lisses. Jusqu'à 13 ans, on m'appelait Mowgli parce que je ressemblais à un petit Indien. Je les portais longs aussi à cause de Shiryu, le chevalier du Zodiaque. À l'adolescence, mes boucles sont apparues et pour ressembler à mon grand frère et à ma mère, je me faisais des tresses. J'ai aussi porté des dreadlocks. Il m'arrive de faire des brushings pour voir leur longueur. J'aime bien les laisser tels quels quand ils sont vraiment volumineux. Je ne sais pas jusqu'où je vais les laisser pousser, mais je les veux longs et bouclés. J'ai fait des teintures comme Matthias, le chanteur du dessin animé *Embrasse-moi Lucile*, qui les portait rose et jaune. Avec ces cheveux on peut changer de coupe tout le temps, un peu comme les stars américaines dans chaque clip.

Je trouve ça cool dans la mesure où les gens s'assument et ne se sentent pas obligés de faire un truc uniquement parce que la société est un peu raciste, un peu coincée. ~ C'est joli une femme qui se lisse les cheveux, mais si elle le fait par obligation, c'est un peu une dictature. Je suis fier que ma mère n'ait jamais fait ça. ~

ALEXIS PESKINE : On est nés tous les trois dans le XIVe. Enfant, je n'avais pas trop de problèmes avec mes cheveux, dont ma mère s'occupait. Elle les trouvait beaux donc je les trouvais beaux. On disait qu'Adrien avait de plus beaux cheveux que moi mais cela ne m'affectait pas. J'arrivais même à faire des coupes comme mes héros, avec des raies dans mes cheveux crépus. En grandissant, on a commencé à faire du rap. À l'époque de MC Hammer, j'avais une coupe rasée, *high-top*[1], et une petite natte derrière, tressée par ma mère. Après, à l'époque de la fac, des copines s'en sont chargées.

Je les laisse pousser depuis trois ans. Il y a plein de gens qui disent que c'est compliqué, mais franchement, c'est hyper simple. Je comprends le mouvement *nappy*. De nombreuses femmes noires portent des tissages, des perruques, et quand elles les retirent, elles mettent un truc sur leur tête, alors on ne voit jamais leurs cheveux. Certaines disent que c'est plus simple, mais d'autres ont des complexes et subissent une pression sociale. Je suis assez méfiant devant les effets de mode. Dans les années 1970, il y a déjà eu la mode, américaine, des cheveux naturels. On a cru que c'était un progrès durable, mais ça n'a pas été le cas. ~ **Franchement, je ne suis pas *nappy*, ce sont mes cheveux, j'ai pas besoin d'une étiquette, ça serait chelou de dire à un Blanc : « Ouais t'es un flappy ! »** ~

---

1. *High-top*, ou *hi-top* : coiffure populaire à la fin des années 1980 et au début des années 1990, dont la figure de proue était le rappeur MC Hammer : les cheveux crépus coupés très court sur les côtés sont laissés plus longs en hauteur.

ADELINE MASSON
& TIKI MBONGO-MASSON

Mère & fille, formatrice, 36 ans & 5 ans

Je suis née aux Lilas, j'ai grandi en région parisienne, mais aussi à Bordeaux puis Auxerre. À Paris, j'étais habituée à une grande hétérogénéité ethnique, sociale, culturelle. En arrivant à Auxerre, dans un lycée du centre-ville, c'était étrange de ne plus voir autant de couleurs. Puis je suis revenue à Paris en classe prépa mais, depuis toute petite, j'avais très envie d'aller en Afrique. Je faisais déjà de la danse africaine. Après des études de sociolinguistique à la fac, je suis partie une première fois au Sénégal. De courts séjours, puis deux fois par an pendant une dizaine d'années. À Dakar, j'étudiais le hip-hop en lien avec un labo de recherches de Paris-V. Ma thèse, inachevée, portait sur le plurilinguisme et les interactions entre soignants et patients. Le papa de Tiki est camerounais, je l'ai rencontré en France.

Mon grand-père paternel était un Berbère, en partie kabyle, et ma grand-mère maternelle d'origine bretonne, rousse avec des taches de rousseur et des cheveux très frisés. Quand Tiki est née, elle nous a dit : « Ça vient de moi ! » Pendant ma grossesse, des copines *nappy* me conseillaient. Dès sa naissance, je savais déjà comment m'y prendre, avec un vaporisateur d'eau et de l'huile pour ses cheveux. Je voulais instaurer de petits rituels quotidiens autour des cheveux de Tiki pour prendre d'emblée de bonnes habitudes. Pour qu'elle comprenne que ce n'est pas contraignant de porter ses cheveux naturels. L'entrée à l'école lui a ouvert les yeux, avec une période un peu frustrante. Quand ses cheveux étaient mouillés, ils s'allongeaient, et quand ils séchaient ils raccourcissaient, alors qu'elle voulait toujours les avoir longs. Un jour, quelqu'un lui a dit que ses cheveux étaient en pétard. Je l'ai consolée en disant combien, moi, je les trouvais beaux et que, petite, je rêvais d'en avoir d'aussi frisés. L'an dernier, quelque chose a changé quand Ali, son grand copain, lui a dit qu'il la trouvait très belle.

~ **Pour moi, le défrisage n'est même pas envisageable. D'abord, je n'ai pas envie d'abîmer ses cheveux, et je n'ai pas à décider de ça. Je la trouve super comme ça. Un jour, elle aura peut-être envie d'expérimenter des choses et je devrai la laisser faire, mais ça lui appartiendra. Mon point de vue reste celui d'une femme blanche avec des cheveux lisses. D'autres auront d'autres influences sur elle et c'est très bien.** ~

Mon histoire familiale est marquée par les difficultés d'intégration en France. Dans ce pays, il y a un fossé entre le discours et la réalité à propos de l'acceptation de ceux venus des « colonies ». Mon grand-père s'appelait Ben Mansour et il l'a changé en Masson. Cette question-là se prolonge avec Tiki, et ce n'est sans doute pas tout à fait un hasard.

Quai de l'Oise, XIXe ~ *Toujours trouver un lieu, un parc pour que Tiki puisse jouer, etc.*
Et même s'il ne fait pas beau, dans ce quartier, on trouve d'autres lieux qui lui vont aussi bien qu'à moi.

Rue des Gravilliers, IIIe ~ *Je suis de Paris centre, mon père est arrivé en France*
à 17 ans pour travailler au marché des Halles, qui est aujourd'hui à Rungis.

AMELLE CHAHBI

Actrice & réalisatrice, 34 ans

Je suis née dans le centre de Paris et j'y ai grandi. Mes parents viennent du Maroc. Après mon bac, j'ai fait une école de théâtre. Ensuite, j'ai fait ce qu'on appelle du stand-up, et je suis passée d'humoriste à actrice puis réalisatrice.

J'ai toujours eu les cheveux frisés. Petite, on me les a coupés court et après, j'ai eu un rapport assez difficile avec eux. ~ J'ai fréquenté des écoles où j'étais la seule rebeu et je ne comprenais pas trop le fait que mes copines aient les cheveux lisses. Comme la majorité les avaient raides, je me suis dit que j'avais un problème. Je pensais même que les petits copains de l'école primaire étaient moins amoureux de moi à cause de « cette masse ». ~ Quand j'ai grandi, l'inverse s'est produit. J'ai tout gagné : j'avais les cheveux bouclés, j'étais mate... Tu sors du lot, et là tous les hommes te veulent, toi.

Je n'ai jamais fait de défrisage, mais il y a eu une période où je faisais tout le temps des brushings. ~ Il y a plein de rebeu qui se lissent les cheveux, elles sont toutes pareilles, comme des photocopies. Avec mon brushing, j'avais l'impression d'être comme elles. Comme je voulais me démarquer, j'ai fini par arrêter. En tant qu'actrice, les cheveux lissés permettent de changer de tête, ça peut être intéressant pour des rôles.

Je vais souvent au Maroc. Là-bas, les cheveux frisés et bouclés, s'ils sont lâchés, sont considérés comme négligés. À la télévision marocaine, les clips égyptiens défilent à longueur de journée, montrant des cils très fins, des peaux blanches, des cheveux très longs et très raides. Quand tu te présentes avec les cheveux bouclés, on te dit « Hou là là, c'est quoi cette bergère ? », ou « *Miskina*[1] ! Elle n'est pas éduquée ».

~ Sur les réseaux sociaux, à chaque fois que je poste la photo d'un événement où j'apparais les cheveux bouclés, je n'ai que des retours positifs. Certaines jeunes femmes me disent : « J'aimerais bien avoir le courage de faire ça, mais c'est de l'entretien ! » Après, chacun fait ce qu'il veut. On ne va pas faire des manifs en bas de chez les filles qui se défrisent comme des intégristes du cheveu ! ~

1. « La pauvre ! »

Americanah

Extrait du roman de Chimamanda Ngozi Adichie

Appel à Michelle Obama
Les cheveux comme métaphore de la race

Mon amie blanche et moi sommes deux groupies de Michelle Obama. Aussi l'autre jour lui ai-je dit : je me demande si Michelle Obama a des extensions, ses cheveux paraissent plus fournis à présent, les passer au fer tous les jours doit sacrément les abîmer. Et elle me répond : Tu veux dire que ses cheveux ne poussent pas naturellement de cette façon ? Donc est-ce une erreur de ma part ou n'avons-nous pas la parfaite métaphore de la race en Amérique ? Les cheveux. Avez-vous remarqué qu'à la télévision, dans les émissions sur les soins de beauté, les Noires ont des cheveux naturels (mèches enroulées, crépus ou frisés) sur la vilaine photo « avant », et sur la flatteuse photo « après », quelqu'un a pris un instrument en métal brûlant et lissé leurs cheveux ? Certaines femmes noires (américaines et non américaines) préféreraient se promener nues dans la rue que d'être vues en public avec leurs cheveux naturels. Parce que, voyez-vous, ce n'est pas professionnel, sophistiqué, ce que vous voudrez, ce n'est simplement pas normal. (S'il vous plaît, les commentateurs, ne me dites pas que c'est la même chose pour les femmes blanches qui ne se teignent pas les cheveux.) Quand vous avez *vraiment* les cheveux naturels de femme noire, les gens pensent que vous y avez « fait » quelque chose. En réalité, celles qui ont les cheveux afro ou dreadlocks sont celles qui n'ont rien « fait » à leurs cheveux. Vous devriez demander à Beyoncé ce qu'elle a fait. (Nous aimons tous Bey mais pourrait-elle nous montrer, juste une fois, à quoi ressemblent ses cheveux lorsqu'ils poussent sur son crâne ?)

J'ai naturellement les cheveux crépus. Que je les coiffe en tresses collées, en afro ou en nattes. Non, ce n'est pas pour des raisons politiques. Non, je ne suis pas artiste, poète ou chanteuse. Pas plus qu'une mère nature. Simplement je ne veux pas mettre de défrisant – je suis déjà exposée dans ma vie à suffisamment de risques de cancer. (En passant, pourrait-on interdire les perruques afro à Halloween ? L'afro n'est pas un déguisement, pour l'amour du ciel.) Imaginez que Michelle Obama en ait assez de ses fers à défriser, décide de revenir à ses cheveux naturels et apparaisse à la télévision avec une masse de cheveux laineux, ou des boucles serrées. (On ne peut pas prévoir quelle en sera la texture. Il est courant qu'une femme noire ait trois différents types de texture sur la tête.) Elle serait hallucinante, mais le pauvre Obama perdrait sûrement le vote des indépendants, et même celui des démocrates indécis.

MISE À JOUR ZoraNeale22, qui revient à la coiffure naturelle, m'a demandé de poster ma méthode. Du beurre de karité pur en guise de baume démêlant convient à beaucoup de cheveux naturels. Mais pas à moi. Le beurre de karité rend mes cheveux grisâtres et secs. Et les cheveux secs c'est mon plus gros problème. Je les lave une fois par semaine avec un shampoing hydratant sans silicone. J'utilise un démêlant hydratant. Je ne les sèche pas avec une serviette, je les laisse mouillés, les divise en sections et applique un baume crémeux (mon préféré pour le moment est le Qhemet Biologics, les autres sont Oyin Handmade, Shea Moisture, Bask Beauty, et Darcy's Botanicals). Puis je sépare mes cheveux en trois ou quatre grosses tresses plaquées et noue mon foulard de satin (le satin est préférable, il conserve l'humidité, tandis que le coton l'absorbe). Je me couche. Le lendemain, je défais les tresses et voilà, j'ai une ravissante afro légère et mousseuse. Le truc est d'ajouter le produit sur des cheveux humides. Et je ne les peigne jamais, jamais, lorsqu'ils sont secs. Seulement quand ils sont mouillés, ou humides, ou totalement imbibés d'hydratant. Cette formule peut même s'appliquer à nos amies blanches frisées qui sont fatiguées des fers à défriser et des traitements à la kératine. Y a-t-il des Noires américaines ou non américaines avec des cheveux naturels qui veulent nous faire partager leur méthode ? ●

Terrasse du Printemps, IXᵉ ~ *J'ai choisi l'étage du Printemps de la Mode,
car il est populaire et sélect à la fois, réunissant les plus grandes enseignes internationales
et les jeunes marques tendance, et surtout pour sa vue imprenable sur Paris.
J'aime bien le dynamisme de ce quartier, qui devient assez féerique lors des fêtes de fin d'année.*

AYDEN

Animatrice de télévision & productrice, 38 ans

Je suis née à Paris mais j'en suis partie très vite, à l'âge de 6 mois, pour aller grandir en Guadeloupe jusqu'à mes 17 ans. Mes parents sont l'un guadeloupéen et l'autre martiniquaise. Après mon bac littéraire, je suis venue à Paris pour faire un master en journalisme et communication. Ensuite, j'ai travaillé essentiellement pour des médias panafricains et la télévision.

Mon père est issu de quatre générations d'ascendants indiens. Quand il a épousé ma mère, une *chabine* comme on dit chez nous, sa famille l'a mal pris, sachant que ma grand-mère maternelle est une vraie Négresse. La Guadeloupe a beau être une terre de métissage, les choses ne sont pas si simples. Ma sœur a une vraie chevelure d'Indienne dont mon grand-père paternel était très fier. C'était important pour lui de retrouver en elle son identité indienne. Moi, cette différence ne m'a jamais gênée. J'ai toujours revendiqué mon côté afro et noir, et ça va bien au-delà des cheveux.

Ma mère, protestante, est un modèle de pudeur, de sagesse et de droiture. Pendant longtemps j'ai porté des coiffures très sages, aux cheveux attachés. C'est seulement en m'installant à Paris que j'ai pu les lâcher. À ce moment-là, j'aspirais à une explosion de découvertes culturelles et humaines. Ma chevelure en est le symbole. Comme beaucoup de jeunes filles, j'ai multiplié les expériences, parmi lesquelles le défrisage. Les métiers de l'image m'ont donné la possibilité de tester différents styles, et le naturel s'est vite imposé à moi. Mes cheveux ont presque toujours été volumineux et bouclés. Je suis identifiée comme ça, notamment sur la TNT où j'ai travaillé dans la musique. Mais je sais que je n'aurais sans doute pas pu présenter un JT.

~ On a réussi à inculquer aux femmes noires des complexes incroyables. On nous a sacrément désappris à aimer nos cheveux. On est quand même toutes régies par des codes européens. Ça se voit dans les magazines de mode, chez les grandes marques, etc. Le symbole de la beauté, c'est toujours blonde aux yeux bleus et aux cheveux très lisses. La Noire, on l'admet mais dans un registre un peu sauvage. Alors, porter mes cheveux ainsi a un sens très fort. Un choix identitaire et énergétique qui m'évoque la parure de Samson, et donc la force. ~

AMANDINE GAY

Comédienne, scénariste & réalisatrice, 29 ans

Je suis née à Lyon mais j'ai grandi dans un village voisin, Montané, que même les Lyonnais ne connaissent pas. Je suis née sous X et ma famille est blanche. À Sciences-Po Lyon, j'ai étudié la communication mais ça a été très violent pour moi, qui étais la seule Noire sur une promotion de 200 élèves. Pour mon mémoire de fin d'études, j'ai choisi « Les enjeux et traitements de la question coloniale ». Puis j'ai beaucoup bougé : une année en Australie, la Nouvelle-Zélande, la Thaïlande, retour – difficile – en France, puis Londres, et enfin installation à Paris en 2007. Là, j'ai fréquenté le conservatoire d'art dramatique du XVIe arrondissement. D'abord comédienne, je suis passée à l'écriture de scénarii pour programmes courts. J'avais imaginé un personnage de sommelière lesbienne noire et on m'a dit que c'était n'importe quoi, pas du tout crédible. Là, j'ai compris qu'avant de s'imposer dans la fiction, il fallait déjà exister dans le réel. Je me suis lancée dans un documentaire afro-féministe sur les nouvelles générations afro. Je voulais montrer que je n'étais ni une anomalie ni une exception.

Quand j'étais en maternelle, ma mère me faisait une raie au milieu avec deux couettes comme deux pompons, alors on m'appelait Mickey. C'est le grand traumatisme de mon enfance. Très vite, mon obsession a été de me défriser les cheveux. Ma mère, toute blanche qu'elle est, disait que c'était un truc pour refouler ma négritude. Ça m'énervait qu'elle emploie ce mot ! À 12-13 ans, je suis allée en vacances aux États-Unis, sans ma mère, et j'en ai profité pour me faire défriser les cheveux. Au lycée, j'ai commencé à me politiser et je suis passée aux dreads et après, à Sciences-Po, à l'afro. Puis je les ai rasés. Depuis 2014, je les laisse pousser. ~ **Au sein de ma famille blanche, ce n'est plus vraiment un sujet. Mais j'ai dû conquérir tout ce qui a trait à ma négritude, car mon histoire d'enfant adoptée fait que je suis socialement blanche. D'ailleurs, mon grand-père peut ne pas se gêner pour tenir des propos racistes pendant un repas de famille.** ~

Moi, l'assimilation, j'en suis revenue. Les mêmes droits pour tous, la République indivisible, bla-bla-bla... Sauf qu'à un moment, même si tu as un parcours impeccable – grande école, sport de haut niveau, un travail, des impôts payés –, tu te fais contrôler et fouiller au corps à Châtelet pour la seule raison que tu es Noire. Voilà, et tu finis par te dire : oui, je suis Noire et ça signifie que ma situation est pourrie et qu'on va m'emmerder plus que les autres. En France, si on veut être accepté, on doit se faire petit. C'est cool que le mouvement *nappy* arrive par la rue, parce que, comme ça, il génère un vrai débat.

Rue de la Croix-Faubin, XIe ~ *Le panneau marque l'emplacement de l'ancienne guillotine des prisons de la Roquette. La Petite Roquette a été désignée comme lieu d'exécution des femmes à Paris ; la dernière était une avorteuse. J'admire la résilience symbolisée par le square de la Roquette : un ancien lieu d'enfermement et de mort devenu un parc ouvert sur la ville et où la vie jaillit de toutes parts.*

Hôtel Hilton Paris-Opéra, VIIIᵉ ~ *À gauche, Armelle, à droite, Océane.*

OCÉANE LEBUBURA
& ARMELLE MBIAH NDJÉE

Miss Nappy 2015, 18 ans, & sa dauphine, 24 ans

OCÉANE : Je suis née à Noisy-le-Grand et j'ai grandi à Lognes, dans la Seine-et-Marne (77). Je suis étudiante en ressources humaines et communication. Mon père est né à Kinshasa (République démocratique du Congo), il y a vécu jusqu'à 18 ans, puis il est venu en France en intégrant la Légion étrangère. Ma mère, elle, est née en France, de père algérien, originaire de Sétif, et de mère normande. Dans ma famille, j'ai des cousines algériennes, indiennes, antillaises, avec des cheveux de toutes sortes. C'est très important de porter ses cheveux naturels, parce que c'est notre personnalité. Avoir les cheveux naturels, c'est simplement être fier de ce qu'on est. J'ai toujours préféré les porter comme ça. À une époque, je les ai lissés, mais le résultat ne me plaisait pas. Il fallait plutôt que je les accepte et trouve les bons produits. Cela a du sens car cela montre qui je suis, et je pense qu'il est important de représenter cette beauté-là. ~ **Il y a toujours eu des filles *nappy*, mais on ne les mettait pas en avant. C'est un beau mouvement, un beau geste envers la femme africaine et métissée.** ~ Le concours des Miss Nappy, que j'ai découvert sur Internet, a permis de mettre ces visages en valeur.

ARMELLE : Je suis née au Cameroun. J'ai été handballeuse dans l'équipe nationale de handball junior. Je suis restée à Yaoundé jusqu'à mes années d'université de biochimie. Ensuite, je suis allée en Côte d'Ivoire, où j'ai eu mon diplôme en agroalimentaire. Je ne suis arrivée à Paris qu'en 2013, et j'ai fait un casting de mannequin. J'ai entendu parler du concours Miss Nappy par les réseaux sociaux. Comme je me reconnaissais dans ça, je suis allée tenter ma chance. Je n'avais jamais vu autant de *nappies* que le soir du concours, c'était trop beau.

J'ai toujours eu les cheveux comme ça. Pour ma communion, à 14 ans, ma tante ne savait plus quoi faire de mes cheveux crépus et elle a utilisé un défrisant pour que ça soit plus souple. Deux ans après, je me suis défrisée à nouveau totalement. Et là, j'ai réalisé que mes cheveux avaient changé. Ils n'étaient plus aussi beaux qu'avant, devenus plus fins. J'ai décidé d'arrêter. Les cheveux naturels c'est ma personnalité, mon état d'esprit. Je me sens différente et ça, ça me plaît. Je ne juge pas celles qui ont envie de défriser leurs cheveux, je l'ai déjà fait. Mais pour moi c'est un choix de vie. Je partage mes techniques d'entretien avec plein de filles. ~ **Miss Nappy, c'est un moyen de montrer qu'on peut être belle, classe, glamour avec les cheveux crépus. Je pense que ce mouvement va perdurer, c'est une révolution au même titre que le bio.** ~

PHILLIPE JUPIN

Directeur général associé de La Bellevilloise, 61 ans

Je suis né à Reims. Mon père est venu du Cameroun pour faire ses études et il a rencontré ma maman dans un club de Reims. J'ai donc grandi là-bas jusqu'à l'âge de 17 ans. Adulte, je suis venu à Paris, d'abord comme vendeur de disques à la Fnac Montparnasse. Puis j'ai commencé à produire et, de fil en aiguille, je suis devenu le manager de Ray Lema. En 2001, avec des amis, j'ai acheté ce lieu qui a ouvert en 2006 pour devenir La Bellevilloise. On a aussi monté un label, « C'est juste une attitude », pour recommencer à produire des gens, reprendre du plaisir.

Quand j'avais 5 ans, je me souviens que sur les trottoirs de Reims des gamins m'interpellaient : « Hé, le négro ! » Tout petit, mes cheveux étaient tout courts, je n'y pensais même pas. C'est vers 14 ans que ça a commencé à me préoccuper. Je les tirais pour les coiffer. ~ Après est arrivée Josépha[1], avec son célèbre salon de coiffure place d'Italie. Je venais de Reims pour qu'elle décrêpe mes cheveux. Je sortais de chez elle avec des cheveux noirs et lisses, mais je devais faire attention à la moindre goutte d'eau. ~

J'adore les cheveux naturels, les afros, les dreads ou les tresses, et chacune de mes coiffures correspondait à un mouvement. Évidemment, j'ai adopté l'afro, pour Angela Davis et les Black Panthers.

Après, à l'époque où j'ai vu Bob Marley à Ibiza, j'ai adopté les grosses dreads. On vivait l'histoire, la Jamaïque, on était dans cet état esprit. Mes dreads étaient tellement grosses que lorsque j'accompagnais Ray Lema à ses rendez-vous, on me prenait pour l'artiste, et lui, le manager ! ~ Quand je les ai coupés, j'ai tout brûlé. Il ne fallait pas que quelqu'un s'en serve. Même si je n'y crois pas vraiment, il valait mieux que je les brûle, ça portait beaucoup de choses. ~ J'ai aimé porter les rastas mais c'était long à nettoyer : les laver, attendre que ça sèche... Et maintenant je suis entre les deux, j'aime bien les garder un peu comme ça, avoir un peu de volume.

1. Coiffeuse réputée pour ses décrêpages dans les années 1970.

Sur le toit de La Bellevilloise, XXe ~ *Café, restaurant, lieu d'événements, dont il est le propriétaire.*

Des cheveux non réglementaires

Rokhaya Diallo

Cheveux crépus et travail ne font pas toujours bon ménage. Les critères de présentation tiennent rarement compte de la nature des cheveux crépus ou frisés, qui du fait de leur forme se serrent difficilement en chignon. Aboubakar Traoré, steward à Air France, en a fait les frais[1]. Un conflit l'a opposé à son employeur pendant dix ans. La raison ? Sa coiffure : de fines tresses plaquées sur sa tête. Selon le règlement de la compagnie aérienne, les cheveux du personnel devaient « être coiffés de façon extrêmement nette. Classique et limitée en volume » et « la coiffure doit garder un aspect naturel », les tresses, même plaquées, ne correspondant pas à la conception du classique de l'entreprise et n'offrant pas l'aspect « naturel » requis par leurs critères.

Aboubakar Traoré, un temps contraint de porter une perruque, a fini par plonger dans la dépression, se sentant « humilié ». Parmi nos témoins, plusieurs ont été confrontés à des vexations similaires les poussant parfois à adopter des stratégies professionnelles d'évitement.

ALICE DIOP ~ Réalisatrice

Je me souviens d'une anecdote fondatrice : je bossais pour une agence d'hôtesses pour des salons. J'avais des nattes à l'époque, la chargée de recrutement m'a dit : « Vos nattes c'est pas possible en tant qu'hôtesse d'accueil. Il faut avoir les cheveux lisses, tirés en chignon, parce que ce n'est pas propre d'avoir les cheveux comme ça. » C'était hyper violent, ça m'a énormément choquée, j'ai vraiment pris conscience de la manière dont le choix d'un type de cheveu conditionne les choix de carrière. À l'époque, je commençais à travailler dans le secteur audio-visuel et je me suis dit : « Tu ne peux plus faire autre chose que ça. »

---

1. Slate Afrique : « Coiffures afro : le dress code d'Air France est-il raciste ? », 22 juillet 2013.

NAIMA BELHADJ ~ Assistante d'éducation

C'est au travail que j'ai eu à vivre le truc le plus atroce. J'étais assistante pédagogique dans une école de commerce. Une supérieure hiérarchique d'origine marocaine ne cessait de me lancer des piques et de me demander pourquoi je ne faisais jamais de brushing. Un jour, elle est venue avec un lisseur. Alors que je travaillais à mon bureau, elle est passée derrière moi, elle a branché le lisseur, m'a attrapé une mèche et l'a lissée « pour me montrer », comme si je ne connaissais pas l'existence du brushing. C'était une agression vraiment physique.

MARYSE ÉWANJÉ-ÉPÉE ~ Ex-athlète, journaliste & consultante

Un jour, la prof de danse de ma fille m'a convoquée pour lui apprendre à faire un chignon. Je lui ai dit : « Il va falloir que vous compreniez une chose, c'est que ma fille a les cheveux crépus. Il va falloir l'accepter, je ne pense pas qu'elle dansera mieux avec les cheveux tirés, qui lui font mal au crâne. Et donc, non, je ne la défriserai pas et elle n'aura pas de chignon. »

ORSA DJANADO ~ Étudiante

J'ai eu plein de petits boulots. Lors de mon entretien pour être hôtesse d'accueil, mes cheveux bouclés étaient attachés et plaqués. Comme il fallait avoir le visage dégagé, lors de la première mission, je les avais attachés sans les lisser. Ma responsable, très énervée, m'a cachée et placée au vestiaire. Il y avait trente filles, toutes de type européen avec les cheveux lisses et une longue queue-de-cheval. J'étais la seule typée et la mienne était touffue. Pour la deuxième mission, j'ai lissé mes cheveux, et là on m'a dit que j'étais superbe. On m'a mise au premier rang et c'est moi qui ai accueilli tout le monde. J'ai aussi été vendeuse dans un magasin de vêtements pour enfants. Deux jours avant une réunion annuelle de formation obligatoire, ma directrice m'a envoyé un message exigeant que je me lisse les cheveux, sous prétexte que le PDG serait présent. Il n'était pas question qu'il voie mes cheveux bouclés. •

CHRYSTÈLE SAINT-LOUIS-AUGUSTIN

Mannequin & actrice

Mon père est martiniquais et ma mère guadeloupéenne. Jusqu'à l'âge de 12 ans, j'ai grandi à Vitry-sur-Seine (94), ville culturellement très mélangée. Ensuite j'ai vécu à Verrières-le-Buisson, petite ville au type de population diamétralement opposé. Je suis devenue parisienne et mannequin en 1994, quand j'étais en maîtrise à l'Institut français de presse de Paris-Assas. Très tôt, j'ai eu envie de faire du théâtre. J'ai commencé en 2005 à New York puis, en 2007, dans un centre italien de recherche sur la performance d'acteur. Je suis revenue à Paris en 2013.

Petite, influencée par les contes de fées, j'aimais jouer avec mes cheveux longs et épais. Mon père disait « ta tignasse » ! Ma mère les peignait et les nattait tous les matins avant l'école. Elle me faisait de fines tresses pendant les vacances. J'ai aimé ces séances de tressage, assise par terre entre ses jambes à regarder la télé ensemble ou à discuter. On m'a défrisée chimiquement à l'adolescence. Peut-être à l'occasion de ma première communion. La culture antillaise prête beaucoup d'attention à la beauté du cheveu. Les « beaux » et « bons » cheveux, longs et souples, sont une fierté là-bas, au contraire des « petits », « grainés ». Les adjectifs disent tout de la valeur esthétique accordée.

Je ne pensais pas qu'ils n'étaient pas beaux… Ce complexe est arrivé plus tard. Une fois à l'école, on m'a demandé si je mettais du coton dans mes cheveux. À Verrières-le-Buisson, je craignais toujours qu'à la sortie des classes on ne me regarde ou me repère à ma tête. Une vraie panique, voire une paranoïa. Je les attachais, je les tirais au maximum. Alors, la période de défrisage a commencé. Ma mère s'en chargeait parfois, au peigne de fer que l'on mettait sur le feu. Une torture. J'avais peur d'être brûlée, pourtant je voulais avoir les cheveux raides et souples. Tout ça fut pour moi une souffrance muette. J'étais introvertie, mal dans ma peau, et j'ai arrêté le défrisage. Un échec esthétique et des cheveux très abîmés. Puis j'ai entendu ma conscience : je voulais être moi, et je porte mon cheveu afro depuis mes 20 ans. Devenue mannequin, j'ai eu la chance que des esthètes subliment ma beauté. Ça m'a libérée, même si j'ai aussi vécu le désamour du cheveu crépu qui effraie le coiffeur. ~ **La mode, la beauté, ne sont pas superficielles, les choix esthétiques sont tout aussi sociopolitiques et économiques. On choisit de valoriser certaines populations ou de les rendre invisibles. Et c'est important parce que ces images construisent les gens ; l'estime de soi se construit aussi par le regard et le désir de l'autre. ~**

Rue de Panama, XVIIIe ~ *Ma mère est arrivée de Pointe-à-Pitre à l'âge de 18 ans et habitait rue Doudeauville, un quartier très différent à l'époque et dans lequel je me reconnais, moi, aujourd'hui : vivant et stimulant par son mélange de populations et de cultures. Un quartier populaire, d'artistes et d'artisans.*

Place de la Contrescarpe, Vᵉ ~ *Quand j'ai emménagé ici, à l'âge de 9 ans,
j'ai été frappé par cette enseigne, Au nègre joyeux. Devenu adulte, j'ai milité pour que la Ville de Paris
y associe un panneau afin d'expliquer l'histoire de cette enseigne.*

BOLEWA SABOURIN

Auto-entrepreneur & danseur traditionnel congolais, 29 ans

Je suis né à Paris dans le XXe arrondissement, puis j'ai été envoyé par mon père au Congo-Kinshasa jusqu'à l'âge de 6 ans. Je suis rentré à Paris, avant de passer une année en Martinique. Mon père est congolais, ma mère est de La Rochelle. J'ai grandi dans ce double contexte franco-congolais en me sachant noir parce que mon père est noir, tout en ayant conscience du fait qu'une partie de ma famille est blanche.

Au Congo, je vivais dans l'un des quartiers les plus pauvres de Kinshasa. On ne se prenait pas la tête avec nos cheveux, que l'on portait courts à cause de la chaleur. Sans vraiment me poser de questions, je les ai laissés pousser de 17 à 19 ans, bandana sur le devant et afro derrière. J'ai dû les couper pour m'occuper d'enfants en centre de loisirs, ça aurait été trop compliqué avec les poux. Et lorsque je me suis impliqué en politique, la coupe afro n'était même pas envisageable.

Aujourd'hui, je ne suis plus encarté. J'ai décidé de laisser pousser mes cheveux et ma barbe jusqu'au jour où j'atteindrai mes objectifs. Les membres de ma famille bretonne ont été estomaqués quand ils m'ont vu cet été, ils ne comprennent pas mon projet.

Avec ma barbe, les musulmans me disent « Salâm' aleïkoum », tandis que les autres s'inquiètent d'une possible conversion à l'islam. ~ **Dans la rue, on me regarde beaucoup, je suis une attraction visuelle.** ~ Je l'assume car en tant que danseur, j'ai l'habitude d'être au centre de l'attention. De toutes les manières, j'ai toujours été décalé : je suis un métis très foncé que les Noirs ne voient pas comme un Noir et les Blancs ne me considèrent pas comme un Blanc. Mes cheveux sont sans doute un moyen de l'affirmer inconsciemment : « Oui, je suis décalé, et alors ? » ~ **Le principe de l'égalitarisme voudrait qu'on se ressemble tous, mais je ne veux pas entrer dans une case. On ne peut pas tous avoir la même tête, il faut accepter le fait que nous sommes des individus appartenant à un collectif.** ~

BILGUISSA DIALLO

Créatrice de la marque de cosmétiques Nappy Queen, 39 ans

Je suis née à Clichy-la-Garenne et j'ai grandi à Épinay-sur-Seine. Cela fait treize ans que je vis à Paris. Mes parents sont originaires de Guinée, où mon père, un ancien combattant de l'armée française, avait une activité d'opposant. Sa vie étant menacée, il s'est installé en France alors que son projet était plutôt de retourner vivre en Guinée ou au Sénégal. Après ma maîtrise, j'ai bossé quelques années dans la communication. J'ai écrit un roman en 2005, et au fil des rencontres je suis devenue journaliste. Et puis, il y a deux ans, j'ai opéré une reconversion totale. J'avais arrêté de me défriser les cheveux parce que j'en avais marre de ce processus perpétuel, et parce que c'était toxique. Sur les blogs, j'ai découvert que j'étais loin d'être la seule à m'intéresser à l'entretien des cheveux naturels.

~ Enfant, j'avais une grande passion pour les cheveux longs à la Dalida et je me baladais avec un foulard à carreaux appartenant à ma mère, que j'attachais pour me faire une chevelure. Je voulais des cheveux qui volent, comme beaucoup de petites filles. ~ J'avais des cheveux très volumineux que ma mère avait du mal à coiffer. Ma sœur, coiffeuse, s'est essayée à diverses expérimentations sur mes cheveux, comme la coupe à la Tina Turner, « à la lionne », quand j'avais 12-13 ans. Je ne me souviens même pas d'avoir pris la décision de me défriser ; cela correspondait à un processus, au fait de devenir grande. J'ai fini par me demander pourquoi je me sentais obligée de le faire. Cela allait un peu à l'encontre de mes convictions, en termes d'identité. Avec l'âge, j'avais la sensation que je m'inscrivais dans un processus de formatage professionnel, social. Et cela me gênait.

J'ai donc coupé mes cheveux, toute seule, c'est parti comme ça. Et dans le même temps, l'idée d'entreprise a germé. C'était un tout. ~ Ce n'est pas un hasard si le mouvement *nappy* émerge maintenant. Si on considère le contexte politique, cela intervient exactement à la période où nous, jeunes Noirs, cessons de demander la permission d'être là. ~ Contrairement aux générations des années 1980-1990, la nôtre se dit que l'Afrique c'est bien, mais pour nous, c'est un lieu de vacances. Pour nous, c'est ici en France que ça se passe, nous ne sommes pas en transit. Il n'est donc pas étonnant que nous nous affirmions en clamant : « Prenez-moi comme je suis ! »

Square de la rue Orfila, XXe ~ *C'est mon quartier, j'aime sa mixité.*
C'est un village aux antipodes de l'image traditionnelle de Paris :
je ne peux pas faire deux mètres sans croiser quelqu'un de ma connaissance.

Devant le musée d'Orsay, VIIᵉ ~ *Nous avons choisi ce lieu pour la variété
de ses expressions artistiques : peinture, sculpture, archi, déco…, la beauté du bâtiment
et le fait que les sculptures d'animaux en bronze amusent Tancrède.*

ANASTHASIE TUDIESHE & TANCRÈDE FARGUES

Mère & fils, journaliste, 39 ans & 13 ans

ANASTHASIE : Je suis née à Kinshasa puis arrivée à Grenoble et sa région, à l'âge de 5 ans. À 20 ans, j'étais à Paris. Et à 21, déjà maman. J'ai d'abord travaillé pour des créateurs dans des magasins de vêtements de luxe. Après, j'ai suivi mon compagnon en Indonésie puis à Madagascar. Petite pause en France pendant cinq ans, le temps de faire notre deuxième fils, et hop on repartait ! Pour moi, le déclic s'est fait en 2005, à Madagascar, quand un ami m'a invitée à présenter avec lui une émission pour RFI (Radio France Internationale). J'ai adoré l'expérience et, à mon retour à Paris, Africa n° 1 m'a confié plusieurs émissions.

J'ai toujours eu de très beaux cheveux, beaucoup de cheveux, et je les aimais. Ma mère nous tressait tous les quinze jours. C'était mon premier rituel de beauté, qui permettait des coiffures différentes et donc une mise en valeur renouvelée. J'étais ravie même si je trouvais ma chevelure compliquée. À 12 ans, comme beaucoup, mon premier défrisage en fantasmant sur les magnifiques crinières des Brésiliennes ou des Marocaines, longs et bien frisés... Lors de mon installation en Indonésie, j'ai voulu faire moi-même mon défrisage, mais j'ai compris que cela ne s'improvisait pas. C'est un métier et j'ai raté mon essai. Là-bas, le taux élevé d'hygrométrie a tout abîmé. Au retour, j'ai regretté de n'avoir pas su utiliser tous les produits naturels locaux, l'huile de coco ou de palme, car mes cheveux auraient été superbes. Alors qu'en fait, je ne ressemblais plus à rien... Je me suis dit : « Plus jamais ! » Pour moi, soigner mes cheveux naturels, c'est comme ne pas m'éclaircir la peau. Une manière de célébrer mes ancêtres et leur héritage. Ma chevelure comme ma couleur sont chargées de leur histoire. Et puis, pour une femme, ce n'est pas anodin. C'est au contraire une parure qui met en valeur son visage, sa tenue.

~ Mon métier de journaliste me conduit sur les plateaux télé, alors je dois assumer publiquement cette beauté qui n'est ni blonde ni brune aux yeux verts et aux cheveux raides comme des baguettes. Sur l'échiquier de la beauté, j'apporte quelque chose de nouveau que l'on peut enfin envisager aujourd'hui. ~

Dans ce milieu, je n'ai jamais entendu que des réflexions admiratives à ce sujet. Si ce n'est pas un problème pour moi, cela n'en sera pas un pour les autres. Mais si pour eux c'est un problème, c'est le leur. Juste le leur. ●●●

••• **TANCRÈDE** : J'aime garder mes cheveux naturels. Je trouve que c'est mieux que toutes les autres coupes (dégradées ou crêtes), qui ne m'intéressent pas trop. Je trouve ça beau, ça dégage quelque chose de plus naturel et ça fait ressortir ma personnalité. Ma mère a raison quand elle dit qu'on n'a pas à s'excuser d'être qui on est. Quand j'étais petit, je voulais avoir les cheveux lisses comme mon père, parce que je trouvais ça classe. Mais en grandissant j'ai réalisé que mes cheveux étaient très bien aussi. Un type de cheveux comme un autre... Bon, d'accord, pas la même texture, mais quand même beaux. J'ai aussi remarqué que maman préférait les cheveux naturels au tissage. Je trouvais ça bien et je me suis dit : « Alors, pourquoi pas moi ? » ~ **Parfois mes copains rigolaient : « Alors Tancrède, ton coiffeur, il est mort ? » Mon frère, lui, passe son temps à me pousser chez le coiffeur. Il me dit : « Tu ne peux pas sortir comme ça ! » C'est insupportable !** ~ Beaucoup de filles de mon âge ont les cheveux naturels et je trouve ça bien. Chacun fait ce qu'il veut avec sa tête. Et si ça gêne les autres, c'est leur problème.

Chez moi

Chanson de Casey

Connais-tu le chardon, la chabine
Le coulis, la peau chapée,
la grosse babine
La tête grainée qu'on adoucit à la vaseline
Et le créole et son mélange de mélanine
Connais-tu le morne et la ravine
Le béké qui très souvent tient les usines
La maquerelle qui passe
son temps chez la voisine
Et le crack et ses déchets de cocaïne
Connais-tu le Mont-Pelé et la savane
Les pêcheurs du Carbel,
les poissons de tartane
Et les touristes aux seins nus
à la plage des Salines
Pendant que la crise
de la banane s'enracine
Connais-tu Frantz Fanon, Aimé Césaire
Eugène Mona et Ti-Émile
Sais-tu que mes cousins
se foutent des bains d'mer
Et que les cocotiers ne cachent
rien d'la misère

REFRAIN (BIS)
Chez moi, j'y vais par période
C'est une toute petite partie du globe
Tu verras du Magra sur les draps, les robes
Et puis sur la table, du crabe, du shrob
Sais-tu qu'on soigne tout avec le rhum
La tristesse, les coupures et les angines
Que l'Afrique de l'Ouest
et d'Inde sont nos origines
Que l'on mange riz et curry
comme tu l'imagines
Sais-tu que chez moi aux Antilles
C'est la grand-mère et la mère
le chef de famille
Que les pères s'éparpillent
et que les jeunes filles
Élèvent seules leurs gosses,
les nourrissent et les habillent

Sais-tu qu'on écoute pas David Martial
La Compagnie créole
et « C'est bon pour le moral »
Et que les belles doudous
ne sont pas à la cuisine
À se trémousser
sur un tube de Zouk Machine
Sais-tu que là-bas les p'tits garçons
Jusqu'à 4 ans doivent garder
les cheveux longs
Et sais-tu aussi
que mon prénom et mon nom
Sont les restes du colon
britannique et breton

REFRAIN (BIS)

Sais-tu qu'on prie avec la Bible
Fête le carnaval comme toute la Caraïbe
Que nos piments sont redoutables
Nos anciens portent des noms du sexe
opposé pour éloigner le diable
Sais-tu que chez nous c'est en blanc
Et au son des tambours
qu'on va aux enterrements
Et qu'une fois par an,
cyclones et grands vents
Emportent cases en tôle,
poules et vêtements
Sais-tu comme enfants et femmes
Labouraient les champs
et puis coupaient la canne
Sais-tu que tous étaient victimes
Esclaves ou Nèg' Marrons privés
de liberté et vie intime
Sais-tu que notre folklore
ne parle que de cris,
De douleurs, de chaînes et de zombies
Mais putain ! Sais-tu, encore aujourd'hui
Madinina : l'île aux fleurs
est une colonie

REFRAIN

CASEY

Rappeuse, 39 ans

Je suis née à Rouen, ma famille vient de Martinique. J'ai arrêté ma scolarité au lycée. Le rap, c'est venu quand j'étais au collège. Je m'ennuyais, j'ai rappé par mimétisme, pour faire comme un cousin. Quand je suis arrivée à Paris, il m'a fait découvrir du rap américain et français. Ce que je kiffais, c'était le fait de manier les mots de manière relâchée. Le fait d'écrire ses propres textes et de les réciter n'était plus un truc de poète ou de romancier. Je pense que le rap, ça m'a aussi attirée parce que je voyais des renoi, des gens qui me ressemblaient, qui avaient confiance en eux, qui maniaient le verbe et qu'on écoutait. Et ça, je ne connaissais pas.

Quand t'es môme, tu décides pas du sort de ta tête, c'était ma daronne qui en décidait. À 13 piges les cheveux c'était Michael Jackson. J'ai fait un petit *curly*[1], ce n'était pas la réussite du siècle. Il faut dire que Michael a fait du mal à tout le monde. Je ne me suis jamais posé trop de questions sur mes cheveux. Surtout, il faut que ça soit pratique. Et j'ai tout eu : des locks, rasés, des afros, nattés.

Aux Antilles, quand j'étais plus jeune, les gens qui avaient des locks étaient mal vus, comme des drogués, des voyous, des gens perdus pour la société. Alors qu'aujourd'hui, tout le monde a des locks aux Antilles, même des daronnes qui travaillent à la Poste. C'est presque devenu la coupe officielle, le symbole caribéen. Le mouvement rasta, qui était au départ très minoritaire et assez décrié, s'est vraiment répandu.

Il faut que le cheveu noir soit valorisé, que les Noirs eux-mêmes ne le vivent plus comme un problème. Je ne juge pas les gens qui se défrisent. Je ne sais rien de leur positionnement personnel, politique ou social. En fait, j'en ai rien à foutre. Mais le cheveu noir c'est une affaire compliquée. Après l'esclavage, aux Antilles, il y a eu un tel mélange que ça a donné plein de types de cheveux différents. Mais le top, c'est d'avoir le cheveu souple. ~ Il y a un adage créole qui dit que les cheveux sont « crépus par méchanceté ». C'est violent ! Les nouveaux critères esthétiques donnent de nouveaux critères politiques. Aux Antilles, le cheveu souple et la teinte de la peau donnaient accès aux hautes sphères, politiques ou sociales. La vérité, donc, c'est que Noir avec les cheveux crépus, on n'était rien ni personne. Nos anciens associent toujours beauté et clarté. Mais pour nos générations, c'est fini. ~

1. *Curly* ou *curls* : très en vogue dans les années 1980, cette technique proche du défrisage vise à détendre les boucles naturelles avec l'application d'un produit chimique.

Gare du Nord, Xᵉ ~ *Comme j'habite au Blanc-Mesnil dans le 93, j'arrive toujours à Paris par la gare du Nord. Je n'ai pas à Paris d'endroit idyllique où me poser, où flâner... Paris, c'est toujours des endroits squat, ce n'est pas les terrasses de café, les théâtres. T'es là, tu te poses sur un muret, t'attends un pote sur un banc dans une gare, un grec (kebab), un sandwich, un Coca t'attend. La gare, c'est un endroit où tu vas pouvoir te poser tranquille, tu vois.*

Rue des Gardes, XVIIIe ~ *Dans la boutique Xuly Bët, marque créée par Lamine.*

CÉLESTE DURRY, LAMINE KOUYATÉ & EDEN

Stylistes, 35 ans & 52 ans, & leur fils, 8 ans

CÉLESTE : Je suis née en Bretagne mais j'ai grandi à Paris dans le VIIe arrondissement, entre Solferino et Varenne. Ma mère est normande et mon père est parisien d'origine, et pratiquement né dans l'appartement de mon enfance. Sa famille, juive, venait de Pologne. Après le bac, j'ai suivi une formation de styliste-modéliste, notamment chez Xuly Bët que j'adorais. Là, j'ai donc rencontré Lamine et, des années plus tard, on a eu notre Eden, notre petit paradis. Avant, je n'avais pas vraiment pensé à ses cheveux. J'ai toujours trouvé les afros absolument magnifiques. Il est né avec de belles bouclettes qu'on n'aurait pas imaginé couper. Petit, je n'ai pas voulu qu'on lui rase la tête comme à ses grands frères. C'était évident de lui laisser ses cheveux, et maintenant, c'est son choix. ~ Il avait 2 ans à la mort de Michael Jackson et j'ai commencé à lui montrer des clips. Il était fan mais sa métamorphose l'a interrogé : la peau éclaircie, le nez refait, les cheveux lissés. C'est vraiment dommage parce qu'il était super beau avant. ~

LAMINE : Je suis né et j'ai grandi à Bamako jusqu'à l'âge de 13 ans. Mon père était opposant politique et après ses sept ans de détention, une fois qu'il a été libéré, on a quitté le Mali. J'ai fait mon collège à Argenteuil puis on est repartis en Afrique, à Dakar, où j'ai passé mon bac. Revenu en France, j'ai étudié l'architecture. Au bout de cinq ans, je me suis lancé dans la mode en créant la marque Xuly Bët. J'avais plus d'affinités avec la légèreté des tissus. Au début, je voulais qu'on coupe les cheveux d'Eden, par habitude, mais Céleste a souhaité qu'on les lui laisse. ~ En Afrique, on rase très facilement la tête pour renforcer les cheveux. Quand j'étais petit, on me rasait mais on me laissait juste une petite boucle, un peu comme une crête. ~ J'ai eu ma période dreads, pour avoir une attitude, quoi, un peu punk, rageur. Mais bon, j'avais 8 ans...

EDEN : Je suis en CE2 et mon job, c'est le basket. Je joue à Championnet. J'aime bien mes cheveux mais le matin, je ne me coiffe pas, c'est tout. Je les préfère décoiffés. Ils font partie du corps, pourquoi les couper ? Mon papa le fait mais c'est plutôt normal. Sur les photos d'avant, je le trouvais un peu moche avec ses touffes. ~ Quand on m'a rasé les cheveux à cause des poux, j'ai vu ma tête et j'ai regretté. Je suis très content de mes cheveux. C'est ce qui me va le mieux. Bon, après, il faut bien s'occuper d'eux. ~

CHINA MOSES

Chanteuse, 37 ans

Je suis née à Los Angeles, de parents noirs américains, et arrivée en France à l'âge de 8 ans. Ma mère, la chanteuse Dee Dee Bridgewater, est de Memphis, Tennessee, et mon père, le réalisateur Gilbert Moses, de Cleveland, Ohio. Une famille d'artistes très engagée. Maman nous a beaucoup protégés, tout comme mon père, sympathisant des Black Panthers.

À l'âge de 13 ans, j'ai commencé à faire de la musique pour éviter à mes parents de m'emmener chez le psy. J'étais une enfant joviale mais j'ai été très affectée par la longue maladie de mon père. À 16 ans, j'ai sorti mon premier *single*, « Time », et je n'ai plus lâché la musique. Ma carrière télé a traversé MCM, MTV, jusqu'au *Grand Journal* de Canal en 2012. Je me suis longtemps cherchée. Les États-Unis me manquaient et j'avais cette pudeur bien française qui empêche de se mettre en avant. Puis j'ai enregistré deux albums de jazz qui m'ont remise en scène.

Côté cheveux, j'ai la chance d'avoir une texture à peu près gérable. Le dimanche, selon un rituel très américain, ma mère et ma grand-mère me faisaient des tresses ou des lissages avec un peigne en fer chaud. Les petites attaches au bout de mes longues tresses les alourdissaient et je pouvais les bouger dans tous les sens. J'adorais ça. Je ne me posais pas beaucoup de questions à ce sujet. Pourtant j'ai tout fait, tout essayé ! Le défrisage chimique, bien sûr, pour ressembler à T-Boz de TLC[1]. Puis les coupes déstructurées, asymétriques, toutes les colorations possibles. Pour mon deuxième album, j'ai lissé mes cheveux car je rêvais d'avoir une « choucroute » et une frange. On ne m'a jamais fait beaucoup de réflexions, même quand j'avais des locks. Par contre, le passage au tissage a fait réagir une partie du public noir. On m'a reproché de « m'européaniser ». Pendant très longtemps, on nous a asséné qu'il était difficile d'entretenir ses cheveux naturels. Je trouve ça génial que ça revienne à la mode.

Je crois que la stigmatisation vient aussi de nos communautés et du regard qu'elles portent sur leurs membres. ~ **Mes cheveux ne font pas de moi quelqu'un de particulièrement militant. «** *I'm not my hair.* **» Personne ne peut m'empêcher de rêver de ressembler à Diana. Il est vrai aussi qu'avec un tissage, on est draguées un million de fois plus !** ~ On fantasme aussi beaucoup sur les États-Unis. Je connais bien ce pays, c'est le mien, mais il faut savoir qu'il n'y a pas plus ségrégationniste. Certes on a des Beyoncé, des Solange, des Oprah Winfrey, mais quand je marche dans les rues de New York avec mon mari blanc, je me fais insulter... À New York, alors imagine ailleurs !

1. Chanteuse de TLC, groupe américain de R&B des années 1990.

Théâtre du Gymnase, X^e ~ *Ma mère a joué dans ce théâtre en 1987 un one-woman show sur Billie Holiday. Ce démarrage de sa carrière en France lui a permis de s'installer à Paris avec ses enfants.*

La Chancellerie, place Vendôme, Iᵉʳ ~ *Paris est une ville que je connais depuis longtemps. Une ville que j'ai vraiment beaucoup fréquentée en marchant : traverser les grands jardins comme le Luxembourg, les Tuileries, circuler, regarder l'architecture, aller dans les quartiers pleins de vie, le marché aux puces, un vrai bonheur.*

CHRISTIANE TAUBIRA

Garde des Sceaux, ministre de la Justice, 62 ans

Je suis née à Cayenne et ne suis venue à Paris qu'après le baccalauréat. Enfant, j'avais un rapport de commodité avec mes cheveux, très fournis. Une vraie tignasse, organisée en nattes. Une fois adolescente, la mode était de se décrêper les cheveux, ce qui signifiait être propre et présentable, socialement acceptable. Ma maman m'avait inscrite dans une école privée à l'enseignement de qualité. Porter les cheveux lissés faisait partie des concessions. J'y étais hostile, mais plus pour des raisons pratiques que culturelles. Ça me cassait les pieds d'aller m'asseoir un après-midi entier chez le coiffeur. On défrisait les cheveux au fer chaud à l'époque, et c'était douloureux d'avoir le crâne brûlé par des coiffeuses maladroites. C'était une vraie corvée, devant laquelle je rechignais : je traînais les pieds, je loupais mes rendez-vous. Je vais avouer quelque chose de très difficile : peu après la mort de ma maman, qui a été pour moi une blessure, une douleur profonde, déchirante, que j'ai mis plus de vingt ans à apprivoiser, une de mes premières décisions pour moi-même a été d'arrêter le coiffeur. Un acte de liberté non contre maman, mais l'arrêt d'une injonction. Comme c'était compliqué, j'ai commencé à les couper et pendant dix ans, je les ai portés ras. Avant cela, au lycée, je portais la coupe afro. Mon engagement, le « *I'm black, I'm proud* » de James Brown, tout ça était évident. C'était l'époque d'Angela Davis, des Black Panthers, des Soledad Brothers. Lors de mes premières années d'étudiante à Paris, à Assas, je portais encore mon afro. À mon retour en Guyane, j'étais prof, et là, je les ai coupés vraiment ras pour ne pas avoir à les coiffer. Après une bonne dizaine d'années comme ça, j'ai choisi de les laisser pousser et j'ai repris les tresses.   •••

●●● Pendant mes années estudiantines et jusqu'en 1982, j'ai milité à Paris au sein du mouvement guyanais de décolonisation pour l'indépendance de la Guyane. Dix ans plus tard, en 1992, quand je me suis présentée aux élections législatives sous l'impulsion d'un mouvement collectif, je portais mes tresses. Certains m'expliquèrent alors que je devais me défriser et que je marchais la tête trop haute, ce qui faisait arrogant. C'est même devenu un argument pour mes adversaires de campagne, qui dénonçaient une « coiffure africaine » : « Vous n'allez quand même pas élire quelqu'un qui porte des tresses ! » J'ai pourtant été élue avec mes tresses !

Souvent les femmes qui me félicitent pour mon choix de coiffure se défrisent les cheveux. Je trouve ça intéressant, parce que ça interroge sur les contraintes qu'elles endurent. Dans le rapport de force à l'intérieur de la société, elles considèrent comme moins risqué pour elles d'accepter ces canons de beauté. Pourtant, on sent manifestement une aspiration à pouvoir s'assumer sur un plan identitaire et culturel. En tant que personnalité publique, je ne me pose pas la question en matière de responsabilité. Si une gamine m'interroge, je me contenterai de lui dire que l'humanité est diverse et que les beautés sont multiples ; la beauté c'est l'harmonie, ce n'est pas ressembler aux autres.

~ Le mouvement *nappy* est un bon signe. On a besoin d'être bien dans sa tête et par conséquent dans son corps : accepter ses cambrures, ses lèvres pulpeuses, son nez aplati, ses narines voraces qui aspirent l'air avec beaucoup d'aisance et de volupté. Il est aussi important pour les femmes noires de garder les cheveux naturels que pour les Chinoises de ne pas se débrider les yeux. La beauté de l'humanité, c'est que les beautés multiples s'assument et s'affichent. Elle s'appauvrit si on se ressemble tous. ~

« Les cheveux sont politiques[1] »

Jacob Philadelphia, Afro-Américain de 5 ans, a joliment illustré cette affirmation.
Les personnalités noires en position de pouvoir sont si rares que le petit garçon n'en est
pas revenu lorsqu'il a rencontré Barack Obama lors de sa visite à la Maison-Blanche.
Il a demandé au président s'il pouvait toucher ses cheveux pour vérifier qu'ils avaient
la même texture que les siens, c'était sans doute pour le petit Jacob une manière de s'assurer
que le président Obama était vraiment noir, comme lui.

1. Citation de Chimamanda Ngozi Adichie sur Channel 4, le 10 avril 2013.

Rue Ravignan, XVIIIe ~ *J'habite dans un studio à Montmartre. C'est un peu comme un petit village : tout le monde se connaît et on rencontre d'incroyables personnages. Cela m'inspire pas mal.*

DABY TOURÉ

Musicien, 40 ans

Je suis né en Mauritanie. Mon grand-père vient du Mali, qu'il a quitté pour aller dans le sud de la Casamance, au Sénégal. C'est là que mon père est né, avant de se retrouver en Mauritanie. Ma mère est d'origine arabo-musulmane, blanche. Ce genre d'union est très rare en Mauritanie.

À 3 ans, mes parents se sont séparés et mon père m'a envoyé en Casamance trois ans chez ma grand-mère, puis en Mauritanie chez ses oncles. J'ai appris pas mal de langues : le peul, le soninké, le wolof. Et c'est à mon retour dans la capitale mauritanienne que j'ai appris le français. On a tendance à croire que je fais de la musique traditionnelle, folklorique, mais je compose, j'écris mes textes, je fais une recherche. Je suis venu en France à l'âge de 16 ans avec mon père, qui y rejoignait ses frères.

Mes oncles étaient férus de musique et quand j'étais petit, au moindre son, je devenais incontrôlable. Une espèce d'attirance irrésistible. J'ai appris tout seul en prenant la guitare de mon père en son absence. Ça a été le premier contact avec l'instrument. Sans maman, sans papa, ça a été un refuge.

Mes coiffures étaient très simples quand j'étais petit. Quand je suis arrivé ici, j'ai commencé à les tourner, je ne sais pas pourquoi. Peut-être à cause d'un de mes oncles que j'aimais beaucoup, qui était dans les frères Touré (les Touré Kunda, groupe de musique) et qui avait des dreads ; je trouvais ça fun. Et à force de tourner, je me suis rendu compte que ça poussait et j'ai gardé ça comme ça. Depuis vingt-cinq piges. Ma mère a commencé à me mettre du karité et je suis allé voir une coiffeuse, Namani, qui a tout coupé et refait, c'était mieux.

Je n'ai pas subi trop de remarques sur mes cheveux. ~ Parfois je croise des gens qui ont des a priori : ils s'éloignent, ils ont peur, ils serrent leur sac. Ou alors on me dit « Hé rasta, djembé », « Hé, t'as pas des feuilles ? », c'est assez systématique. Je suis pas rasta, je ne connais pas la philosophie rasta, c'est juste une coiffure. ~

Beaucoup de petites Africaines veulent avoir des cheveux comme les petites Blanches parce qu'on ne leur apprend pas assez que leurs cheveux sont beaux et qu'il faut être fier de soi. ~ Le mouvement *nappy* aurait encore plus de sens chez moi, là-bas. Parce que j'y vois toutes ces femmes auxquelles on n'a pas appris qu'elles étaient belles. J'ai envie de voir des gens fiers de ce qu'ils sont, bien dans leur peau. ~

FATIMA AÏT BOUNOUA

Professeure de lettres, 34 ans

Je suis née et j'ai grandi à Poitiers. Après ma maîtrise de lettres modernes, j'ai passé le Capes et, maintenant, j'enseigne le français à Bobigny. Quand j'étais petite, j'étais triste de ne pas avoir les cheveux lisses comme ma sœur. On était la seule famille d'origine maghrébine à l'école primaire. Et moi, la seule à avoir des cheveux frisés. À cette époque, la télé ne montrait pas de cheveux frisés, en dehors de ceux de Rudy, du *Cosby Show*. Ils suscitaient la curiosité : « Ah, c'est joli, on peut toucher ? C'est quelle texture ? » Étonnants mais pas beaux. Ma mère s'occupait très bien de ma chevelure, elle faisait tout son possible pour les discipliner afin que je ne ressemble pas à Aïsha Kandisha, une sorcière écheve-lée célèbre dans la mythologie marocaine.

Et moi, j'enviais les autres filles en me disant que c'était plus simple pour elles. J'ai voulu en raser une partie par en dessous pour diminuer leur volume, heureusement tout le monde m'en a empêchée. Puis j'ai tiré dessus avec des bar-rettes que je tournais avec de l'huile d'olive pour faire une espèce de brushing. Mais ça n'a jamais marché sur moi. **~ Quand j'osais les détacher, on me disait : « C'est pas le carnaval ! » Je les rattachais car je n'avais pas trop l'âme d'une pionnière. ~** Au lycée, où chacun essaie d'être original, j'ai vraiment appris à les aimer. Et l'époque avait changé, le regard aussi, on commençait à voir des stars avec les cheveux frisés. Je ne les ai jamais défrisés. J'aurais voulu, mais pour des raisons financières on ne l'a pas fait. Aujourd'hui, c'est ma volonté. Au Maroc c'est un peu comme en France : il faut te lisser les cheveux pour faire « classe », comme si l'ascension sociale passait par les cheveux lisses. **~ Quand j'ai com-mencé à enseigner au collège, dans le 93, je l'ai senti chez les enfants aussi. Certaines des petites me disaient : « Ah, madame, il faut faire un brushing, c'est mieux. » Je leur répondais en plaisantant : « Non, c'est l'Afrique. Je laisse l'Afrique sur ma tête. » Maintenant, certaines commencent l'année avec des brushings mais la finissent au naturel. ~** J'ai écrit une nouvelle sur les cheveux, avec l'envie de montrer que derrière ce sujet un peu futile, il y a des enjeux sérieux, l'estime de soi, le regard de l'autre. Il faut comprendre que des gens sont détruits par ces histoires-là. On a fini par me dire « Ils sont beaux, tes cheveux », mais il y a des femmes qui n'entendent jamais ces paroles-là.

Rue Mouffetard, V^e ~ *La première rue de Paris que j'aie connue, c'est la rue Mouffetard,
grâce à l'histoire de la sorcière du placard à balais (La Sorcière de la rue Mouffetard, de P. Gripari).
Ça a été une grande émotion quand j'ai lu pour la première fois les prénoms maghrébins de Bachir
et Saïd. Nous pouvions aussi devenir des personnages de livre. C'était vraiment magique.*

Quai de Seine, XIXe ~ *Ce matin de décembre, nous avons rendez-vous dans un café près du canal de l'Ourcq avec les élèves d'une classe de 4ᵉ du collège Jean-Pierre Timbaud et Fatima Aït Bounoua, leur professeure de lettres. Soda M'Boup, la maman de l'une d'elles, accompagne la sortie scolaire. De gauche à droite, en haut : Soda, Zina, Berilay, Djénéba, Fatoumata, Koumba, Émilie. En bas, de gauche à droite : Jennifer, Cylia, Jade, Gabriella, Merya, Kaoutar.*

KOUMBA, DJÉNÉBA, GABRIELLA, JADE, JENNIFER, KAOUTAR, MERYA & MERYEM

Élèves de 4ᵉ du collège Jean-Pierre Timbaud à Bobigny

SODA M'BOUP

Maman de Meryem

FATIMA AÏT BOUNOUA

Professeure de lettres

KOUMBA : Je me défrisais les cheveux une fois dans l'année, mais plus maintenant parce que ça abîme les cheveux.

JENNIFER : Quand j'étais petite, j'avais des cheveux crépus et j'arrivais pas à les peigner, je pleurais tout le temps et ça me faisait mal à la tête. Un jour ma mère a mis un produit sur ma tête, c'était du défrisage, pour les assouplir et les démêler. Je suis contente... ça ne me fait plus mal. Ça fait propre et joli. Mais quand c'est pas défrisé, c'est super beau aussi.

JADE : Nos cheveux montrent qui on est, ce qu'on représente, nos origines. En plus les produits abîment les cheveux, donc ça ne sert à rien. Le style de cheveux, sa nature... pour moi c'est important. ~ **Je veux montrer que je sors du lot, ça me distingue des autres. Si je les défrisais, j'aurais l'impression d'avoir honte de mes cheveux.** ~

MERYEM : Je trouve ce qu'elle vient de dire intelligent. Elle n'a pas honte de ses origines et elle le montre.

MERYA : Je me suis défrisée quand j'étais plus petite, et je le regrette beaucoup. Je voulais être comme tout le monde, je suivais. Je suis contente d'avoir rasé ma tête et d'avoir pris un nouveau départ. Avant, il y avait un garçon, Salim, qui m'appelait toujours « Marge Simpson ». Alors, j'ai voulu faire des mèches et puis je me suis dit que je n'allais pas faire tout ça pour un surnom ! ●●●

●●● **KAOUTAR** : Moi, à l'inverse, je préférerais être Madame Tout-le-monde. Je n'assume pas du tout mes cheveux naturellement bouclés, dus à mes origines marocaines et martiniquaises. Je préférerais qu'on ne me remarque pas. En Martinique ils s'en fichent, tout le monde a les cheveux bouclés, c'est normal et beau. ~ **Au Maroc on me juge. On me dit que les cheveux frisés ne sont pas beaux, que je devrais les lisser.** ~ Depuis que ma mère m'y autorise, je ne peux plus m'en passer. ~ **Mais, du côté de mon père, on me dit que je n'assume pas d'être noire. Parfois je ne sais plus quoi faire.** ~

JADE : Tu ne devrais pas être complexée par tes cheveux parce que c'est ta personnalité. J'ai les mêmes origines, sauf que c'est ma mère qui est antillaise. Dans la famille de mon père, ils s'en fichent que j'aie les cheveux bouclés. Quand j'ai vu à la télé des Noirs avec des coupes afro, je suis allée à l'école comme ça. Au début on se moquait de moi, mais j'en ai pris l'habitude.

SODA (maman de Merya) : Je défrisais Merya depuis toujours. Au début, elle avait une belle coupe au carré, mais trois semaines plus tard c'était très différent. Et pour l'entretien c'était très dur. Une fois qu'ils étaient dénaturés, il fallait toujours plus de produits. Ils étaient cassants, secs, pas beaux à voir. ~ **La seule solution, c'était soit les cacher soit les couper.** ~ Et un jour Merya m'a dit qu'elle en avait marre. C'est comme ça qu'elle est sortie la première fois avec ses petits cheveux courts, quand elle avait 11 ans. Moi, je suis une adepte du tissage, des mèches, des nattes. Mais le fait de voir ma fille s'occuper de ses cheveux, chercher des astuces, des produits naturels, m'influence. J'ai décidé de faire le deuil de mes cheveux lisses. J'ai tout coupé. Contrairement à elle je ne l'assumais pas, donc je mettais des perruques ou des foulards, ~ **puis j'ai trouvé sur YouTube les conseils nécessaires que l'on ne m'avait jamais transmis. Nous, on nous mettait des mèches et basta !** ~

KAOUTAR : C'est courageux d'assumer ses cheveux et d'en prendre soin. Le matin, ou s'il pleut et que je frise, je prends le fer à lisser. Je ne supporte pas d'avoir les cheveux bouclés. ~ **La mère de Merya a basculé du monde de Beyoncé à la vraie vie et ça me touche. Je trouve très intéressant qu'elle soit passée par autant d'épreuves pour arriver à ça.** ~

DJÉNÉBA : Mon père est français et ma mère sénégalaise. Je n'assume pas trop mes cheveux, je n'aime pas les lâcher. Je porte toujours un chignon ou je les lisse. J'ai toujours voulu les avoir lisses, comme dans la famille de mon père. Là ils sont trop frisés, c'est moche, je n'aime pas.

JENNIFER : Toutes ces remarques me motivent pour garder mes cheveux afro. Mais franchement, je ne peux pas les laisser naturels. Si je le fais, j'ai l'air d'un garçon. J'ai envie de pleurer dès qu'on me met un peigne dans les cheveux. Quand j'étais petite je m'affolais, ma mère en a eu tellement marre qu'elle a mis du défrisant. Dans ma famille, il y a celles aux cheveux lisses et celles aux cheveux crépus. C'est beau aussi. Quand elles mettent des petits serre-tête, ça fait joli. Moi j'ai opté pour la solution de facilité.

MERYA : Avec mes cheveux lisses, je faisais la Beyoncé. C'est quand même notre idole. Elle chante et danse bien et elle a ces longs cheveux... Ou plutôt, elle porte un long tissage. Beaucoup, comme moi, l'ont imitée avec des tissages. ~ **Mais si j'avais continué, j'aurais fui mes origines. Je ne pense pas que ce soit un bon exemple à suivre. ~**

JADE : En sixième au collège, parmi les profs il n'y avait que des Blancs aux cheveux gris. (À Fatima, sa professeure :) ~ **Madame, quand je vous ai vue avec vos cheveux arabes frisés, ça a été une révélation pour moi. C'est comme si vous étiez arrivée pour moi... ~**

GABRIELLA : La plupart des personnes qui ont des cheveux comme vous ne les assument pas beaucoup. ~ **Quand on vous a vue, on a été étonnées de vous voir les assumer. On s'est dit qu'ils étaient beaux naturellement et que vous étiez fière de vos origines. ~**

MABOULA SOUMAHORO

Civilisationniste, 39 ans

Je suis née dans le XIIIᵉ arrondissement, j'ai grandi au Kremlin-Bicêtre, dans le Val-de-Marne. Mes parents viennent de Côte d'Ivoire. J'ai fait une fac d'anglais et me suis spécialisée en civilisation du monde anglophone, avant de faire un doctorat. J'ai étudié à l'université de New York (Cuny) et j'ai fait de la recherche à Columbia University, où j'ai également enseigné. Aujourd'hui j'ai un poste à l'université de Tours, j'enseigne à Sciences-Po et je vis à Paris depuis mon retour des États-Unis voici cinq ans.

J'ai des cheveux très crépus et donc très durs à entretenir. Quand j'étais petite, c'était la misère pour les peigner, les coiffer, les laver. Pour moi, c'était vraiment une torture, je pleurais tout le temps. Tout ce qui m'est resté, c'est la douleur. Dire qu'il paraît qu'il faut souffrir pour être belle ! À l'adolescence, c'est devenu plus amusant, grâce à une cousine qui avait du talent pour réaliser toutes les coiffures des clips vidéo, celles de Janet Jackson par exemple. J'ai essayé plein de mèches et de couleurs différentes, des grosses patras[1], des coupes au carré, une frange devant sur un œil, des mèches lisses, pony, des nattes normales... Ça faisait toujours mal, mais au moins c'était pour le style ! Comme mon cheveu était très très fort, on employait le produit défrisant le plus costaud, qu'il fallait laisser longtemps sur ma tête. Cela me brûlait et après j'avais 48 heures d'un vague défrisage avant que le crépu ne reprenne le dessus. Et puis je les perdais par poignées. Je préférais les nattes, qui duraient plus longtemps. Et une fois que je les ai eus très courts et crépus, ça m'a plu, d'autant que c'était pratique. Je ne me souviens pas d'avoir pris la décision d'arrêter de me défriser.

En 1998, quand j'ai vu Lauryn Hill, des Fugees, je lui ai trouvé de la classe. Alors, je me suis lancée. Je porte des locks depuis quinze ans et cela signifie quelque chose. Ma thèse portait notamment sur le mouvement rasta en Jamaïque : l'esthétique constitue l'une des stratégies de résistance, une manière d'intégrer la révolution à son corps. ~ **À New York, certains de mes profs portaient des locks. Là-bas, on peut voir des rastas très *roots* travaillant à Wall Street. C'est surtout en France que j'ai droit à des remarques, on me propose du shit dans la rue par exemple. Le fait de croire que les rastas sont sales, drogués ou fous est aussi une façon de les disqualifier.** ~ Je n'ai rien contre les défrisages ou les tissages, mais je ne veux pas que ça soit imposé. Je veux juste que chacun fasse ce qu'il veut.

---

1. Longues tresses.

Boulevard de Ménilmontant, XIᵉ ~ *Mon quartier. Je l'aime bien parce que ce n'est pas loin de la gare d'Austerlitz et donc pratique quand je vais prendre le train pour Tours.*

Dans un café rue de la Roquette, XIᵉ ~ *C'est un quartier que j'aime bien,
il y a de super bons petits restos, et puis c'est la Bastille, c'est toujours la Révolution !*

FARIDA OUCHANI

Comédienne & auteure, 47 ans

Née à Boulogne-Billancourt, j'y ai grandi avec mes parents, originaires du nord-est du Maroc, à la frontière algérienne. Mon père était cafetier-restaurateur, avec une clientèle d'ouvriers ou de retraités de l'usine Renault. Puis nous sommes partis à Garges-lès-Gonesse, dans la banlieue nord, où j'ai fréquenté le collège et le lycée avant d'étudier les lettres modernes à la faculté de Saint-Denis. Aujourd'hui, j'habite à Sarcelles.

J'ai financé mes études en étant pionne puis j'ai enchaîné les travaux dans l'animation, la formation professionnelle et l'enseignement. Tout ça a élargi mes horizons et, de fil en aiguille, j'ai fréquenté un atelier de théâtre. À Garges, ma famille vivait au milieu des gens du pays, comme dans un petit village. Cette culture a imprégné notre éducation et le fait qu'une fille veuille faire du théâtre aurait pu créer des conflits. J'avais fait du théâtre au collège mais je ne pouvais pas imaginer en faire une carrière. L'opportunité m'a été offerte grâce à un atelier voisin, qui m'a permis d'accéder aux arts de la scène. Parallèlement, je me suis inscrite à des stages d'interprétation et de burlesque... J'ai été sélectionnée pour jouer dans un court-métrage. Grâce à ça, j'ai joué dans un téléfilm et depuis dix ans je tourne régulièrement.

Je garde mes cheveux naturels car c'est le meilleur compromis que j'aie trouvé, entre les trois minutes que je leur consacre le matin et ma nature profonde. Avec les os, les cheveux sont quand même la seule chose qui ne disparaît pas après la mort ! Évidemment, à 20 ans, je suis passée par la phase défrisage mais je me suis cramé le cuir chevelu. C'était horrible, ça ne ressemblait à rien et je me suis dit « Plus jamais ! ».

Je ne suis pas dans une position par rapport à celles qui font des lissages car ce sont elles qui se positionnent en refusant leurs cheveux. Pour moi, ce n'est pas un sujet. À ce propos, on me fait des remarques très gentilles notamment de la part des Blacks. « L'afro, elle est mortelle ! » « Franchement madame c'est trop bien. » ~ Le retour au naturel s'inscrit aussi dans la question de l'environnement. Une envie de choses plus vraies, plus authentiques. Pourquoi dépenser de l'argent dans des produits chimiques qui abîment la planète, nos cheveux, et notre porte-monnaie ? J'ai fini par me dire que ça ne valait tout simplement pas le coup. ~

Ce que révèlent le cheveu crépu & ses coiffures

Maboula Soumahoro ~ Civilisationniste

Depuis le XVe siècle, l'Europe, l'Afrique et les Amériques n'ont cessé de se découvrir. Au cours de cette ère moderne, ainsi désignée par l'histoire, sont apparus le corps et le cheveu « noirs ». Jusqu'alors, les nombreuses populations vivant en Afrique évoluaient dans leurs propres sociétés codifiées et organisées hors de toute identité continentale. Et dans chacune, le corps et les cheveux possédaient leur esthétique et leur marquage singuliers. Aujourd'hui comme hier et quelle que soit l'époque, ce corps et ces cheveux demeurent, de manière indissociable, les premiers signes visibles d'une société. Selon la sociologie, toute organisation humaine place ces deux éléments dans des rituels reflétant ses valeurs politiques, sociales et esthétiques.

Le « nouveau monde », mis en place à l'ère moderne, a donc fabriqué deux types de corps : le corps blanc et le corps noir, l'un façonné en totale opposition à l'autre. Le premier, situé en haut de l'ordre hiérarchique, symbolise civilisation, puissance et beauté. Le second, pour sa part, fait référence à la barbarie, l'infériorité et la laideur.

Dans les deux types, le cheveu n'a pas échappé à ces classifications arbitraires et exprime ce système de valeurs nouvellement établi. De même, au cours des

XVIIᵉ et XVIIIᵉ siècles, un discours sur la race a vu le jour, articulé par les grands penseurs et très rapidement renforcé par le propos scientifique. L'Occident a inventé le concept de « Noir » pour désigner les populations originaires du continent africain. En effet, la rencontre entre l'Europe et l'Afrique, orchestrée par les grandes puissances occidentales de l'ère moderne, s'est structurée sur un mode profondément inégalitaire menant à l'exploitation de populations jugées barbares dans un contexte de domination extrêmement hiérarchisée. Conquêtes et exterminations, déplacement massif à travers le continent africain ainsi que vers l'Europe et les Amériques, colonisation, exploitation, traite négrière et travail servile, oppression et résistance (les deux notions sont inséparables), tels sont les événements et notions à prendre impérativement en compte pour comprendre la transformation du monde opérée depuis cette période.

Dans cet ordre des choses, l'ensemble « corps, cheveu » devient une arme de résistance à la domination. Les spécialistes considèrent la « guerre des canons esthétiques », soit la lutte pour le contrôle du beau, comme partie intégrante de la lutte pour la libération et l'autodétermination. •

Suggestions bibliographiques

• *Hair Matters: Beauty, Power, and Black Women's Consciousness*, Ingrid Banks, New York, New York University Press, 2000.
• « Black Hair/Style Politics », in *Welcome to the Jungle: New Positions in Black Cultural Studies*, Kobena Mercer, Londres, Routledge, 1994.
• *Peau noire, cheveu crépu, l'histoire d'une aliénation*, Juliette Smeralda, Pointe-à-Pitre, Éditions Jasor, 2004.
• *Styles and Status: Selling Beauty to African American Women, 1920-1975*, Susannah Walker, Lexington, The University Press of Kentucky, 2007.

FAADA FREDDY

Chanteur, 40 ans

Je suis né et j'ai grandi à Dakar. J'ai commencé à chanter à la maison et quand j'ai eu 5 ans, ma grand-mère a senti qu'il fallait que j'aille m'exprimer ailleurs. J'ai participé à une émission de télé pour enfants. Dans la grande maison familiale, j'ai découvert les cassettes et les vinyles soul de mon père : Aretha Franklin, Otis Redding, Millie Jackson... Dans mon quartier, il y avait aussi des chanteurs comme Ismaël Lô. Sur le chemin de l'école, j'ai rencontré Ndongo, on a commencé à danser et à rapper. C'était l'époque de Public Enemy, Grandmaster Flash, MC Hammer, Ice Cube et tant d'autres. Et on a formé notre groupe : Daara J, l'école de la vie. Avec ce groupe, j'ai rencontré beaucoup d'artistes : Wyclef, Mos Def, le bassiste de Gorillaz, ou des gens comme Youssou N'Dour. J'ai découvert beaucoup de choses... Des expériences enrichissantes qui m'ont permis aujourd'hui d'enregistrer mon album solo, *Gospel Journey*.

Quand j'étais petit, je me peignais les cheveux très longuement. J'ai toujours aimé les avoir longs, sans cheveux ça ne me va pas. En 1995, j'ai commencé à faire mes locks. J'en avais besoin, j'étais fatigué de me peigner les cheveux tous les jours, d'y passer du temps, je trouvais ça long et contraignant. Au bout de dix ans, j'ai coupé mes locks pour entrer en méditation : j'avais envie de renaître. Et depuis je ne les ai jamais complètement coupés, juste en partie. À chaque fois qu'il y a un grand changement dans ma vie, comme la naissance de mon enfant, ou la séparation avec un membre du groupe, je les coupe.

Je viens d'une famille où tout le monde était bien peigné : mon papa est enseignant, mes frères sont sociologue, ingénieur agronome ou avocat. J'étais obligé de mettre un bonnet pour cacher ma tête, dans ma famille et à l'école. J'ai fini par leur montrer mes locks, j'étais un peu le rebelle, pas dans l'attitude mais dans l'habillement. Quand j'ai commencé à faire mon album *Gospel Journey*, j'ai voulu m'habiller comme j'en avais toujours rêvé, dans une tenue des années 1930.

~ Je pense que chacun est beau avec ses cheveux. Je ne suis pas fan des gens qui achètent des cheveux en Inde et qui se les mettent sur la tête. Pour moi, la racine du cheveu c'est comme le sang. Je peux comprendre les gens chauves ou malades qui portent des perruques de cheveux naturels. Mais je ne le comprends pas chez ceux qui ont leurs cheveux. Le cheveu naturel est très révélateur de la personnalité. Il nous permet de nous affirmer. ~

La Cigale, XVIIIe ~ *J'ai d'énormes souvenirs du Trianon, qui se trouve à proximité. Après un concert, je suis descendu dans le métro (Anvers) avec le public. On était près de 300 et on a parcouru les rues en chantant.*

Gare de Lyon, XIIe ~ *J'habite à Aix-en-Provence mais je travaille entre Marseille, Paris, Bamako et Abidjan. C'est ici qu'arrive mon train quand je travaille à Paris.*

EVA DOUMBIA

Metteure en scène, 46 ans

Je suis née dans une commune ouvrière, Gonfreville-l'Orcher, dans la région du Havre. Ma mère est normande et mon père était malien, mais j'ai été élevée par son second mari, un Ivoirien dont je porte le nom et que j'appelle papa. Après mon bac, j'ai fait des études de lettres à Aix-en-Provence tout en suivant un cursus de théâtre. Mais, très vite, je suis devenue metteure en scène plutôt que comédienne. C'était une question de survie parce que, très tôt, j'ai compris que ce serait compliqué de décrocher un rôle. À 32 ans, j'ai passé le concours de l'unité nomade[1] du Conservatoire national supérieur des arts dramatiques, où j'ai reçu une formation un peu plus académique.

Depuis 1999, j'ai orienté mon travail vers la question de l'identité ethnique et ça s'est vraiment radicalisé ces huit dernières années. J'ai une mère blanche, bouclée, blonde. On est quatre, trois filles et un garçon, et je suis l'aînée de la fratrie. Quand j'étais gamine, elle nous démêlait les cheveux une fois par semaine et montait un chignon. À l'adolescence, j'ai imité la coiffure de Grace Jones. Puis, à Aix-en-Provence, en fréquentant la communauté africaine, j'ai commencé à me défriser. Je dois dire que ça a été du grand n'importe quoi pendant quinze ans. Un jour, j'ai consulté une dermato parce que j'avais un trou dans le cuir chevelu dû, en fait, aux traitements chimiques.

Mes compagnons ne connaissaient pas ma tête au naturel, je me débrouillais toujours pour faire mes tressages en leur absence. J'étais très angoissée à l'idée de sortir comme ça, sans défrisage. Là, j'ai compris qu'il y avait un gros problème. Alors, sur le Net, j'ai cherché et trouvé plein de documents à ce sujet. L'idée m'est venue d'en faire un spectacle pour partager mon expérience. **~ Un spectacle-cabaret capillaire, « Moi et mon cheveu », devenu culte dans mon parcours de metteure en scène. Cela parle de l'esclavage et de la façon dont nous sommes devenus aliénés au point de ne pas oser nous présenter tels que nous sommes. ~** Et maintenant, je fais un truc très simple : je ne me coiffe plus du tout !

---

1. Formation à la mise en scène.

FIRMINE RICHARD

Comédienne, 68 ans

Je suis née en Guadeloupe, à Pointe-à-Pitre. J'y ai vécu jusqu'à l'âge de 17 ans. Déjà, là-bas, je travaillais quand ma mère est venue en métropole en 1965, comme femme de ménage. Je suis arrivée l'année d'après, en mai, et j'ai été engagée aux PTT comme en Guadeloupe. Ensuite, je suis devenue surveillante à la RATP et j'ai occupé différents postes : poinçonneuse, receveuse puis chef de station. Mais je ne me voyais pas travailler toute ma vie sous terre. J'ai fait un stage de comptable, un domaine où il y avait du boulot, et en 1979, je suis repartie en Guadeloupe, comme comptable, et suis revenue à Paris en 1985. Là, j'ai travaillé dans l'informatique, et suis encore repartie aux Antilles, en 1986, pour travailler au conseil régional de Guadeloupe. C'est en 1988, à mon énième retour en métropole, que le cinéma est venu vers moi lors de ma rencontre avec Coline Serreau.

J'ai commencé à me couper les cheveux en 1969, à l'époque où je surveillais des colonies de vacances. Avant, je portais les cheveux décrêpés, mais quand on part en vacances avec des enfants, on n'a pas le temps de s'occuper de ça. Après, je les ai portés de plus en plus courts, même si à l'époque d'Angela Davis j'ai eu ma perruque afro. Quand j'ai joué dans *Romuald et Juliette*, le film de Coline Serrau, je les ai laissés pousser de deux centimètres.

Je ne peux pas dire que je sois militante, je n'ai pas réfléchi à ce sujet plus que ça. C'est plus simple de les avoir courts, plus pratique. C'est bien que nous soyons conscients de ce que nous sommes. On a toujours voulu ressembler à l'autre. Quand j'étais gamine, je n'aurais jamais pensé à faire du cinéma parce qu'il n'y avait pas de Noirs à la télé. **~ En 1990, j'ai vu, aux États-Unis, tous ces Noirs qui travaillent à tous les postes. Ça m'a frappée, notamment des séries avec uniquement des Noirs. Après, en France, il y a eu le *Cosby Show*, mais les premières séries, je les ai vues aux États-Unis. Les chaînes françaises ne montrent pas beaucoup de Noirs. Ou à doses homéopathiques. ~**

Devant le Mk2 Quai de Seine, XIXe ~ *Je ne peux pas habiter en dehors de Paris. Pour moi, c'est Paris. J'aime Paris... c'est quand même joli !*

Les Halles, Ier ~ *C'était La Mecque de la danse hip-hop en France et même en Europe,
on trouvait ici la crème de la crème. J'ai commencé ici, j'étais en terminale, je venais après les cours,
jusqu'au dernier RER. J'ai « charbonné » ici de 1996 à 2005 pratiquement tous les soirs.*

FABRICE TARAUD

Danseur, pédagogue,
coach artistique & chorégraphe, 36 ans

Je suis né à Puteaux mais j'ai grandi à Suresnes. Mes parents sont antillais, ma mère de Martinique et mon père indien de Guadeloupe. Ça fait de moi un « coulis » comme on dit là-bas, moitié noir et moitié indien.

Après mon bac littéraire, je suis passé par un BTS action commerciale. J'ai découvert la danse à 18 ans par un pote qui m'emmenait aux Halles, et puis j'en ai fait mon métier par un heureux concours de circonstances. D'abord amateur sur une création, j'ai été recruté comme professionnel, parce que j'étais ponctuel et sérieux dans mon travail. C'est ce qui a fait la différence.

Pour mes cheveux, c'était compliqué. Quand il fallait les coiffer, j'avais juste mal ! Rien que le démêlage, c'était un vrai cauchemar. À partir de la préadolescence, j'ai opté pour le *high-top*[1] à la MC Hammer. À cet âge-là, on n'a pas le temps de s'occuper de sa coiffure, je me rasais la tête pour être tranquille. J'ai laissé pousser mes cheveux à partir de 20 ans, tout bêtement après un pari fait avec une de mes ex-petites amies. Là, j'ai découvert les réactions des gens, perplexes de voir mes cheveux pousser. On me demandait : « Mais pourquoi tu fais ça ? »

Le plus étonnant, c'est que les danseurs hip-hop eux-mêmes étaient choqués. Il y a toujours, sous-entendu, cette idée qu'il faut couper ou tresser les cheveux crépus, sans quoi ce n'est pas propre. On est dans le rapport à l'ordre et les cheveux afro, ça n'est visiblement pas bien « rangé ». Un jour, un danseur m'a même demandé : « Tu arrives à entendre, avec ça ? » J'ai trouvé ça drôle. Je n'ai pas d'autre réponse que de dire : « Je ne fais rien avec mes cheveux, ils poussent comme ça. Je n'ai pas de revendication. C'est aussi naturel que ma couleur de peau. » C'est aussi bête que si on me demandait : « Pourquoi t'es noir ? » Je suis né comme ça, c'est tout. Le fait d'être un Noir en France est toujours problématique, alors que ça ne devrait plus l'être. **~ Et dès qu'on a une afro, on devient encore plus visible parce que ça dépasse. Parce que ça détonne dans le panorama. Mais on n'a pas de raison de se cacher. Ce ne sont pas les Noirs, mais les gens autour qui en font un problème. Finalement, être soi, sans rien faire de spécial, c'est devenu un acte, une affirmation. Être soi sans déguisement, sans masque. ~**

1. Voir page 27.

GRETA MORTON & ELLA ELANGUÉ

Mère & fille, cinéaste & historienne, 44 ans & 3 ans et demi

Je suis née en Australie. Ma famille a quitté ce pays quand j'avais 9 mois. On a vécu quatre ans en Hollande, puis encore quatre ans en France, puis retour en Australie jusqu'en 1998. Je suis revenue en France pour des raisons professionnelles et aussi par attachement. Jean-Jacques, le papa d'Ella, est français, né à Clamart de parents camerounais.

Avec le métissage, on ne peut jamais savoir ce que va être le physique de l'enfant, la couleur de sa peau, la texture de ses cheveux. Il y a souvent des surprises. Moi-même, je suis issue d'une famille métissée. Mes parents, australiens, ont des origines très mélangées, avec des ancêtres afro-canadiens ou aborigènes. Dans ma propre famille, il y avait déjà différentes couleurs de peau.

~ Ella déteste être coiffée parce que ça lui fait mal. Ses cheveux, très fins, font beaucoup de nœuds. C'est toujours une lutte. On a plein de produits et puis, maintenant, on la coiffe dans le bain, avec un masque hydratant. C'est plus doux et j'aime ses beaux cheveux naturels. Mais les gens lui touchent tout le temps la tête ! Je peux le comprendre, mais du coup, elle n'aime pas que moi, je la touche. En Australie, les gens nous arrêtent pour dire : « Oh, elle est mignonne ! » On a l'impression qu'ils voient une poupée. En Australie, il y a peu de Noirs, alors c'est une vision très exotique. ~

Peut-être qu'Ella expérimentera le défrisage plus tard, mais je ne le souhaite pas. Quand je vois toutes ces femmes noires dans les salons de coiffure en train de se faire lisser les cheveux ou de les couvrir d'une perruque, ça m'attriste. Je n'ai jamais vu les vrais cheveux des femmes de la famille d'Ella. Même son père se rase. C'est étrange de se dire qu'on vit dans une famille dont l'enfant ne connaît pas les vrais cheveux de ses tantes ou de sa grand-mère.

Passage Piat, XXᵉ ~ *C'est notre quartier. Tous les jours, avec Ella, on joue au parc de Belleville.*

Des cheveux médiatiquement incorrects

Rokhaya Diallo

Les personnalités sont sous le feu permanent des médias. Dans cet espace où l'image est très valorisée, les femmes sont souvent confrontées aux commentaires sur leur apparence. Dans ce miroir frénétique, les corps noirs semblent faire l'objet d'une attention plus grande encore, soumis à une sorte de police permanente de la bonne allure.

Tandis qu'outre-Atlantique, chacune des apparitions de la fille noire d'Angelina Jolie provoque un incroyable tollé[1] en raison de ses cheveux frisés insuffisamment bien peignés au goût de certains, en France, la journaliste Audrey Pulvar enflamme les réseaux sociaux[2] lorsqu'elle ose se présenter publiquement avec ses cheveux non lissés.

La seule année 2015 suffit à rassembler un florilège des remarques constamment désobligeantes à l'égard des cheveux crépus.

Dans les pages du magazine *Public*[3], la chanteuse Solange Knowles, arborant ses cheveux crépus lâchés, est « coiffée comme un dessous de bras ». Quelques semaines plus tard, ce même magazine récidive[4] lorsqu'il s'inquiète de l'héritage « génétique » de North West, la fille de Kim Kardashian et Kanye West, dans un commentaire surfant dangereusement sur les théories eugénistes : « Si Kim Kardashian a des cheveux de rêve [...] on doute que Kanye West ait les mêmes gènes ! En effet, les cheveux afro sont souvent difficiles à coiffer, et surtout très frisés, mais pour la star de télé-réalité il semblerait qu'il soit hors de question que sa fille subisse cela ! » Pour *Public*, le fait de « subir » des cheveux crépus est sans aucun doute un supplice inqualifiable, indigne de la fille d'une star.

1. *Newsweek*, 9 octobre 2009, Allison Samuels.
2. *L'Express Styles*, « Audrey Pulvar, la coiffure qui fâche », 17 juillet 2012.
3. *Public*, mars 2015.

Peut-être pour se faire pardonner, le journal décide de dispenser ses conseils pour soigner les chevelures afro[5]. Malheureusement, le titre, « Comment soigner vos crinières ethniques », s'égare dans une terminologie douteuse, relevant du registre animalier et validant implicitement la position centrale des Blancs dans l'imaginaire collectif. L'identité blanche étant posée comme seul référent universel, les caractéristiques des « autres » (peau, cheveux, nourriture...) sont toutes qualifiées d'« ethniques ». Ainsi les Blancs sont-ils toujours positionnés en dehors de toute considération ethno-raciale, et rarement perçus à travers un prisme racial. Cela génère les lourdes pressions subies par les Noirs dans leur quotidien pour se conformer aux canons esthétiques dominants.

Frisant le ridicule

Cette pression augmente avec la notoriété des personnes concernées. Au printemps 2015, Omar Sy, la star d'*Intouchables*, est apparu, pour les besoins d'un rôle avec un petit afro, assez banal même si on l'a toujours connu le crâne rasé. Cette nouvelle tête a manifestement déplu au magazine *Voici*[6]. Celui qui caracole en tête des classements des personnalités préférées des Français s'est vu vertement rappelé à l'ordre. « Frisant le ridicule », selon les termes du magazine, la coiffure d'Omar Sy – qui est pourtant celle de millions d'hommes noirs à travers le monde – est qualifiée de « terrifiante ». Rien de moins. Le défi pour les personnes non blanches n'est donc pas tant de sortir de l'invisibilité que de s'autoriser à être visibles sans contraindre leur corps à une transformation.

En 2012, Sony Music Brésil avait été condamné par la justice brésilienne pour avoir publié la chanson de Francisco E. O Silva, « Veja os cabelos dela » (« Regardez ses cheveux »), qui comparaît les cheveux crépus d'une femme au « chiffon qui décape les pots et les casseroles » ou, entre autres amabilités, à une « bête puante ».

L'action unitaire de dix associations antiracistes a permis de faire condamner Sony Music à une amende de 656 000 dollars américains, en dédommagement de ces propos « humiliants » pour les femmes noires. Espérons que cette sanction incitera au respect des cheveux crépus. ●

4. *Public*, 9 avril 2015.
5. *Public*, 13 juillet 2015.
6. *Voici*, 10 avril 2015.

LESLIE
JOSÉPHINE-TALLY

Étudiante, 22 ans

Je suis née dans le 93, au Blanc-Mesnil. J'ai grandi dans le 77 puis à Paris. Ma mère et mon père sont tous deux originaires de la Martinique. Aujourd'hui, je suis étudiante à Sciences-Po Paris, en master Affaires publiques. Je suis présidente de Martinique Ambition Jeunes, une association qui rassemble les jeunes Martiniquais de l'Hexagone, dont le but est de mobiliser la diaspora martiniquaise.

Je n'ai jamais vécu en Martinique, pourtant je me sens martiniquaise de cœur, de sang, de vie. J'ai un lien très fort à l'histoire, à la femme martiniquaise, la femme *potomitan* comme on dit chez nous, le pilier central. J'ai toujours été très influencée par les auteurs phares, Aimé Césaire, Frantz Fanon. Leurs œuvres m'inspirent d'autant plus que je me sens concernée par l'avenir de mon pays.

Quand j'étais enfant, j'avais une énorme crinière, plus épaisse qu'aujourd'hui. Mes cheveux et moi, c'était « je t'aime moi non plus », avec des périodes d'amour et de désamour. J'avais droit à tous les surnoms : Ananas, Cheveux de grand-mère...

Ma mère ayant les cheveux défrisés, elle m'a entraînée là-dedans très tôt, vers 6 ans. Après, c'est devenu une routine. C'est le problème quand on entre tôt dans ce cycle, la question ne se pose pas de revenir au naturel. Mais elle s'est posée après avoir porté un tissage qui a cassé tous mes cheveux de derrière. Je me suis informée sur quelques sites Internet américains et français qui donnaient des conseils, et vers 16, 17 ans, j'ai décidé de couper mes cheveux, mais la coupe courte ne m'allait pas du tout. Peu à peu, j'ai appris à en prendre soin, et je suis devenue très proche et soucieuse de mes cheveux. C'est une partie de nous-mêmes qu'on a tellement humiliée... En tant que femmes noires, nous avons été rabaissées et nous ne connaissons même pas nos cheveux. Or, pour pouvoir choisir sereinement une option, il faut d'abord connaître notre texture de cheveux.

Je me suis toujours demandé ce que l'on peut faire, en tant que femme noire, pour véhiculer de bonnes valeurs. Il est aussi important d'agir intérieurement qu'extérieurement. ~ Comme j'ai la peau blanche et les yeux bleus, mes cheveux représentent mon identité. J'aime beaucoup le fait qu'ils soient crépus et non bouclés, tout en étant blonds. Le mouvement *nappy* est très intéressant. C'est de ce mouvement qu'est née ma propre réflexion sur les cheveux naturels. Ce n'est pas seulement esthétique, c'est à la fois militant et symbolique. Cela nourrit une élévation de la conscience. ~

Institut des Sciences politiques, VIIe ~ *Où Leslie est étudiante.*

Les Abbesses, XVIIIe ~ *Je suis amoureuse de ce quartier dont j'aime bien le petit côté rustique, « vieux Paris ». Ça change du brouhaha du Paris toxique et pollué.*

FATOU N'DIAYE

Blogueuse, 37 ans

Je suis née dans le XIIe arrondissement de Paris et j'ai grandi en banlieue, dans le 93, à Épinay-sur-Seine. Ma mère est du Nigeria, et mon père malien et sénégalais. En 2007, j'étais assistante de direction dans la publicité et j'ai créé mon blog, Black Beauty Bag, dédié aux femmes noires et métissées démunies dans ce domaine. Aujourd'hui, je vis de cette activité.

~ La plus grande force d'une femme c'est sa confiance en elle, c'est déterminant dans tous les domaines. ~ On ne voit des mannequins noirs dans les magazines qu'au printemps ou en été, et toujours associés au soleil. En France, on accuse les Noirs de communautarisme, mais lorsque j'ouvre un magazine féminin, je n'y vois souvent que des Blancs. Alors, où est le communautarisme ?

Lors de mes voyages aux États-Unis et en Angleterre, je me suis intéressée au sujet des cheveux naturels. Puis j'ai rassemblé tout ce que j'avais appris et l'ai partagé sur mon blog. Je dispense des conseils de soins de la peau ; sur cette question, de nombreuses femmes noires sont perdues. J'évoque aussi mes cheveux depuis que j'ai arrêté de les défriser, en 2006. Le naturel n'était pas encore à la mode. Ce n'était vraiment pas une revendication ou un message du type Black Power, plutôt une question d'esthétique. Mes lectrices s'identifient à moi, une fille qui porte ses origines et son nom africains. Cela a créé une proximité qui a fait le succès de mon entreprise.

Ma mère nous a défrisées à l'entrée au collège. **~ On était tellement habituées à voir, dans les médias, des filles noires avec les cheveux au vent que c'est devenu notre critère de beauté. Être noire et belle, c'était avoir les cheveux lisses. ~** Et j'avais l'impression d'être belle parce que je correspondais à un stéréotype de beauté ambiant. Je suis fan de Beyoncé mais je ne considère pas qu'elle soit représentative de la population féminine noire.

L'arrêt du défrisage n'a pas changé ma personnalité mais a décuplé ma confiance en moi. J'ai l'impression d'être vraiment moi : ça me permet de montrer ma différence et de la cultiver. Chaque personne est née avec des caractéristiques, il faut les sublimer. Au début, nous étions peu nombreuses à ne pas nous défriser. On formait une sympathique communauté, où tout le monde s'entraidait et échangeait des conseils. Depuis, les grandes marques ont lancé des gammes pour cheveux crépus, parce que c'est rentable. **~ J'essaie de ne plus employer le terme *nappy*, qui nous enferme dans une sorte de secte. Les cheveux crépus c'est notre nature, j'aimerais qu'un jour on arrive à dire : « C'est juste une femme. » ~**

GAGE

Auteur, compositeur, interprète, 37 ans

Je suis né au Canada mais mes parents sont haïtiens et j'ai grandi à Montréal, où j'ai vécu toute ma vie avant de m'installer à Paris, en 2012, pour travailler sur mon troisième album : *Soul Revolution*.

Au lycée, j'étais pas le mec le plus populaire. Un jour, avec les potes, on chantait du Boyz II Men et un prof de musique m'a conseillé de me présenter au casting d'une version amateur de *Starmania*. J'ai eu le rôle de Johnny Rockfort et ça a complètement changé ma vie. J'ai rencontré Gardy Martin et Corneille, et on a formé le groupe ONE : Original New Elements. À Montréal, personne n'était prêt à signer trois Blacks chantant de la soul en anglais. En 2005, on a sorti *Soul Rebel*, mon premier album. En 2009, j'ai sorti *Changer le monde*, mon deuxième album.

J'ai toujours eu les cheveux longs. Ma maman, fan des Jackson Five, a laissé mes cheveux en afro très tôt. Après, à l'école, il a fallu les tresser. Et évidemment à chaque fois c'était la guerre, je détestais ça. Un jour, je me suis fait embêter par d'autres élèves parce que j'étais noir et que j'avais une grosse touffe de cheveux, alors je me suis battu. Je suis rentré à la maison en larmes et ma mère a tout rasé. Puis Michael Jackson a sorti *Thriller*, et j'ai voulu avoir les *curls*[1]. Après, ça a été le *high-top*[2]. J'adorais Eric B. and Rakim mais ma mère n'en pouvait plus.

Ensuite, j'ai juste laissé pousser mes cheveux car j'étais très superstitieux. Quand t'es haïtien, tu entends toujours des histoires du genre : « Ne laisse pas telle personne te toucher les cheveux, elle peut faire de la magie… » Ça a toujours été un truc sacré. À part ma maman, personne ne pouvait les toucher. Finalement j'ai trouvé une coiffeuse, à Montréal, qui a commencé mes locks, tranquillement, et ça fait dix ans que je les porte comme ça. Je ne pensais pas que ça durerait aussi longtemps. Au début c'est toujours ingrat parce que tu ne ressembles à rien. Après, c'est devenu du pur style, sans savoir que ça prendrait une importance comme ça. ~ Dernièrement, j'ai pensé à les couper, j'en avais marre. C'est lourd comme entretien, et même pour dormir. Mais mon manager et ma mère s'y opposent. Je suis condamné à garder mes cheveux, comme Samson. J'ai des camarades comme Anthony Kavanagh qui ont coupé leurs locks. Ils m'ont tous dit que ça leur changeait la vie. On n'est plus Anthony Kavanagh, juste un renoi. Si je me coupais les cheveux, ce serait la catastrophe. On est dans l'air du temps, le zen, le bio, le naturel… À la douane, dans les aéroports, ça attire certains regards, mais pour moi l'artiste, c'est ma carte de visite. C'est mon image. ~

1. Voir page 54.
2. Voir page 27.

Cité de la Mode et du Design, XIIIe ~ *J'adore l'architecture, qui m'inspire. C'est un lieu atypique, qu'on n'a pas à Montréal. C'est la Cité de la Mode et il se trouve que j'adore la mode.*

Jardin des Tuileries, Ier ~ *Je vis dans une grande capitale et en même temps je suis sensible à la nature. Quand je vis trop longtemps sans voir des arbres ou sans entendre des oiseaux chanter, ça me stresse. Et j'ai fait l'École du Louvre, la Sorbonne : l'axe est, avec le Louvre au milieu, est un axe rempli de souvenirs pour moi, c'est lié à mon histoire parisienne.*

FRÉDÉRIQUE BEDOS

Fondatrice du projet « Imagine », 44 ans

Je suis née en Normandie, d'une mère normande qui a du sang gitan et d'un papa haïtien, réfugié politique. J'ai vécu à Paris avec ma mère jusqu'à l'âge de 3 ans, mais mon papa m'a abandonnée quasiment à la naissance. Je suis née blonde aux yeux bleus, ce qui est fréquent chez les enfants métis, et ensuite ça a vite changé. Ma mère, enfant de l'Assistance publique, vendait des fleurs dans les bistrots et je dansais sur les tables. Un prêtre nous a mis en contact avec une famille du nord de la France qui nous a accueillies. Ce couple, des gens très simples, avait déjà une dizaine d'enfants adoptés du monde entier. Ils sont devenus ma famille adoptive.

Pendant toute cette enfance, j'ai adoré l'école, et j'étais en avance. Je rêvais de l'Égypte ancienne et, à 15 ans, débarquée à Paris, j'ai fait l'École du Louvre, et la Sorbonne pour devenir égyptologue. Avant les années 2000, j'ai été repérée par le président d'une chaîne américaine qui venait de lancer une chaîne câblée à New York. J'ai été la première animatrice française sur MTV Europe, avant de présenter une émission en prime time sur France 2 et de rejoindre M6. Un jour, j'ai eu un double déclic, personnel et professionnel. J'ai quitté la télévision pour lancer le projet « Imagine », dans le cadre duquel je réalise des portraits de héros anonymes. Je voulais me rendre plus utile et poser un regard critique sur les médias.

Avec un père inconnu et une mère blanche aux cheveux lisses, j'avais du mal à m'identifier. Ma mère, comme souvent les Blancs, ne savait pas me coiffer. Mes cheveux étaient souvent maltraités et j'ai développé un très gros complexe. Dans ma famille adoptive, il y avait des enfants de toutes les couleurs, mais aucune fille d'origine africaine. Pas de chance ! Ma maman adoptive avait une chevelure incroyable, très longue et abondante, qui me fascinait. Il m'arrivait quand j'étais seule de me mettre des pulls sur la tête pour faire comme si j'avais les cheveux longs.

●●●

●●● À 10 ou 11 ans, une amie de ma mère adoptive, coiffeuse, voyant que je n'étais pas super à l'aise avec mes cheveux, m'a proposé de me défriser. Ça a été le début d'une longue période, avec ce côté pénible du cycle où tu as peu de temps pour t'en occuper, donc tu te trouves bien alors que c'est une galère. Plein de choses de la vie quotidienne deviennent ennemies, la pluie par exemple. J'étais très pauvre, j'essayais de ne pas me faire remarquer, or mes cheveux me faisaient remarquer ! Avec ce passé-là, j'ai cru qu'il fallait toujours être impeccable, au top de soi. Aux States, tu n'es pas prise au sérieux si tu as les cheveux frisés. Ou alors c'est que tu es chanteuse, danseuse, artiste, ou dans une revendication politique. Mais tu ne peux pas être journaliste. Peu à peu, je me suis reniée car, en plus du défrisage, on m'a mis des extensions. J'en avais pour 10 000 balles sur la tête. J'étais un produit.

En regardant les femmes noires autour de moi, j'ai constaté que la plupart subissaient une sorte de torture, et ça a commencé à m'interpeller, ce violent rejet de soi. En plus, très souvent, ce n'était pas beau, faute de moyens. Je voyais des tissages faits avec des cheveux achetés au rabais et tout ça m'a fait réfléchir. En quittant les médias pour mettre en lumière les plus belles valeurs, j'ai réalisé qu'il fallait que je sois moi-même authentique. Peu à peu j'ai réfléchi à la petite fille que j'avais été, à mon envie de renouer avec mes racines.

Le jour où j'ai tout enlevé, je l'ai fait en tremblant parce que mon compagnon ne m'avait jamais connue autrement. Je ne savais pas à quoi j'allais ressembler. Pas si évident, d'enlever une carapace. À mon retour, j'ai vu dans ses yeux tout l'amour du monde. ~ **Ma fille, qui me ressemble tant, avec ses cheveux frisés et blonds, a toujours été très fière de ses racines noires. Alors, en me voyant, elle a fondu en larmes et m'a prise dans ses bras. C'était comme si enfin j'avais quitté mon manteau de honte. Je n'avais plus honte de lui ressembler. Ça a été une vraie libération, une délivrance. ~**

Afro

Chanson d'Erykah Badu

Excusez-nous, mesdames et messieurs... 1, 2...

Faut que tu relèves ton afro, daddy
Parce qu'elle est plate sur un côté
Faut que tu relèves ton afro, daddy
Parce qu'elle est plate sur un côté (qu'est-ce t'attends)
Eh bien, si tu relèves pas ton afro
T'auras un côté tout haut

Bon... T'as dit que t'allais m'emmener voir Wu-Tang, baby
Alors j'ai tressé mes cheveux... Ouais, tu l'as dit

T'as dit que t'allais m'emmener voir Wu-Tang, baby
Alors j'ai tressé mes cheveux,
ouais je l'ai fait... en cornrows et tout
Bon... T'as changé d'avis, t'as dit qu'on n'y allait pas,
Mais ma maman t'a vu là-bas, ouais, elle t'a vu

Vérifie ça, une fois

Bon, j'arrête pas de te biper, daddy,
Mais tu rappelles jamais...
Bon... J'appelle le 911, baby
Et tu rappelles jamais, non, non,
Si tu sais pas comment te servir de ton bipeur, daddy
Je vais te le reprendre... Ouais je le ferai

Bibliothèque François-Mitterrand, XIIIᵉ ~ *C'est mon quartier, c'est très animé ici.*
Qu'il pleuve, qu'il neige, il y a toujours du monde, avec le cinéma et la grande
bibliothèque François-Mitterrand. Je me souviens du chantier, lancé quand j'étais étudiant.
C'est amusant de revenir quelques années plus tard... il y a eu du travail.

FARIDY ATTOUMANE

Conseiller technique auprès de la Délégation interministérielle pour l'égalité des chances des Français d'outre-mer, 43 ans

Je suis né dans l'une des îles des Comores, Anjouan. Ensuite, j'ai fait des va-et-vient avec mes parents : Marseille, puis Mayotte, puis Paris où je travaille depuis 2014. J'ai eu mon bac à Mayotte ; pour faire des études supérieures, il n'y avait pas d'autre choix que de venir en métropole. Je suis allé à Strasbourg en fac de droit puis à Paris-X Nanterre, en maîtrise de gestion d'entreprise. Je suis rentré à Mayotte pour travailler à la Direction du travail et je suis devenu délégué du préfet à la Politique de la ville.

Comme je porte les cheveux longs, je fais des tresses quand je me rends au travail, mais dès qu'arrive le week-end, j'aime bien les lâcher parce qu'ils ont besoin de respirer. À chaque fois, j'ai l'impression de me libérer, comme un bol d'air. Ce sont des amis qui me tressent. Dans les îles, on aime tresser les cheveux mais, en général, on ne fait pas appel à un coiffeur professionnel, ce sont les amis ou le voisinage qui s'en chargent.

Je suis très inspiré par Bob Marley, son « rastafarisme » et sa culture. J'ai laissé pousser mes cheveux une première fois en faisant des locks. J'avais une apparence d'artiste sans l'être et ça me permettait de rencontrer beaucoup de monde dans la rue, dans les soirées. Après, quand je suis rentré à Mayotte, certains se raidissaient en me voyant arriver avec mes tresses. J'ai essuyé des critiques, certains me reprochaient d'avoir une « coiffure de femme ». Je me suis même fait insulter.

Pourtant, j'étais fier de mes cheveux. Ils me donnent l'impression d'être en contact avec l'ensemble des éléments, surtout quand je les relâche.

À mon arrivée à la Délégation interministérielle, j'ai aussitôt posé la question à Sophie Elizéon, la déléguée. Elle m'a dit : « On n'est pas là pour juger les gens sur leurs cheveux. »

~ À Paris, j'ai été très surpris de voir que la plupart de mes frères africains et mes sœurs africaines maltraitent leurs cheveux, au risque d'endommager leur cuir chevelu. Chez certains, ça donne quelque chose de bien, mais chez d'autres, c'est effrayant. Je ne comprends pas qu'on veuille à tout prix se couler dans un moule au point d'abîmer sa personne. ~

FEROUZ ALLALI

Styliste, 50 ans

Mes parents sont originaires d'Algérie mais j'ai grandi dans le bidonville de Nanterre jusqu'à l'âge de 7 ans. Puis mon père a pu se permettre d'acheter une maison à Nanterre ville. Cela m'a déprimée de déménager dans une zone pavillonnaire parce qu'il n'y avait pas d'enfants pour jouer avec moi, alors que dans le bidonville c'était cool toute l'année.

J'étais en LEP, ce qu'on appelle lycée professionnel maintenant, parce que j'étais très mauvaise élève. Comme j'ai appris toute seule la couture depuis l'âge de 10 ans, mes amis m'ont encouragée à devenir styliste. J'ai suivi des cours du soir tout en travaillant et j'ai fini par ouvrir ma boutique quand j'ai eu 30 ans.

J'ai les cheveux frisés naturellement mais quand j'étais petite ma mère a essayé de les défriser en me rasant la tête. Elle avait les cheveux très raides et ne comprenait pas pourquoi les miens étaient crépus, elle ne l'acceptait pas. Mais plus elle me rasait, plus ils poussaient en hauteur. Après deux tentatives, elle est passée aux défrisants naturels, un produit tunisien qui s'appelle la *merdouma*, composé de fer naturel, de graines et d'huile d'olive.

~ À l'époque, dans les bidonvilles, il y avait une mode chez les filles, étant donné qu'il n'y n'avait pas encore de BaByliss. Elles tiraient leurs cheveux, qu'elles enroulaient avec des tissus en coton, comme on le fait pour les coiffes africaines. Après le séchage, les cheveux, lâchés, retombaient lissés. Je l'ai fait parce que chez moi tout le monde avait les cheveux raides. Je voulais ressembler à mes sœurs, avoir la petite frange dont rêvent toutes celles qui ont la tête frisée. ~

À 18 ans, j'ai eu envie de rester naturelle et j'ai perdu ce complexe capillaire. Par volonté de simplicité, parce que je les avais déjà beaucoup abîmés en les tirant dans tous les sens. Et puis, cela nécessitait beaucoup d'entretien, alors que ce n'était pas du tout mon style. Je ne vais pratiquement jamais chez le coiffeur.

Je me suis toujours considérée comme africaine puisque je suis allée depuis toute petite chez mes grands-mères dans le désert. Je me sens plus africaine qu'algérienne car je n'ai pas grandi en Algérie, alors que je travaille avec le Togo depuis vingt ans. C'est la patrie mère des tissus, je suis tombée sous le charme de cette richesse. Mais la mode et l'artisanat africains ne sont pas reconnus, ils restent toujours au bas de l'étage. Quand je rentre en France, je rapporte d'Afrique du beurre de karité, des savons naturels qui ne coûtent rien... Nous avons oublié ces produits naturels qui viennent de nos pays d'origine.

Rue Saint-Maur, XIᵉ ~ *J'ai ouvert ma boutique dans ce quartier voici vingt ans.*
J'aime son côté populaire, le fait qu'on y croise des gens du monde entier et de toutes les confessions.

Musée d'Art moderne, XVIe ~ *J'aime beaucoup, c'est un quartier calme, j'aime bien le musée d'Art moderne. J'adore surtout le fait que quand tu es assise là, tu as le ciel à portée de vue. C'est très apaisant.*

FELLA IMALHAYENE

Consultante en diversité, 35 ans

Je suis née à Alger de parents algériens. J'y suis restée deux ou trois ans avant de partir pour le Liberia, où j'ai vécu trois années. Ensuite, j'ai passé toute ma petite enfance jusqu'à la fin de l'école primaire à Libreville, au Gabon. Et après, je suis revenue en Algérie pour y passer mon adolescence. D'Algérie, je suis allée en Italie, à Rome, puis en France. Si je bougeais autant, c'est parce que mon père était diplomate. Je suis arrivée en France vers 16 ans, scolarisée dans un lycée de jeunes filles catholiques. J'ai fait de la gestion d'institution culturelle et de la philosophie. En France, j'avais l'idée que j'étais seulement de passage, comme partout, et que je repartirais en Algérie. Il m'a fallu presque dix ans pour faire une demande de naturalisation.

J'ai commencé à travailler sur l'égalité des chances, d'abord au Centre Pompidou, à la direction de l'action éducative et des publics. De fil en aiguille, j'ai travaillé pour la Charte de la diversité pendant presque sept ans. J'étais devenue secrétaire générale avant d'être débauchée par un cabinet pour faire du conseil en diversité.

Quand j'étais petite, mes cheveux, c'était le truc qui énervait ma mère et toute ma famille : c'était une matière à dresser. Ma mère me les coupait très court pour ne pas avoir à s'en occuper. Et puis, quand j'ai grandi et que j'ai commencé à les laisser pousser, tout son combat a été de me convaincre de me défriser. ~ **Finalement, cette histoire de cheveux, c'est celle d'une transmission ratée : nos mères ont intégré des modèles esthétiques nous plaçant d'emblée comme hors normes.** ~ En Algérie, on utilise le *kardoune,* un long ruban en coton dont on t'entoure les cheveux, qui forment un bâton. Au réveil, les cheveux sont censés devenir raides. Ça me faisait mal et ça m'énervait. Et comme j'avais vécu en Afrique centrale, je ne saisissais pas ce problème de cheveux. Je ne comprenais pas pourquoi tout le monde leur en voulait alors que moi j'aimais bien. Je ne les ai jamais défrisés. En revanche, je les ai eus de différentes longueurs. Je les ai même laissés pousser en une immense crinière qui rendait ma famille encore plus malade. J'ai 35 ans et ma grand-mère me demande encore quand je compte me coiffer.

Ce que je ressens chez les Maghrébines en ce moment, c'est que le fantasme gagnant, c'est la Syrienne ou la Libanaise : les yeux très crayonneux et les cheveux lissés au maximum. ~ **Ce qui est marrant, c'est que mes cheveux perturbent au point que les gens ne savent plus me caser, on se demande si je suis métisse ; parfois on me parle en créole. Mais j'aime bien le fait qu'on ne puisse pas me situer... ~**

SANDRA SAINTE-ROSE FANCHINE

Danseuse, chorégraphe & graphiste, 48 ans

Je suis née en Martinique et j'ai grandi en Côte d'Ivoire auprès de ma mère après la séparation de mes parents. J'y suis restée jusqu'à l'âge de 17 ans, avant d'aller en Martinique chez mon père. J'y ai séjourné durant cinq ans. Après deux années de Beaux-Arts à Fort-de-France, j'ai poursuivi mes études supérieures en arts graphiques à Paris. Une fois diplômée, j'ai suivi mon mari en Guyane. Mais après mon divorce, j'ai repris mon indépendance à Paris. Pour mon bien-être, j'ai pris des cours de danse et suis devenue danseuse professionnelle. Avec l'âge, les contrats se raréfient, le corps vieillit et la chorégraphie me correspond mieux, en sollicitant toutes mes compétences artistiques.

Dans mon enfance, je n'avais pas conscience de mes cheveux, sauf quand ma mère me coiffait. Je souffrais et je voyais bien son agacement devant mes larmes. Maman, je l'ai toujours vue défrisée. ~ **Elle m'a inscrite à la danse classique à 5 ans. Lors de mon premier gala, elle m'a défrisé les cheveux. Je garde un souvenir très aigu de ma douleur... ça piquait très très fort. Mais je l'ai acceptée car, finalement, j'étais assez fière de mes cheveux longs jusque dans le dos. Quand je sautais, je pouvais les voir bouger et voler. ~**

À l'adolescence, j'ai rejeté mon genre féminin. À cette époque-là, mes modèles étaient masculins et blancs. David Bowie ou des icônes punk et new wave. Les cheveux raides collaient avec ça. Je ne voyais pas le cheveu noir comme étant mon cheveu. En Guyane, j'avais commencé à m'interroger en me soustrayant à l'esclavage du lissage, d'autant que mon époux payait mes soins capillaires. Et un jour, dans le miroir, j'ai vu quatre ou cinq centimètres de repousses non défrisées. Je les ai imaginées plus longues et j'ai tout arrêté. Autour de moi, les gens ont mal réagi. Ils pensaient que ça me mettrait en rupture vis-à-vis de la société. En Côte d'Ivoire, ce sont les gens qui ont perdu l'esprit ou les SDF qui portent des locks. D'autres réactions ont été aussi positives que spectaculaires. Dans la rue, des femmes noires m'interpellaient : « Comment tu fais pour tes cheveux ? » Je percevais à la fois un désir de porter le cheveu naturel et une véritable incapacité à franchir le pas. ~ **Le mouvement *nappy* est une bonne chose, il redéfinit les normes d'esthétique pour les femmes aux cheveux crépus ou frisés. C'est intéressant de développer des coiffures très différentes, des choses hyper stylisées. C'est bien de montrer ce cheveu-là comme une matière de séduction à part entière. ~**

Cité Véron, XVIIIᵉ ~ *En 1995, je suis venue m'installer à Paris après mon divorce.*
Les gens que j'ai rencontrés à la Cité Véron m'ont beaucoup encouragée à développer mon potentiel
pour la danse. C'est vraiment l'endroit où j'ai reconstruit ma vie.

Sur le pont de Grenelle, XVᵉ ~ *Je vis dans le XVIᵉ depuis dix-huit ans, mais j'évite toujours de le préciser, au vu des préjugés des uns et des autres – en fait ceux qui n'y habitent pas. J'apprécie le calme de mon quartier, la politesse, même dans les supermarchés, l'impression parfois d'être en province, la proximité des commerces et des transports, et les promenades sur le bord de Seine, où j'ai une agréable impression d'espace, d'évasion.*

GHISLAINE GADJARD

Consultante culturelle

Je suis née en Guadeloupe et arrivée à Paris durant l'hiver 1949-1950, j'avais 11 ans, bien longtemps avant le Bumidom[1]. Ma mère, séparée de mon père, s'était mis en tête que c'était mieux de nous élever à Paris. On habitait le Xe, rue Louis-Blanc. De toute l'école, j'étais la seule Noire.

Juste avant mes études supérieures, en 1957, j'ai eu un enfant. Je souhaitais être chirurgien ou psychiatre et évidemment ma trajectoire a dévié. J'ai exercé de nombreux jobs alimentaires ou non rémunérés (des poses pour des peintres et des photographes). J'ai été comédienne de 1964 à 1968, notamment avec Jean-Marie Serreau, l'un des premiers metteurs en scène à confier de grands rôles à des comédiens non blancs, dès les années 1950. J'ai finalement repris des études à l'École des attachés de presse dont je suis sortie première de ma promotion. J'ai travaillé dans le domaine culturel en Guadeloupe. Et puis donc, je suis revenue à Paris, après vingt ans.

J'avais de grands yeux et des cheveux incroyables, pour quelqu'un de noir comme moi. Ils faisaient l'admiration des Noirs et l'étonnement des Blancs. On n'arrivait pas à situer mon origine, javanaise, de la corne de l'Afrique ? ~ **Quand j'étais petite, les gens mesuraient mes cheveux. C'est important chez nous, il faut les avoir longs et pas crépus. D'une tête crépue, on dira qu'elle est « grainée ». Un adjectif très dégradant. Cinquante ans plus tard, je rencontre encore des gens qui me rappellent la beauté de mes cheveux.** ~ J'ai fait mon premier défrisage en 1966, avant de partir jouer en Afrique.

La technique était toute récente et facilitait pendant plusieurs mois la coiffure, permettant même de les mouiller. C'était idéal pour voyager ! Je suis rentrée en relation avec Josépha, une Martiniquaise précurseure en matière de beauté noire, la première à prendre en compte les spécificités de la femme noire. Elle pratiquait avec beaucoup de soin, pour épargner le cheveu, contrairement à la plupart des coiffeurs de l'époque. Elle osait déjà affirmer qu'il nous fallait être bien dans notre peau noire. Une vraie révolution ! ●●●

1. Le Bureau pour le développement des migrations dans les départements d'outre-mer (1961-1983), organisme public chargé d'accompagner l'émigration des habitants des départements d'outre-mer vers la France hexagonale afin d'assurer une main-d'œuvre dans les services publics, aux échelons les moins qualifiés.

●●● Depuis longtemps, je voulais revenir au naturel, mais comme j'étais devenue un modèle pour mon coiffeur afro-américain qui adorait mes cheveux, nous repoussions le moment de sauter le pas. Finalement, constatant que mes anciens très « beaux cheveux », fatigués par les défrisages, brushings et bouclages, n'étaient plus très épais ni très forts, j'ai passé le cap toute seule en janvier 2014, à la grande déception de mon coiffeur !

Maintenant, je suis libérée. Je n'ai plus de problèmes capillaires. J'utilise des soins naturels, sans produits chimiques. Mes cheveux sont tout doux, faciles à vivre. Et je me sens aussi belle qu'avec mes jolies coupes qui me valaient le surnom de Sophisticated Lady !

Je m'interroge sur ces gens qui portent beaucoup de faux cheveux, c'est une chose qui m'a toujours choquée. **~ Ces Négresses blondes avec des cheveux longs jusque-là et de mauvaise qualité, souvent un affreux plastique… Ce n'est pas que de l'esthétique, c'est de l'aliénation. Frantz Fanon parle de « lactification », ce besoin de s'identifier aux Blancs. Je ne dis pas qu'il faut rester absolument avec ses cheveux crépus, on peut être frisée, défrisée, les avoir courts, longs, on est libres. Mais il faut se permettre cette liberté-là sans adopter des choses qui ne nous correspondent pas. ~**

Americanah

Extrait du roman de Chimamanda Ngozi Adichie

Conversation entre amis de retour au Nigeria après avoir vécu aux États-Unis

Elle bavarda avec Bisola et Yagazie, qui avaient toutes les deux des cheveux naturels, coiffés en vanilles, un halo de spirales encadrant leurs visages. Elles parlaient des salons de coiffure de la ville, où les coiffeuses bataillaient avec leurs cheveux naturels, comme s'il s'agissait d'une éruption extraterrestre, comme si leurs propres cheveux n'avaient pas été semblables avant d'être soumis à la chimie.

« Les filles des salons ne cessent de dire "Tante, vous ne voulez pas vous lisser vos cheveux ?" Quel dommage que les Africains n'apprécient pas nos cheveux naturels en Afrique », dit Yagazie.

« Je sais », dit Ifemelu, consciente du ton moralisateur de sa voix, de toutes leurs voix. Ils étaient les sanctifiés, ceux qui étaient de retour au pays avec une couche de brillant supplémentaire. Ikenna se joignit à elles, elle était avocate et avait vécu dans les environs de Philadelphie ; elle l'avait rencontrée à un congrès du Blogging While Brown. Puis Fred vint les rejoindre à son tour. Il s'était présenté à Ifemelu un peu plus tôt, un homme grassouillet et soigné. « J'ai vécu à Boston jusqu'à l'année dernière », dit-il d'une voix faussement détachée, parce que Boston était le nom de code de Harvard (sinon il aurait dit MIT ou Tufts ou n'importe quoi d'autre), tout comme une autre femme disait : « J'étais à New Haven », avec cet air évasif qui signifiait qu'elle était à Yale. D'autres vinrent grossir leur groupe, tous faisant partie d'un cercle familier, car ils avaient facilement accès aux mêmes références. Ils se mirent bientôt à rire et à faire l'inventaire des choses qu'ils regrettaient de l'Amérique. •

Villa des Tulipes, XVIIIe ~ *À proximité de la porte de Clignancourt et de la ville de Saint-Ouen où nous résidons. C'est le Paris qui m'a fait venir à Paris. J'ai l'impression de pouvoir parler à des gens de tous les coins du monde dans la même journée. C'est d'ailleurs pour la même raison que certains n'aiment pas la porte de Clignancourt.*

GIORGIO &
PAUL KOFFI WELTER

Père & fils, producteur, 46 ans, & collégien, 11 ans

GIORGIO : Je suis né en Italie et j'habite à quelques pas de Saint-Ouen ; je vis en France depuis 1995. Je ne savais pas trop quoi faire en Italie et j'avais envie d'apprendre le français. J'ai tellement aimé Paris que je suis resté. Coiffer les cheveux de Paul, c'est mon petit plaisir à moi. **~ Quand il était tout petit, son arrière-grand-mère me faisait lui mettre du beurre de karité. Pendant une demi-heure, je les faisais gonfler avec le peigne, je le regardais et, après, je rigolais pendant deux heures. Et avant chaque séance chez le coiffeur, Paul négociait : « Tu m'achètes trois mangas, on va manger chez McDonald's... » ~** Il faut dire que sa maman soigne très bien ses cheveux, mieux que moi. Quand il rentre de chez elle, ils sont toujours super beaux. Avec moi, un peu moins.

Je respecte complètement le mouvement *nappy* et, à titre personnel, ce sont les filles que je préfère. La fille noire avec le tissage, ça ne me plaît pas trop. Dans ce quartier où il y a des cités très populaires, il y a des minettes de 16-18 ans avec des tissus qui couvrent les cheveux comme le faisaient leurs grands-mères. C'est une déclinaison du *nappy*, une sorte de revendication. J'imagine que c'est l'inconscient qui en appelle aux traditions.

PAUL : Je suis né et j'ai grandi à Paris, je suis en sixième. Petit, parfois papa me forçait à me couper les cheveux, à faire des nattes collées. Je ne voulais pas, je n'ai pas l'impression d'être vraiment moi-même avec les cheveux courts. J'ai aussi voulu avoir les cheveux lisses. (Giorgio, son père, se remémore : « Une fois, quand il avait 3 ou 4 ans, il avait vu les cheveux de son pote faire comme ça avec le vent... Il est venu et il m'a dit "Papa, je veux que mes cheveux fassent comme ça." »)

Avant, après ma douche, mon père me peignait avec le sèche-cheveux, ça fait une touffe... et ça le faisait rire. **~ En Italie, les gens veulent toujours me toucher les cheveux, ça m'énerve. Surtout ceux que je rencontre pour la première fois. Ça peut durer des heures : « Ils sont beaux tes cheveux, si tu tombes, t'auras un casque. » Il faut arrêter, c'est énervant. Et puis, il y en a d'autres qui disent : « Ah ouais, t'es un mouton avec ta touffe. » ~**

GERTY DAMBURY

Dramaturge & comédienne, 58 ans

Je suis née à Pointe-à-Pitre, en Guadeloupe, où j'ai grandi. À la séparation de mes parents, j'avais 13 ans et j'ai suivi ma mère en région parisienne, à Montreuil. Au lycée, on devait être trois ou quatre Noirs, pas plus. Certains de mes profs étaient membres du bureau politique du Parti communiste. Je découvrais une vie lycéenne agitée. Dans les années 1970, j'ai commencé à militer au MLF (Mouvement de libération des femmes), puis j'ai intégré la Coordination des femmes noires vers 1978. Des Africaines, des Antillaises qui peinaient à faire passer leurs préoccupations. Nous étions opposées à cette façon de poser les femmes noires en victimes, privées de leur parole sur elles-mêmes. La Coordination des femmes noires avait joué au Bataclan une pièce que j'avais co écrite. J'ai étudié l'anglais et l'arabe à l'université Paris-VIII et suivi des cours au département Cinéma. J'ai exercé comme prof d'anglais en Guadeloupe. J'ai dit mes textes sur scène puis j'ai décidé de monter mes pièces.

Enfant, ce n'était pas compliqué, ma mère me coiffait tous les jours et j'aimais ce moment privilégié. J'étais rassurée d'être assise là, massée avec de l'huile de carapate pour faire pousser mes cheveux. Mes premiers soucis sont arrivés lors de ma première communion. Un souvenir épouvantable. Ma mère n'était pas là et ce sont mes sœurs qui ont défrisé mes cheveux. Tous les jours, je les voyais se brûler avec le fer. Elles m'ont mis des rouleaux, je me suis endormie et au réveil... catastrophe ! J'ai donc fait ma première communion coiffée à la diable. Là, j'ai réalisé le problème avec les cheveux.

Quand ma mère (qui ne s'était jamais défrisée) a quitté la Guadeloupe, je me suis retrouvée avec mes sœurs qui m'ont rasé la tête. Tout le monde m'appelait « tête coco ». Rares étaient les jeunes filles avec les cheveux coupés si court. Mais en arrivant à Paris, à l'époque d'Angela Davis, j'avais une afro énorme. J'ai rencontré mes copines africaines à l'époque des tresses, de la mode Cléopâtre, avec des perles qui arrivaient là, tout du long. De retour en Guadeloupe, mes sœurs critiquaient mon style. Un jour, je me suis dit « Bon, ça commence à bien faire ces histoires de défrisage de cheveux », et je me suis rasé la tête. Ça a duré jusqu'en 2015 où, pour le besoin d'un rôle, j'ai laissé pousser mes cheveux blancs.

Dans les années 1960-1970, les Antilles regardaient vers l'Amérique, qui avait beaucoup d'influence sur nous, notamment grâce à la radio. ~ L'assassinat de John Kennedy fut un drame pour mes parents, comme la mort de Martin Luther King. Le mouvement « Black is beautiful » ne m'a jamais quittée. Ça a toujours été pour moi important, la défense de cette identité, ce désir d'être soi-même. ~

Librairie du musée Dapper, XVIᵉ ~ *Le musée Dapper, qui préserve et expose le patrimoine artistique de l'Afrique subsaharienne, m'a toujours intéressée, toujours passionnée. Une des pièces que nous avons créées ici, à Paris, a été soutenue et produite par sa directrice.*

Dans son bureau au ministère des Outre-mer ~ VIIᵉ

GEORGE PAU-LANGEVIN

Ministre des Outre-mer, 66 ans

Je suis née à Pointe-à-Pitre en 1948 et arrivée en métropole en 1965, après le bac. En 1971, j'ai prêté serment comme avocate à Paris. Marcel Manville[1], mon premier patron, m'a sensibilisée à la lutte pour les droits de l'homme. En 1972, j'ai participé, en tant qu'avocate du Mrap, à l'élaboration de la première loi contre le racisme. Parallèlement, j'ai adhéré au PS et suis devenue députée de Paris en 2007.

Ma mère est indienne, elle a les cheveux lisses. Et moi j'étais, comme on dit aux Antilles, la « câpresse » de la famille, celle aux cheveux les plus crépus. Pourtant, avec ma mère, la coiffure était un moment de complicité affectueuse. Elle prenait son temps, nous asseyait entre ses jambes et démêlait très soigneusement nos cheveux. ~ **Comme tout le monde, à l'adolescence, j'ai décrêpé ma chevelure avec le fameux BaByliss. À partir de 1978, j'ai réalisé que c'était une manière de fuir son identité, alors j'ai arrêté. C'était le fruit d'une réflexion politique militante.** ~ Et il y a eu l'influence nord-américaine, la grande époque des coiffures afro. Peu à peu je les ai coupés très court. C'était très pratique.

Ma mère était un peu déconcertée parce que, aux Antilles, on considère mieux les femmes aux cheveux courts et crépus que celles aux longs cheveux lisses. Une curieuse graduation de la beauté. Personne ne comprenait pourquoi, alors que mes cheveux poussent très vite, je m'entêtais à ressembler aux femmes aux cheveux rares. Exerçant une profession libérale, cela n'a posé aucun problème : les gens qui ne voulaient pas de moi comme avocate ne venaient pas me voir. Quand j'ai fait des chroniques sur Media Tropical, certains auditeurs ont réagi de manière négative. En tant que ministre, je n'ai jamais eu affaire à des propos malsonnants. Peut-être le pense-t-on sans oser me le dire.

On croit que les cheveux crépus sont moins jolis, moins organisés que les cheveux lisses. C'est dommage, parce qu'on peut avoir l'air coiffée avec les cheveux naturels. ~ **Les énormes postiches que je vois sur la tête des filles révèlent un réel sentiment d'insatisfaction par rapport à soi. J'ai le sentiment que les choses ne bougent pas tellement à ce sujet. Regardons les icônes, les artistes, même aux États-Unis, elles portent des rajouts ou des cheveux lissés.** ~

1. Avocat et nationaliste martiniquais, une des figures des Antilles de notoriété internationale, qui fut un des amis les plus proches de Frantz Fanon.

FANIA NOËL

Activiste sur les questions de race, sexe & classes, 27 ans

Je suis né en Haïti et j'ai grandi dans le XVIe arrondissement de Paris, où j'ai fait ma scolarité en école privée. Jusqu'au CE2, j'aimais bien mes cheveux. Étant la seule Noire durant toute ma scolarité, j'incarnais une sorte d'exotisme. J'en ai eu marre et j'ai voulu défriser mes cheveux. À 13 ans, on ne veut pas se distinguer des autres ni faire de vagues. Mais ma mère a refusé. Au lycée, j'ai ajouté des tresses, puis à la fac j'ai tout coupé puis arrêté le défrisage. Maintenant, je suis en cohérence avec moi-même. ~ **On me pose beaucoup de questions : « Ah oui, mais tu fais comment ? Et les mèches, tu les fais avec quoi, en fait ? Mais là, c'est tes cheveux, ou ce n'est pas tes cheveux ? Mais les autres, quand ils mettent du tissage, c'est tissé, c'est cousu ? C'est cousu sur leurs cheveux ? » J'ai arrêté de répondre. Je suis Noire, je n'ai pas fait un master option « La beauté noire pour les nuls ». Je ne pose pas toutes ces questions aux Blancs ! ~**

Évidemment, c'est beaucoup plus facile pour moi que pour quelqu'un qui n'aurait pas le choix. Une hôtesse d'accueil, si elle porte le cheveu lisse, trouvera une place. Il ne faut pas inciter les gens à garder les cheveux crépus coûte que coûte si cela les met en difficulté ou menace leur source de revenus.

On n'est pas obligé de donner une signification politique à tout ce que l'on fait, mais je m'investis à fond politiquement dans tous mes actes. Forger ma carrière professionnelle et académique en conservant mes cheveux naturels, c'est un acte politique. J'ai étudié la sociologie et les sciences politiques et je commence, bientôt, un doctorat sur l'afro-féminisme. Pourquoi ? Parce que je suis une femme noire, soucieuse de bien me construire. Si mon travail peut aider d'autres personnes, c'est encore mieux. Le fait d'avoir été élevée par une mère divorcée, célibataire, extrêmement engagée, a formé mon identité. Je viens d'une famille matriarcale au sens le plus noble du terme.

Christiane Taubira porte des tresses couchées, l'originalité maximale tolérée dans la vie publique. Au-delà d'une certaine longueur, ça ne passe pas. ~ **Cependant, les publicités montrent de plus en plus de cheveux crépus, toujours associés à des personnages à la peau claire, avec une afro et en situation festive, un truc cool avec plein de couleurs. C'est la seule représentation d'une coiffure avec des cheveux crépus, alors que les possibilités sont immenses. ~** J'aime bien mes cheveux et je suis pour la liberté du choix de chacun, défriser ou ne pas défriser ; l'important c'est d'être conscient du fait que la primauté donnée aux cheveux lisses résulte d'une construction sociale.

Rue de la Fontaine-au-Roi, XIᵉ

Place Boïeldieu, IIe ~ Gwladys : *Je suis très contente d'être dans le IIe, au centre de Paris, c'est pratique.* Didier : *Quand nous étions dans le 94, personne ne venait nous voir, dès que nous avons pu, nous nous sommes installés à Paris.*

GWLADYS
& DIDIER MANDIN

Frère & sœur, cofondateurs de la Natural Hair Academy,
33 & 37 ans

GWLADYS : Je suis née à Melun et j'ai vécu dans le 77 avant d'en partir à l'âge adulte. Ma mère est originaire de Guadeloupe et mon père est français de Vendée. J'ai fait des études de marketing. De par mes origines, je me suis toujours intéressée aux problématiques ethniques, et j'y ai allié ma passion du marketing. Toutes mes recherches ont porté sur ce thème, j'ai notamment fait un master sur l'impact d'un modèle noir dans la publicité sur l'acte d'achat des consommateurs. Après, je suis partie aux États-Unis. Là-bas, je me suis rendu compte que le marketing ethnique était super développé, complètement décomplexé. C'était il y a dix ans.

Quand je suis revenue en France, j'ai créé la société Afro Caribbean Awareness avec un camarade de fac. **~ On a lancé une vaste étude de marché sur les populations afro-françaises vivant en métropole. D'origine africaine ou ultramarine. Résultat : 98 % de la population afro-française estimait avoir des besoins spécifiques du fait de ses origines, dans divers secteurs : l'alimentaire, les cosmétiques, le transfert d'argent, etc. ; 83 % des besoins portaient sur les cosmétiques. ~**

Aux États-Unis, on peut facilement trouver des études sur la consommation des populations noires. Ici, on ne pouvait pas le faire, nous avons donc conçu un questionnaire en partenariat avec la Cnil pour pouvoir poser ces questions-là. À titre personnel, j'étais préoccupée par mes cheveux et ma peau. Même si je suis très claire de peau, j'ai des besoins particuliers : maquillage, et évidemment soins capillaires. J'ai commencé le défrisage à 12 ans. C'est moi qui ai sollicité ma mère, qui n'y était pas vraiment favorable. J'en avais marre des frisottis sur le devant de mon crâne. Et j'ai arrêté à 23 ans, parce que je voulais retrouver du volume. Pas de déclic particulier, simplement l'envie de revenir à mes cheveux naturels et d'arrêter d'utiliser des produits chimiques. ●●●

●●● Le premier salon Natural Hair Academy s'est tenu en 2012, avec pour intention de mettre en valeur la diversité de tous ces cheveux au naturel. Les visiteurs viennent y chercher des conseils et des produits. On y trouve aussi des ateliers thématiques, comme l'affirmation de soi, très importante pour la population afro, car cette assurance n'est pas toujours évidente chez les femmes noires aux cheveux naturels. Il faut qu'elles se redécouvrent, et ce retour au naturel les aide à mieux s'accepter. Une de nos études à ce sujet le prouve, les femmes se sentent beaucoup plus confiantes.

DIDIER : Je suis né à Paris dans le XVIᵉ, je ne sais pas ce que mes parents faisaient par là. On est vite partis dans le 77, où j'ai grandi avec ma chère sœur. J'ai suivi un cursus en finance à l'université Paris-Dauphine, avec une spécialisation « finance de marché ». Pendant cinq ans, j'ai exercé le métier de trader. Quand Gwladys a monté sa structure, je regardais ça de loin, mais comme ils étaient installés chez moi, au fur et à mesure, je me suis piqué au jeu. Un an après, j'ai arrêté le trading et me suis lancé dans l'aventure entrepreneuriale avec eux.

Au début, on prêchait dans le désert, et c'était à la fois stimulant, frustrant et agaçant. À l'époque, les publicitaires ne voyaient pas le problème, alors que les minorités représentaient à peine 2 % des modèles publicitaires. C'était incroyable. Puisque personne ne le faisait, on a décidé de rendre visible ce marché en proposant toutes sortes de produits adaptés et des solutions pour leur distribution. Personne n'entendait notre discours, personne ne semblait être intéressé, il fallait vraiment avoir la foi ! Aujourd'hui, ça a quand même beaucoup évolué. ~ **Nous avons été les premiers à donner des chiffres de consommation en cosmétiques des femmes noires. Par exemple, elles dépensent cinq à six fois plus d'argent pour les soins capillaires que les femmes blanches. À cause de leur méconnaissance du marché, les grandes marques n'avaient pas investi ce secteur, mais nous avons vu venir ce mouvement du retour au cheveu naturel.** ~

Pour certaines, le lissage est plus pratique, mais pour beaucoup c'est un moyen de respecter certains canons de beauté. Parfois, on frôle le refus ou le déni d'une partie de soi. Si les femmes veulent se défriser, ce n'est pas un problème, mais elles doivent avoir toutes les options. Avant, le cheveu naturel n'était pas une option crédible. C'est une belle nature de cheveu, il faut pouvoir être soi sans produits chimiques.

Four Women

Chanson de Nina Simone

Ma peau est noire
Mes bras sont longs
Mes cheveux sont laineux
Mon dos est fort,
Assez fort pour supporter la douleur
Infligée encore et encore.
Comment m'appelle-t-on ?
Mon nom est Tante Sarah
Mon nom est Tante Sarah.
Ma peau est jaune,
Mes cheveux sont longs,
Entre deux mondes
Je me situe
Mon père était riche et blanc
Il a forcé ma mère, tard un soir.
Comment m'appelle-t-on ?
Mon nom est Safrania
Mon nom est Safrania.
Ma peau est basanée
Mes cheveux sont fins
Mes hanches vous invitent
Ma bouche est comme du vin.
De qui suis-je la petite amie ?
De tous ceux qui ont de quoi m'acheter.
Comment m'appelle-t-on ?
Mon nom est Charmante
Mon nom est Charmante.
Ma peau est brune
Mes manières sont dures
Je tuerai la première mère que je vois
Ma vie a été trop rude
Je suis affreusement aigrie à présent
Parce que mes parents étaient esclaves.
Comment m'appelle-t-on ?
Mon nom est Peaches[1].

---

1. Littéralement, « pêches », comme le fruit, nom de scène jadis réservé aux danseuses de music-hall, sans doute parce qu'elles étaient « comestibles » pour les riches spectateurs...

Le Réservoir, XIe ~ *J'y ai fait mes premières scènes importantes, à mon retour de New York. C'est un endroit qui m'a toujours accueillie.*

IMANY

Chanteuse, 36 ans

Je suis née à Martigues, dans les Bouches-du-Rhône. J'ai grandi à Istres jusqu'à 8 ans et passé mon adolescence à Vélizy (78). Mes parents sont d'origine comorienne, ma mère est née à Madagascar. De 10 à 15 ans, j'étais dans un internat militaire de jeunes filles parce que je faisais de l'athlétisme à un bon niveau. Dans mon lycée versaillais, je devais être la seule Noire. J'ai été repérée dans le métro à l'âge de 17 ans et suis devenue mannequin. D'abord aux États-Unis, où je suis restée près de dix ans. En 2008, j'ai commencé ma carrière musicale à Paris.

Petite, j'avais un rapport conflictuel avec mes cheveux, que tout le monde trouvait très beaux : très longs, volumineux et pas très crépus. Comme je voulais être un garçon, j'en avais marre de me faire tresser et martyriser par ma mère. Un jour, mon père, à moitié sérieux, m'a dit : « On va tout raser et on sera tranquilles. » Je l'ai pris au mot. Ma mère et ma sœur en ont pleuré. J'ai donc eu des cheveux courts pendant quelques années. En les laissant repousser, j'ai fait des tresses. Alors a commencé la bataille du coiffage. Vers 15 ans, je me suis laissée embarquer dans le défrisage. J'en avais assez du côté enfantin des tresses.

Dans la mode, on n'est pas encouragées à avoir le cheveu naturel. Pour les Noires, les options sont soit une belle afro genre la pub Dop, soit un tissage, soit les cheveux défrisés, ou la tête rasée pour les beautés africaines de l'Est. J'ai donc continué le défrisage. J'ai fait pas mal de campagnes pour des défrisants qui m'ont bousillé la tête. Mes cheveux ne poussaient plus, j'étais désespérée. En quittant le milieu de la mode, c'était devenu une aliénation. J'en suffoquais littéralement, et mon cheveu « déprimait », comme disait ma coiffeuse. En repoussant, ils ont changé, devenus plus secs, plus drus, aux boucles plus serrées. Ça a changé ma manière de me coiffer et de m'accepter. Je me tresse ou je garde l'afro. Ça m'a complètement libérée. J'ai toujours un turban. Au départ, c'était pour cacher ma misère capillaire, pas un truc militant. Un jour, lors d'un concert, une spectatrice m'a dit : « Le foulard, ça fait femme noire forte qui s'assume », et du coup je l'ai gardé.

Le mouvement du retour au naturel est une bonne chose. ~ On nous a vendu trop longtemps le cheveu raide comme le seul code esthétique valable, qui masquait le refus de nos êtres. Nous ne sommes pas blancs, nos cheveux ne sont pas comme ça. Certaines filles *nappy* sont très agressives envers celles qui se défrisent. C'est vu comme un refus de soi. Mais on ne critique pas les Blanches et leurs permanentes ! Chacun peut faire ce qu'il veut à partir du moment où il l'assume. ~

HENRY ROUEDOU

Sans emploi, 54 ans

Je suis né à Rivière-Pilote, en Martinique. Je suis en métropole depuis 1988. Avant j'ai vécu dix ans à Marseille ; je suis installé à Paris depuis 1996.

Mon métier d'origine, c'est l'hôtellerie, la restauration. En Martinique, j'étais barman et à Marseille réceptionniste d'hôtel. Quand je suis arrivé ici à Paris, j'ai travaillé sur les marchés, j'ai fait quelques jobs, dont un dans une boutique d'instruments de musique, ou d'antennes satellites. Depuis deux ans, je suis sans emploi.

Dans mon enfance, en Martinique, j'ai eu une éducation stricte. Sur une photo où j'ai 4 ou 5 ans, on me voit avec de grands cheveux et je trouve aberrant qu'à l'époque mes parents m'aient laissé avec autant de cheveux. Quand j'ai eu 6 ans, il a fallu les couper. Ensuite, j'ai toujours porté les cheveux très courts, jusqu'en 1996.

Le grand frère d'un de mes copains est devenu rasta, un peu comme une révolte, parce qu'un rasta ne se coupe pas les cheveux, il ne se coiffe pas. Quelque part, je me suis servi de ça pour me révolter contre mes parents, mais c'était un peu tard, j'étais déjà majeur.

C'était en réaction mais, derrière, il y avait tout un cheminement. C'est une philosophie, pas une religion. Par exemple, je suis ces principes au niveau de la nourriture : un esprit sain dans un corps sain. Quelque part aussi, c'est pour se démarquer de Babylone[1], parce que Babylone c'est l'État, c'est le pape, c'est tout ça. Ne pas se couper les cheveux, ne pas se coiffer, ne pas se raser, je trouve que c'est un peu *too much*. Quand c'est pêle-mêle, ça fait peur aux gens. Je l'ai vu quand mes aînés ont franchi le pas. Les gens disaient effectivement qu'ils ressemblaient à des voyous. Il y a quinze ans de ça, on me traitait de sale Arabe, d'ayatollah. Mais maintenant ça va, c'est presque devenu une mode. Ce qu'il faut, c'est assumer ce qu'on fait.

Les défrisants, les perruques, je trouve ça dégueulasse. Après, à chacun son truc. Celles qui font ça se dégradent le cheveu. Comme celles qui se blanchissent la peau avec des produits interdits qu'on peut trouver sur les marchés, à Château-Rouge. Je me dis que je suis Noir, c'est comme ça, s'il fallait que je sois Blanc, je serais Blanc. ~ Si une personne vous aime, elle vous prendra tel que vous êtes. C'est pas les cheveux qu'il faut changer. C'est un changement à l'intérieur de soi qui conduit à accepter les cheveux comme ils sont. ~

1. Le mouvement rastafari identifie Babylone au monde occidental, telle une continuation du pouvoir de ces empires qui ont dominé le monde. C'est le symbole d'une forme d'oppression de l'humain par l'humain.

Place des Rigoles, XXe ~ *Je vis dans le quartier, rue des Pyrénées, depuis 1998.*

Place de la République, XIe ~ *Je vis dans ce quartier et j'y ai aussi travaillé, au journal* Libération.
*Cet endroit me plaît, l'idée de la République française me séduit beaucoup car notre histoire
de cheveux est à mon avis une histoire politique.*

ELIANE PATY

Libraire, 57 ans

Je suis née à Fécamp et j'ai grandi en Normandie, mais mes parents, qui étaient enseignants, sont antillais, de Fort-de-France. Ma mère a la peau très claire avec des cheveux souples, et mon père est beaucoup plus typique, comme tous les Antillais. Ce mélange donne des gens tels que moi avec des cheveux, disons, bizarres... Je vis à Paris depuis quarante ans. En 1981, je suis entrée comme journaliste à *Libération* et, plus tard, j'ai ouvert ma librairie, qui s'est ensuite cassé la figure. Dans la ville où j'ai grandi, nous étions la seule famille noire, donc des étrangers absolus. On nous appelait « les Nègres, les bamboulas » et autres atrocités. En province, la vie était très douloureuse et c'est seulement en arrivant à Paris que j'ai découvert que je n'étais pas si noire que ça. ~ **Mon père était un vrai militant de la cause noire, influencé notamment par Aimé Césaire. Alors, quand j'ai annoncé vouloir lisser mes cheveux, il l'a vécu comme une insulte.** ~ Jusqu'à l'âge de 25 ans, j'ai gardé mes cheveux très longs et naturels. ~ **En m'élevant socialement – j'ai même dirigé un journal –, je les ai coupés très court, puis je les ai lissés par volonté d'être prise au sérieux. Je ne le faisais pas consciemment, mais je reliais ça au fait d'être bien habillée et bien coiffée, avec des cheveux disciplinés. Je ne voulais plus être la petite frisée rigolote.** ~

Mon mari est blanc et mes trois enfants portent la marque de leur héritage de manière différente. Les deux premiers sont des jumeaux. J'ai un fils très blond, très blanc avec des yeux bleus. Et, devenu adulte, il porte les cheveux bouclés. Il en est extrêmement fier, de cette seule trace de sa négritude, comme il le dit lui-même. Tout ce qu'il vit avec humour, je l'ai vécu différemment. Ma fille, qui me ressemble beaucoup, a les cheveux très bouclés. Un jour, alors qu'elle avait 10 ans, elle s'est mise à pleurer en me voyant me lisser les cheveux. Elle ne voulait pas être la seule frisée de la maison. Les cheveux de mon dernier fils, Oscar, sont châtains et bouclés. Je m'amuse à y déceler des reflets roux. Mes trois enfants portent leur négritude comme un étendard, alors, pour eux, je dois accepter ce que je suis.

FATOU BIRAMAH

Journaliste, animatrice radio & écrivaine, 39 ans

Je suis née à Paris XIIIe, puis j'ai grandi un peu à Paris et beaucoup en banlieue, en Seine-et-Marne, à Émerainville. Ensuite, j'ai suivi mes parents quand ils sont repartis au Togo et, à mon retour, je me suis installée à Aulnay-sous-Bois. Pendant dix ans, j'ai travaillé comme agent administratif aux Assedic[1]. J'ai aussi été amenée à vivre pendant cinq ans au domicile de JoeyStarr, ce qui m'a fait rencontrer plein d'artistes. Mon apparition dans une émission de télé-réalité centrée sur JoeyStarr est à l'origine de mon livre, *Confessions d'un salaud*, et de fil en aiguille, j'en suis venue au journalisme.

En 2008, j'ai commencé par un remplacement à la radio Africa n° 1, et j'y suis toujours. Europe 1 m'avait recrutée mais je n'avais pas la même liberté d'expression, ce qui m'a un peu frustrée. Je suis partie au bout de quelques mois.

Petite, je vivais dans une ville de Blancs. Quand on est la seule Négresse à l'école, avec des cheveux crépus bizarres, on est traitée de tous les noms. J'étais dégoûtée et j'en voulais au Créateur de m'avoir faite comme ça. Quand on me faisait des tresses, je voulais une frange pour faire comme les Blanches.

À 16 ans, on m'a envoyée au bled pour soi-disant me rééduquer. C'était un mal pour un bien. Je me suis retrouvée parmi les miens, je leur ressemblais et ils ne me traitaient pas de « noiraude »... J'ai appris à m'apprécier, à m'aimer et à aimer mes cheveux. Quand je suis rentrée en France, deux ans après, j'ai continué à faire des tissages. Jusqu'au jour où mon cuir chevelu a fait une forte réaction. J'ai enlevé mon tissage tout neuf et opté pour une coupe courte, très courte, défrisée, plaquée. À partir de là, j'ai retrouvé ma vraie nature, et quand tout le produit est parti, j'ai décidé de faire des locks. À l'époque, je me pensais un peu rasta, attirée par la philosophie rastafarienne, en recherche d'une communauté, d'une famille. Et puis je pensais qu'en faisant des locks j'aurais moins besoin de prendre soin de ma coiffure. En réalité, ça demande encore plus d'entretien, mais je ne l'ai compris que plus tard...

Mes cheveux naturels sont presque devenus un combat, signifiant que je m'assume en tant qu'Africaine. **~ Je ne supporte plus les nanas qui se renient avec leurs cheveux. Pour moi, porter des locks, c'est s'affirmer en tant que Négresse. Pour certains, « négro » c'est péjoratif, mais dans ma bouche ça ne l'est pas. Mes cheveux naturels me rendent fière et me donnent une prestance. ~**

1. Ancien Pôle emploi.

Rue du Faubourg-Saint-Antoine, XIIᵉ ~ *J'aime bien ce quartier, j'y travaille.*
J'ai appris à l'apprécier parce qu'il est populaire et animé.

Avenue de Lowendal, VIIᵉ

KADIDIA MADY DIALLO

Assistante administrative principale, 60 ans

Je suis née à Bamako de parents maliens, mais ma mère est d'origine burkinabée, la Haute-Volta à l'époque. En faisant des études d'infirmière au Mali, dans les années 1940, elle a appartenu à la première génération de femmes fréquentant l'école. Et c'est là qu'elle a rencontré mon père, qui était diplomate. En 1969, à l'âge de 14 ans, je l'ai suivie en France, puis j'ai étudié à l'université de Caen et ensuite en région parisienne. J'ai d'abord eu un DEA de lettres modernes option « études francophones » à Villetaneuse, avant de faire un DESS en diplomatie et administration des organisations internationales. Je suis entrée dans une grande institution internationale un peu par hasard en 1983, pour un contrat d'intérim d'une semaine, et trente-deux ans après j'y suis toujours ! J'ai occupé un poste de secrétaire pendant dix ans. Je pensais qu'il fallait prendre son ticket et attendre son tour, mais j'ai vu des gens me passer devant. J'ai finalement eu une promotion et maintenant c'est plus facile.

Petite, j'étais presque rouquine parce que ma mère est peule du Burkina, très claire de peau. Elle passe souvent pour une métisse. Elle avait les cheveux souples, moi aussi. Je les portais assez longs, retenus en queue-de-cheval, pour aller dans mon école privée, catholique. À l'époque, ces écoles de bonnes sœurs étaient les meilleures. Un jour, des Ghanéens qui passaient de maison en maison pour défriser les cheveux se sont arrêtés chez moi. J'ai pleuré pour qu'on me défrise, parce que toutes les copines avaient les cheveux raides. Quand je suis arrivée à l'école, la bonne sœur a hurlé : « Qu'est-ce qu'on vous a fait ? » Parce que ce n'était plus moi, c'était autre chose. Ça m'avait déjà un peu choquée, à l'époque.

À 10 ans, je devais défiler pour la fête nationale du Mali, qui se déroule le 22 septembre, et sous l'impulsion de mon père, homme politique, je me suis présentée avec des tresses. Tout le groupe m'a insultée parce qu'il fallait avoir les cheveux défrisés pour l'occasion, on m'a traitée de « sauvage » qui risquait de mener notre prestation « à l'échec ». J'ai passé la matinée à pleurer à cause de ce rejet. Ensuite, en France, je me suis fait des tresses puis j'ai succombé à la mode du *curly*[1]. Au début, c'était très bien, mais ensuite, on perdait ses cheveux, parce qu'il fallait mettre beaucoup de produits pour favoriser les boucles. J'ai poursuivi avec des défrisages pendant des années, passant beaucoup de temps chez le coiffeur. Et puis, un jour, j'ai réalisé que je passais mes samedis après-midi au salon, sans compter le coût de ces soins. ●●●

1. Voir page 54.

●●● En bambara, défriser se dit « tuer le cheveu », et là, j'ai fini par faire le lien : tuer le cheveu c'était comme me tuer moi-même. Je ne m'y retrouvais plus. C'était au milieu des années 2000. Par ailleurs, je commençais à vraiment pratiquer la religion musulmane, pour laquelle il fallait faire des ablutions régulièrement[1], ce qui mit fin rapidement au brushing à 60 euros.

~ Dès lors que le défrisage était un esclavage, je devais me retrouver moi-même. Je suis peule, donc issue d'un peuple nomade. Toute ma vie j'ai cherché à être libre, je me suis libérée des hommes qui ne me convenaient pas, j'ai élevé mes enfants seule. Et j'aurais accepté d'être esclave de mes visites au salon de coiffure tous les samedis ? ~ Je ne pouvais pas accepter que cette question tienne autant de place et d'importance dans ma vie. J'ai voulu à la fois arrêter le défrisage et conserver mes cheveux blancs. Mais ça a été très dur de les imposer. Heureusement, j'ai rencontré Namani, une coiffeuse qui m'a aidée à commencer à faire des locks.

Je me suis demandé pourquoi les Africains n'acceptent pas leurs cheveux, dont la transformation change complètement la physionomie. Le fait de pouvoir passer ma main dans ma chevelure, ce que je ne faisais pas avec mes cheveux défrisés, me permet de retrouver une sensualité naturelle.

1. La pratique de la religion musulmane exige des ablutions complètes sur tout le corps – cheveux compris – avant chacune des cinq prières.

Kinks In My Hair

Chanson d'Inna Modja

Mes cheveux font des boucles,
j'ai la tête « grainée »
Oui, j'ai du swag,
et je n'ai peur de rien
Chocolat pour ma peau,
je suis tel un délice de miel
J'ai des formes,
de la grâce et du style
Je m'accepte avec fierté

T'as des taches de rousseur
sur le visage.
T'es la plus brillante des étoiles
T'es avec des gens qui vomissent
tout ce que t'aimes
Il faut faire ce que tu as à faire,
n'aie pas peur d'essayer
Que tu sois homo, hétéro ou bi
Accepte-toi avec fierté,
tout simplement
Accepte-toi avec fierté,
tout simplement
Je m'accepte avec fierté

Rien ne doit te faire honte
Regarde le monde en face
et montre-leur
Que t'es fière de ce que t'es
Tu n'as aucun défaut
Tout le monde sait
Que t'es géniale comme ça

J'ai les cheveux frisés,
et j'ai un putain de style
Je suis libre dans mon âme,
c'est un bonheur
Je dois faire ce que j'ai à faire,
j'ai même pas peur de chialer
J'vais vivre, aimer et mourir
Je m'accepte avec fierté

Rien ne doit te faire honte
Regarde le monde en face
et montre-leur
Que t'es fière de ce que t'es
Tu n'as aucun défaut
Tout le monde sait
Que t'es géniale comme ça

Tu vois tes rides sur ton visage,
moi j'vois un super sourire
T'as l'pouvoir en toi,
tu dois être toi
Peau vanille ou chocolat
Si t'es homo, hétéro ou bi
Accepte-toi avec fierté,
tout simplement

Rien ne doit te faire honte
Regarde le monde en face
et montre-leur
Comment t'es fière de qui t'es
Aucun blème sur toi
Tout le monde sait
Que t'es géniale comme ça

Le pont Marie, IVe ~ *J'aime bien habiter dans le Marais, parce que c'est le quartier gay de Paris, un peu plus ouvert à la différence.*

INNA MODJA

Chanteuse, 30 ans

Je suis née à Bamako, mon père est malien, ma mère guinéenne. Du fait du travail de mon père, j'ai grandi en partie au Ghana, au Togo et au Nigeria, avant de revenir à Bamako à l'adolescence et de m'installer à Paris pour y étudier après mon bac. J'ai aussi vécu aux États-Unis pendant quelques années et suis revenue en 2008 pour me consacrer pleinement à la musique, que j'avais commencée lorsque j'avais 15 ans, avec le Rail Band de Bamako.

J'ai grandi en portant du wax, et j'ai gardé ce côté très africain dans ma façon de m'habiller. Je suis venue à la musique comme je suis. Cela m'a permis de sortir un peu du lot en tant que chanteuse. Et j'ai eu un retour positif d'un public qui n'est pas forcément représenté dans le paysage médiatique, alors que dans la rue il y a beaucoup de femmes comme moi.

De l'enfance à l'adolescence, j'ai eu beaucoup de tresses, des rastas. En Afrique, on a toujours quelqu'un sous la main pour nous les faire, je n'avais donc pas besoin de me défriser. Je l'ai quand même fait deux fois. Passé les deux premières semaines, où j'étais contente de ne plus avoir à gérer mes cheveux, où c'était beaucoup plus facile et où j'avais une nouvelle tête, je me suis dit : « Bon, ce n'est pas moi. » Je trouvais cela ennuyeux, j'ai donc fait marche arrière.

Quand j'ai eu besoin de faire des tissages pour des photos de mannequin, les regards étaient différents. L'afro attire vraiment une sympathie, un sourire.

~ Je trouve bien que les femmes noires, métisses ou arabes arrivent à se trouver belles telles qu'elles sont. Naturelles, sans vouloir forcément rentrer dans le moule. C'est bien de savoir qui l'on est, d'accepter sa couleur de peau, ses cheveux, de se connaître. Il y a beaucoup de filles qui se sont défrisées tellement tôt, et toute leur vie, qu'elles ne savent même pas quelle est la texture de leurs cheveux. ~ Pour autant, les filles qui se défrisent ne sont pas forcément moins fières d'être noires ou arabes.

Le mouvement *nappy* pose de nombreuses questions, il y a une vraie recherche d'identité. Souvent les seuls Noirs qu'on voyait dans les médias ou à la télé, pour représenter une marque, étaient des métis. Le fait qu'une grande marque comme L'Oréal m'ait choisie, moi qui suis noire foncée, avec les cheveux crépus et pas bouclés, c'est la preuve d'un vrai changement.

Aujourd'hui, on le voit un peu partout. Lancôme a choisi Lupita Nyong'o comme ambassadrice, c'est hallucinant ! Et c'est génial, parce que plusieurs générations de filles ont grandi en ne se voyant pas. Quand j'étais ado, la seule représentation dans la mode, c'était Naomi Campbell, et elle avait les cheveux raides.

HANNIBAL MEJBRI

Collégien & footballeur, 12 ans

Je suis né à Évry, j'ai grandi à Paris, dans le XXᵉ, où je vis toujours. Mes parents sont originaires de Tunisie. Je fais du foot depuis cinq ans. Je joue au PFC, milieu de terrain. Mon rêve est de jouer dans le plus grand club possible. Mes cheveux ont toujours été coiffés comme ça. Quand j'étais plus petit, je les avais plus longs, mais après j'ai décidé de les couper. Ça a été de plus en plus court, et après c'est devenu comme ça. J'aime bien mes cheveux, parce que je n'aime pas être comme les autres, avoir les cheveux pareils, tous rangés sur le côté.

Les gens me disent parfois qu'ils sont beaux, parfois qu'ils sont moches. Tout dépend de leur goût. Et je m'en fiche un peu. Quand je vois des gens qui ont des cheveux comme les miens, je les trouve beaux. On me dit tout le temps que j'ai la même tête que David Luiz, le joueur du PSG. Je trouve que c'est beau aussi sur Carlos Valderrama. Des fois, je me sens un peu différent des autres, mais ça ne me dérange pas plus que ça.

Ma sœur a les cheveux comme moi, elle ne les lisse pas. Elle a 25 ans et quand j'étais petit, c'était elle qui me coiffait. Je n'aime pas l'idée de changer ses cheveux. Parce que tu les as eus comme ça, et les gens doivent t'accepter ainsi. Les perruques, je trouve que ça ne sert à rien. Même si on n'a pas beaucoup de cheveux quand on est une fille, ça peut être beau. Et les défrisages, c'est même pour les garçons, mais pour moi ça ne sert à rien. ~ Par exemple, quand je joue au foot, on dit en parlant de moi : « Le garçon aux cheveux frisés, il est bon. » Alors que si c'était quelqu'un d'autre, on ne pourrait pas. C'est ma marque de fabrique. ~

Stade Déjérine, XXe

Musée de l'Immigration, XIIᵉ ~ *Ce lieu est un paradoxe, le musée des Colonies devenu celui de l'Histoire de l'immigration. Il y a cette continuité dans une forme d'oppression intellectuelle symbolisée par une structure « muséale » et, en même temps, l'importance de reconnaître les mérites de l'immigration.*

JEAN CRÉTINOIR

Photographe & réalisateur, 61 ans

Je suis né à Hanoi, au Vietnam, pendant la guerre d'Indochine, le jour de la défaite... pour la France. Ma mère est vietnamienne et mon père martiniquais. En tant que militaire de carrière, il a combattu en Indochine et après la défaite de Diên Biên Phu, on est arrivés en France. Mon nom de famille, Crétinoir, est un héritage de l'abolition de l'esclavage. Les maîtres donnaient ce nom à leurs esclaves avec des intentions un peu spéciales. On peut entendre « crétin noir » mais, en fait, c'est la déformation de « chrétien noir », en référence aux premiers Noirs christianisés à la Martinique.

J'ai fait des études de psychologie, tout en suivant le Conservatoire parce que j'étais passionné par la musique. Pendant longtemps, j'ai été confronté à un dilemme, poursuivre des études ou m'engager dans une voie musicale. Finalement, j'ai tout lâché pour ensuite me tourner vers la photo, le cinéma et l'audiovisuel. J'ai travaillé pour *Libération* à la création du journal, puis j'ai abordé le cinéma, en collaborant avec le réalisateur Med Hondo et d'autres cinéastes africains comme Ousmane Sembène.

~ J'ai toujours porté mes cheveux comme ça, autant que je me souvienne j'ai toujours eu cette coiffure depuis mon adolescence. Cela a dû être un réflexe d'autodéfense, une volonté de me singulariser certainement et aussi mon lien avec la militance noire américaine. ~ C'était mon modèle au cours de l'adolescence. Mes cheveux traduisaient déjà une réflexion, une rébellion et une interrogation par rapport aux discriminations qu'on subissait ici de manière inconsciente et passive à la fois. Un racisme latent, le racisme quotidien qui ne dit pas son nom et qui gangrène la vie d'un jeune adolescent. Il fallait avoir une forte volonté pour pouvoir faire face.

JAMAL BOUTAYEB & MARINE RAKOTONDRAINIMPIAMA

Frère & sœur, doctorant, 24 ans, & collégienne, 14 ans

JAMAL : Né à Trappes, j'ai grandi à Ménilmontant. Ma mère, elle, est francilienne d'origine, et mon père né au Maroc. Je prépare ma thèse sur l'antiracisme en France. J'ai toujours trouvé la question du racisme à la fois effrayante et passionnante, d'autant que j'ai moi-même souffert de préjugés racistes. Jusqu'à l'adolescence, j'ai porté mes cheveux courts et, du coup, j'ignorais qu'ils étaient bouclés ! Au début, ma mère était mitigée car, jusque-là, c'est elle qui les coupait. Elle avait un rapport tout à fait singulier avec ma chevelure ~ Mon choix relève à la fois un peu du hasard et d'une sorte de résistance vis-à-vis de la société dominante blanche. ~ J'ai subi un choc psychologique le jour où j'ai réalisé que bien qu'ayant été éduqué à l'école de la République, je n'étais pas blanc ! Quand j'étais gosse, j'étais un grand fan de la série de M6 *Loïs et Clark, les nouvelles aventures de Superman*. Je portais des lunettes par imitation et je disais à ma mère : « J'aimerais bien être blanc pour être comme Clark Kent. » Mon rapport à la blancheur a complètement évolué avec ma prise de conscience et mon positionnement politique.

Et puis, les cheveux frisés c'est aussi esthétique. Au lycée ça plaisait, c'était un bon moyen de draguer. Maintenant que je suis doctorant en fac, je sais qu'en me dirigeant vers des professions intellectuelles, je n'aurai pas de pression vis-à-vis de mon physique. Personne ne me demandera de me couper les cheveux pour une conférence.

MARINE : Je suis née à Bagnolet, comme ma mère, alors que mon père est de Paris. Je suis maintenant au collège, en troisième. J'ai presque toujours eu les cheveux frisés. En cinquième j'ai fait un lissage brésilien, parce que j'aimais bien avoir les cheveux lisses et c'était facile le matin. Il a tenu cinq mois, mais en fait je préférais mes cheveux bouclés. C'est plus joli et ça me ressemble plus. Parfois des gens me demandent pourquoi je ne me lisse pas les cheveux. J'ai une copine qui a plus pris de son père, qui est sénégalais, du coup elle a des cheveux crépus et bouclés. À part elle, je n'ai que des copines qui lissent leurs cheveux bouclés. Les cheveux de mon frère ? C'est du n'importe quoi mais c'est trop joli. Pour moi, garder ses cheveux naturels, c'est intelligent. ~ Et c'est important pour montrer sa vraie personnalité et ses racines. Ma mère est d'origine algérienne et les Algériennes ont un peu les cheveux comme ça ; je trouve ça cool, c'est une fierté. J'aime bien être différente, la différence forge la personnalité. ~

Métro Ménilmontant, XIe & XXe ~ *Jamal et Marine ont grandi à Ménilmontant, où Marine vit toujours.*

Lettre de Fatouma à sa fille Aïssé

Extrait du film *La Ligne de couleur*

Ma fille d'amour, comme tu es belle !
Tes cheveux sont magnifiques.
Je fais tout ce que je peux pour que tu les aimes.
J'en fais peut-être un peu trop…

Quand tu as les cheveux lâchés, tu n'es pas très sûre de toi.
Et en même temps, dès qu'on les admire, tu es fière !

Je vais te faire une confidence : j'ai le même problème que toi.
Pire ! Je n'arrive toujours pas à me trouver belle
lorsque mes cheveux sont laissés libres et naturels.

Dès l'école maternelle, ma touffe de cheveux m'a fait honte,
c'était par elle que ma négritude était le plus visible,
elle suscitait des réactions qui me montraient du doigt.

Alors au début, mes cheveux, je les ai maltraités,
je les ai défrisés, brûlés, cassés, plaqués, laqués, attachés,
étouffés sous des mèches.
Je ne savais pas m'en occuper.

Je t'ai déjà un peu parlé de l'esclavage, péniblement.
Je me rappelle, j'avais l'impression de te raconter un film d'horreur,
d'inventer une histoire incroyable pour te faire peur.
J'avais aussi hésité avant de t'emmener voir cette exposition
sur les « zoos humains »
qui montrait des Blancs exhibant comme des animaux de foire
des femmes aux cheveux comme les nôtres.
Ils les appelaient « les femmes aux cheveux moussus ».

Eh bien tu sais ma fille,
je pense qu'on a honte de nos cheveux encore aujourd'hui,
car pendant longtemps dans l'histoire,
des hommes et des femmes ont fait croire
que les cheveux lisses étaient plus beaux que les cheveux crépus...

Tout le monde l'a tellement cru, pendant tellement longtemps,
que maintenant, même si on sait que c'est faux, on y croit encore !

De la même façon, on a dit tellement souvent que les peaux beiges,
comme tu les appelles,
étaient plus belles que les peaux marron,
qu'elles recouvraient des personnes meilleures,
que beaucoup de gens le ressentent encore.

C'est ce qu'on me suggère lorsqu'on me dit parfois :
« Bon, vous ça va, vous êtes claire. »

Ou bien,
lorsque l'on me fait comprendre que je dérange
quand je me coiffe comme Angela Davis.
La liberté de ma chevelure serait-elle subversive,
libératrice d'une oppression ?

Je pense, ma fille,
que nous ne sommes pas assez nombreuses
à assumer nos cheveux crépus.
Mais on doit le faire, pour nous,
être des pionnières, oser dire : « Je suis noire et je suis belle,
dans mon pays, la France. »

Alors voici mon secret, garde-le pour toi comme un précieux cadeau :

Si pendant longtemps j'ai souffert de mes cheveux,
petit à petit j'apprends et j'arrive à les aimer, et à m'aimer.
C'est ce que je veux pour toi, mon trésor : assume ta beauté.

JULIETTE SMERALDA

Sociologue

Je suis née en Martinique. J'y ai grandi jusqu'à 16 ans et puis j'ai vécu en banlieue parisienne. J'ai étudié simultanément l'administration économique et sociale et l'espagnol option « Amérique latine ». J'ai obtenu un doctorat en sociologie sur les relations entre les groupes ethniques à la Martinique.

La question du cheveu est venue bien après. J'ai fait un deug de psychologie alors que la question de l'esthétique me tarabustait depuis un certain temps. Je m'étais demandé pourquoi tout un peuple se défrisait les cheveux. J'ai écrit un petit mémoire sur le défrisage. Il y avait très peu de choses, je n'ai presque rien trouvé. J'ai décidé qu'il fallait en faire un livre. J'ai passé six ans à travailler sur cette problématique, pour comprendre les effets du contact entre groupes qui ne se connaissaient pas dans un rapport de dominant à dominé. Le défrisage est la résultante d'un choc très violent, douloureux, qui n'a pas seulement des causes économiques, mais également des causes civilisationnelles et culturelles. C'est la redéfinition de tout ce qui concernait les Noirs à travers le regard des Occidentaux sur leur culture, leur paraître, leur présentation. La domination est si forte que, deux cents ans après, ce modèle a été transposé en Afrique, où l'on cultive le défrisage et le blanchiment de la peau. Mon livre, *Peau noire, cheveu crépu*[1] a été comme un pavé dans la mare en 2004.

Je ne me suis jamais posé de questions sur mes cheveux. Ce sujet était très difficile parce que, petite, je ne savais pas me coiffer, et maman travaillait tout le temps, donc j'avais toujours les cheveux secs et en paillasse. Jusqu'à 20 ans, j'ai fait des brushings comme tout le monde, pas de défrisages. Je n'ai pas grandi dans un milieu où l'on valorisait mes cheveux. Toute ma famille était indienne. Leurs cheveux lisses étaient le modèle mis en valeur, à côté de nous qui étions des bâtards, qui avions les cheveux frisés.

La pratique du défrisage est majoritaire, très systématique chez les Noires, mais ça l'est tout autant chez les Maghrébines. Pour beaucoup de femmes, cela va au-delà d'une technique de coiffure, c'est fondamental dans la définition de l'identité. En Martinique, les mamans disaient : « Tu auras droit au défrisage quand tu feras ta communion. » Un rite de passage allié à un rite religieux.

~ La question du cheveu illustre ce qui peut se produire lors de la rencontre entre deux groupes à statut inégalitaire et lorsque l'un des groupes définit absolument tout l'univers de l'autre. Après leur libération, on a demandé aux Noirs de se défaire de tout ce qui, dans l'apparence, pouvait déranger la société blanche. ~

1. *Peau noire, cheveu crépu, l'histoire d'une aliénation*, éditions Jasor, 2004.

Impasse de Joinville, XIXᵉ ~ *À proximité de l'endroit où elle séjourne lors de ses passages à Paris.*

Quelque chose a surgi, de l'ordre d'une révolution autour du cheveu, quand les gens ont compris qu'il y avait une histoire derrière ce phénomène. À l'époque du Black Power, le discours ne portait pas sur le cheveu. Le discours politique accompagnait les Noirs mais sans travail spécifique sur le sens du défrisage et son historique, une domination séculaire, violente.

Il faut être prudent car, dans le mouvement *nappy*, il y a aussi du racisme, de l'élitisme et des inégalités maintenues, voire cultivées, selon les textures de cheveux. Mon travail montre également qu'on ne s'en prend pas qu'aux cheveux, qu'à la couleur. On martyrise aussi le corps, par la chirurgie esthétique. Cela signifie que le noir est une surface à gommer.

Gare du Nord, Xᵉ

KALID BAZI

Musicien & comédien, 39 ans

Je suis né à Dunkerque, j'ai grandi dans sa banlieue, à Grande-Synthe pour être précis. C'est une cité-dortoir qui a été reconstruite après la guerre. On a fait appel à beaucoup de main-d'œuvre et mes parents sont venus du nord du Maroc.

Je n'ai jamais trouvé mes repères à l'école, mais tout petit, déjà, j'étais attiré par l'art. La découverte de la musique a été assez précoce. Je suis autodidacte et le seul musicien de ma famille. Et de la musique au théâtre, il n'y a qu'un pas, plus un autre qui m'a aussi conduit au cinéma... À 9 ans, j'étais DJ dans des groupes de raï de quartier qui animaient des mariages. La première fois que j'ai vu une batterie, ça a été la rencontre du troisième type ! Un moment fondamental. Et le problème c'est qu'une fois que j'y ai goûté, ça a été comme une drogue : adieu l'école et bonjour les soirées. J'ai quand même décroché péniblement mon bac, sous la menace de mon père, et après quelques années de fac, j'ai travaillé dans le milieu associatif. Je faisais partie de la troupe de théâtre de la fac, quand j'ai tout plaqué pour aller à Paris et m'inscrire au cours Florent.

Quand j'étais petit, mes cheveux c'était souffrance, souffrance et souffrance. Je vivais dans un quartier où il n'y avait pas de Maghrébins. À l'école primaire, tout le monde avait les cheveux lisses. Je ressens encore ces séances où mon père essayait de me coiffer, avec la raie sur le côté. C'était ignoble. Je ne savais pas que j'étais un Arabe avant qu'on me le balance à la figure et qu'on me traite de bougnoule. Avant, j'étais français. À l'adolescence, je me suis rasé le crâne, comme ça plus de soucis. À la fac, une prof d'histoire de l'art m'a fait découvrir la période arabo-musulmane en Espagne. J'ai compris que nous étions issus d'une civilisation qui n'avait pas à avoir honte d'elle-même. Cela a nourri ma personnalité.

Je suis arrivé à Paris le 11 septembre 2001... Mon tout premier contact avec Paris et, dans la foulée, les préjugés sur les musulmans.

Plus on tape sur une fibre identitaire et plus l'identité ressort. **~ Mes cheveux sont une réaction à ce climat particulier, nourri par les médias qui me mettaient dans la tronche que j'étais un terroriste potentiel. ~** Bizarrement, j'ai eu la sensation d'être mieux accepté. Auprès des filles, ça marchait mieux. Avec le recul, j'ai compris que le fait de me raser la tête voulait dire que je ne m'assumais pas. **~ Et depuis, je les ai toujours gardés longs. J'avoue quand même que pour certains rendez-vous où on parle d'argent, je gomine mes cheveux. Bien sûr, je pense qu'on peut être élégant avec une afro, mais la beauté se trouve dans les yeux de celui qui regarde, et malheureusement tout le monde ne la voit pas. ~**

HALIMA GUERROUMI

Professeure de communication visuelle, 34 ans

Je suis née à Suresnes, dans le 92, et j'ai grandi à Argenteuil, dans le 95. Mes parents sont tous les deux nés en Algérie et mon père est kabyle. Ils ont migré pour le travail, mais mon père avait suivi le sien dès l'âge de 11 ans. Ma mère, elle, est arrivée toute seule, à 24 ans.

J'ai fait une scolarité classique et, comme je dessinais bien, j'ai fait un bac L, option « arts plastiques ». Ensuite, un BTS en communication visuelle, une licence et une maîtrise d'arts appliqués. Maintenant, j'enseigne les métiers de la communication visuelle à des élèves en bac pro à Bobigny.

Mon parcours capillaire a été assez compliqué. Ma mère entretenait super bien mes cheveux, très longs. Puis, à l'école, un moment assez fatidique pour beaucoup de Maghrébines, aux cheveux frisés, on me les a coupés. Ma mère n'avait pas le temps de s'en occuper. Sans mes boucles d'oreilles, on aurait dit un petit mec. Comme je m'identifiais beaucoup à ma mère, qui a eu une coupe garçonne durant toute sa jeunesse, ça ne me dérangeait pas. À l'âge de 13-14 ans, je les ai laissés pousser. Une espèce de revanche ! Vers 19 ans, comme toutes les beurettes, j'ai eu ma phase brushing/lissage, selon les stéréotypes de l'époque. ~ **Je me souviens des fêtes de famille, des mariages où il était hors de question de porter ses cheveux naturels, ça donnait une image négligée. Quand on naît en France avec une origine étrangère, nos parents font tout pour qu'on rentre sans problèmes dans la société. De ce fait, on n'a pas forcément conscience de la richesse de nos racines.** ~ Avec mes études artistiques, j'ai compris cette richesse, et celle de ma chevelure. Alors, j'ai arrêté les brushings, j'ai assumé. Tout ça fait partie du tissu ethnique qui compose la France.

Je suis très grande – 1,84 mètre – et comme on dit chez moi, j'ai une *goufa*, c'est-à-dire plein de cheveux. Ça fait partie de ma silhouette, j'ai aussi accepté mon massif capillaire. J'évolue dans un milieu artistique où mes cheveux ne posent pas de soucis. Parfois, dans certaines réunions administratives, on me regarde mais sans faire de remarques. Je retourne régulièrement en Algérie, où mon père est enterré. Ce qui m'impressionne dans le monde arabe et en Afrique de l'Ouest, c'est le poids permanent des stéréotypes de beauté européens et occidentaux. ~ **J'aimerais que le fait d'être *nappy* ne soit pas un mouvement et que personne ne soit stigmatisé, ni pour ses cheveux bouclés, ni pour ses cheveux lisses. La société doit s'interroger sur les raisons qui poussent certaines personnes, dont je suis, à trouver leur nature moche, qu'elle soit de couleur de peau ou de cheveux.** ~

En face du Bon Marché, VIIe ~ *Ce carrefour représente le début pour moi car mes parents se sont rencontrés là. Mon père travaillait au Lutetia, en face, et ma mère travaillait au Sip (café-restaurant à l'angle), où il venait prendre son café le matin.*

La Recyclerie, XVIIIe ~ *Le quartier où Imani a grandi.*

IMANI GRIFFON

Lycéenne, 16 ans

Je suis née à Paris dans le XIe et j'ai grandi principalement dans le XVIIIe. Après, on a emménagé à Saint-Ouen, dans une maison beaucoup plus grande, mais j'ai continué à étudier à Paris.

Ma mère est française, née en France, son père est né au Togo. Le mien est breton. Je suis en première L. J'aimerais travailler dans le monde de la musique. Mes parents, qui sont musiciens, m'ont toujours dit qu'il me fallait quelque chose à côté parce que c'est vraiment dur. Je chante aussi, et c'est vraiment cool. Et ça fait huit ans que je patine sur glace : je fais du ballet au club de Saint-Ouen qui est de bon niveau, nous sommes même allés aux Championnats du monde.

Toute petite, je ne m'occupais pas vraiment de mes cheveux, qui étaient afro. Ma mère ne me les coiffait pas forcément, parce que je n'en avais pas beaucoup. C'était mignon et je m'en fichais complètement. Mais à partir de 6 ans, c'est devenu un calvaire. Ils ont commencé à pousser, à se densifier, et ma mère ne savait plus quoi faire de cette masse devenue énorme. Il fallait trois heures pour me laver les cheveux, je criais, c'était l'enfer. Je trouvais mes cheveux moches, et mes copines, avec leurs cheveux lisses, me disaient que je ne ressemblais à rien, ce qui me mettait mal à l'aise. **~ En primaire, je me sentais vraiment seule. Autour de moi, il n'y avait pas beaucoup de gens noirs ou métis, et j'avais le sentiment d'être totalement incomprise. Et dans les médias, dans tous les dessins animés, je ne voyais jamais de cheveux comme les miens. ~**

Un jour, maman, qui n'en pouvait plus, a décidé de me défriser, et ça a duré jusqu'à mes 12 ans. La première fois, j'étais contente d'avoir enfin les cheveux lisses. Je ne voulais rien d'autre. Mais quand j'essayais tant bien que mal de faire des coupes, avec mes cheveux lisses, c'était immonde. Au collège, j'ai décidé de juste les attacher et durant toute cette partie de ma scolarité, j'ai porté un chignon. En compétition de patinage, on n'avait pas le droit d'avoir les cheveux afro, ce qui me poussait à les garder attachés. Et, en quatrième, ils ont commencé à tomber, conséquence de six ans de défrisage. C'était horrible. J'ai donc décidé de tout couper et de repartir à zéro. Au début, ils étaient courts et un peu déséquilibrés car c'était moi qui les avais coupés. C'était pas super. Petit à petit, ça a commencé à pousser, pousser...

●●●

••• Autour de moi, les gens trouvaient plutôt bien que je me remette au naturel. Et, arrivée au lycée, je ne voulais plus être conforme, et j'ai vraiment pris mes cheveux en main, en cherchant des infos sur les blogs ou sur YouTube. L'été, je fais des tresses pour qu'ils poussent et sinon, des masques, des soins pour qu'ils restent nickel. Je peux donner des astuces et des conseils. Ma chevelure fait partie de ma personne et je suis contente de pouvoir en faire ce que je veux. Maintenant, je me sens vraiment bien, même si certains me disent encore d'aller chez le coiffeur. Mes amis proches, eux, trouvent vraiment cool que je m'accepte comme je suis. C'est original et ça fait un petit style même quand on ne sait pas trop s'habiller. Ma mère était malheureuse d'être obligée de me défriser. Elle s'en veut car, à l'époque, ils ont été complètement bousillés, mais elle dit toujours qu'elle n'a pas eu le courage de me laisser une afro. Mais je ne lui en veux pas du tout parce que je sais que c'était un calvaire. Aujourd'hui, j'en sais un peu plus sur mes cheveux qu'elle. ~ **Les blogs *nappy* permettent aux jeunes filles de s'approprier leurs cheveux et de se sentir moins seules. Lors de ma dernière compétition, j'ai patiné pour la première fois avec mes cheveux afro. Ça a été génial et on a fini premiers ! ~**

I Am Not My Hair

Chanson d'India Arie

C'est bien India Arie ? Qu'est-ce qui est arrivé
à ses cheveux ? Ha ha ha ha !
Dat dad a dat da [4 FOIS] Dad a ooh

Petite fille avec The Press et la permanente
À huit ans j'ai eu une Jheri Curl
À treize ans j'ai eu une lotion défrisante
J'ai tellement fait rire les gens
À quinze ans quand j'ai tout arrêté,
À dix-huit ans j'ai laissé mes cheveux naturels.
Février 2002
J'ai continué et j'ai fait ce que je devais faire
Parce qu'il était temps de changer ma vie,
De devenir la femme que je suis à l'intérieur,
Quatre-vingt-dix-sept dreadlocks disparues,
J'ai regardé dans le miroir
Pour la première fois et j'ai vu ce Hey...

REFRAIN
Je ne suis pas mes cheveux
Je ne suis pas cette peau
Je ne suis pas vos attentes, non, non
Je ne suis pas mes cheveux
Je ne suis pas cette peau
Je suis une âme qui vit à l'intérieur
Qu'est-ce qu'elle a fait à ses cheveux ?
Je ne sais pas, ça ressemble à rien,
Ça me plaît, je pourrais me faire ça.
Hum, je n'irais pas aussi loin.
Je sais... ha ha ha

De bons cheveux,
c'est des boucles et des vagues,
De mauvais cheveux,
c'est quand on a l'air d'un esclave
Au tournant du siècle.
Il est temps pour nous
de redéfinir qui nous sommes,
Tu peux tout raser
Comme une beauté sud-africaine
Ou te faire des dreadlocks
Comme Bob Marley
Tu peux te les défriser
Comme Oprah Winfrey.
Si ce n'est pas ce qu'il y a sur ta tête,
C'est ce qu'il y a en dessous, et tu dis hey...

REFRAIN

(Whoa, whoa, whoa)
Ma coupe de cheveux
fait-elle de moi une personne meilleure ?
(Whoa, whoa, whoa)
Ma coupe de cheveux
fait-elle de moi une amie meilleure ?
Oh (Whoa, whoa, whoa)
Ma coupe de cheveux
détermine-t-elle mon intégrité ?
(Whoa, whoa, whoa)
J'exprime ma créativité.
(Whoa, whoa, whoa)
Cancer du chemin et chimiothérapie
L'ont privée de sa couronne et de sa gloire.
Elle a promis à Dieu que si elle survivait,
Elle savourerait chaque jour de sa vie, ooh.
Sur la chaîne de télé nationale
Ses yeux étincellent comme des diamants,
Son crâne chauve
comme la pleine lune qui luit,
Elle chante pour tout le vaste monde
comme hey...

[AD LIBITUM]
Si je veux les raser de près
Ou si je veux des dreadlocks
Ça n'enlève absolument rien
À l'âme que j'ai
Dat da da dat da [4 FOIS]
Si je veux les faire tresser
Jusqu'en bas de mon dos
Je ne vois pas où est le problème
Dat da da dat da [4 fois]

[PARLÉ]
C'est bien India Arie ?
Oh, regardez, elle s'est coupé les cheveux !
J'aime bien, c'est genre Phat
Je ne sais pas si j'en serais capable.
Mais ça fait stylé, ça lui va bien,
Son crâne a une belle forme,
Son crâne en forme de pomme.
Je sais, d'accord ?
C'est parfait.

Parvis des Droits de l'homme, XVIᵉ ~ *À l'heure où la société nous dicte d'une façon insidieuse qui nous devons être et à quoi il est bon de ressembler ici. Il faut rappeler que les êtres humains ont des droits et parmi tous, l'un des plus fondamentaux à mes yeux : avoir le droit d'être, le droit d'être soi-même, tant sur le fond que sur la forme, le droit d'être respecté pour sa différence, le droit de ne pas être jugé, le droit d'être libre dans ce que l'on est.*

JULIETTE FIEVET

Journaliste & animatrice, 36 ans

Je suis née à Lille et j'ai grandi à Fournes-en-Weppes, un village de 1 500 habitants. Élevée dans une famille ch'ti, adoptée à l'âge de 2 ans, j'étais plutôt prédestinée à travailler dans l'agriculture. À 10 ans, j'ai lu pour la première fois, dans une interview des New Kids on the Block (j'étais fan !), le mot « rap ». Plus tard, j'ai découvert l'émission *Rapline* sur M6, et là, révolution dans ma tête ! J'étais en école privée, très loin de la street, du ghetto, de toutes les revendications du hip-hop, et pourtant ça m'a touchée.

Pendant des années, je me suis identifiée naturellement à ma famille française « de souche ». Chez nous, il n'y avait pas de différence de couleur, mais j'entendais parfois à l'école : « T'es tombée dans un bol de chocolat ? » Au collège, j'ai commencé à me faire insulter dans la rue : « Sale Négresse, bougnoule ! » Ma famille et mon entourage ne réalisaient pas forcément cette violence dont j'étais la cible, ni son impact sur moi.

De là vient sans doute cette identification aux mecs de la street et à leur révolte qui résonnait en moi comme si j'avais grandi à Brooklyn. Lorsque le rappeur Doudou Masta m'a proposé de m'occuper de la communication de son collectif, j'ai annoncé à mes parents que j'arrêtais l'école pour aller travailler à Paris. J'étais chargée de plusieurs artistes dans le rap, dans le dancehall, la musique africaine aussi. Et à 26 ans, j'ai monté ma boîte de production et de management d'artistes. Puis Claudy Siar, de Tropiques FM, m'a confié une émission. J'ai fait de la musique un support pour parler de la société, comme chroniqueuse sur RFI et France Ô, ou comme rédactrice en chef de *Island Africa Talent*, qui est la *Star Academy* africaine.

J'ai toujours bien aimé mes cheveux. C'est mon identité assumée, parce qu'elle correspond à mon être et pas à l'endroit d'où je viens. Parce que je ne sais pas d'où je viens !

Je fais des brushings de temps en temps, c'est joli, mais je n'en ferai pas pour rassurer Mme Michu devant sa télé. ~ **En général, les Blancs me préfèrent avec les cheveux comme ça et les Noirs plutôt avec les cheveux raides. Avec les cheveux lisses, on ne me parle pas de la même façon quand je rentre dans un magasin... On me prend plus au sérieux.** ~

Je déteste l'idée des rajouts. Les cheveux des autres sont aussi leur énergie, sans compter l'histoire de la petite fille qui a vendu ses cheveux à l'autre bout du monde... ~ **Avec les miens, tout le monde fait des paris sur mes origines. Frisés, je suis marocaine ou métisse. Raides, je deviens italienne et les soupçons d'« africanité » disparaissent.** ~

CÉCILIA CHAUMONT

Journaliste, 32 ans

Je suis née aux Lilas, dans le 93. Ma mère est d'origine martiniquaise et mon père, un Blanc d'Orléans. Ils sont allés vivre en Martinique quand j'avais 2 ans et demi. Après mon bac, à 17 ans, j'ai entamé des études de communication, à Montpellier, mais sans suite. J'ai fait aussi un master d'histoire et j'ai vécu en Normandie et en banlieue parisienne. Finalement, j'ai intégré l'Institut pratique de journalisme de Paris, l'IPJ. Depuis, je n'ai plus quitté la capitale. Après mon école, j'ai travaillé à Africa24 et i>Télé avant d'être embauchée à France Télévisions, et on m'a permis de faire de l'antenne assez rapidement. Depuis quelques mois je ne travaille plus, je suis en pleine remise en question. Je ne suis pas sûre de poursuivre dans cette voie-là.

Quand maman était jeune, elle était une Black Panther et portait l'afro. Elle m'a transmis l'idée d'essayer de retrouver l'amour de ce que je suis. Comme beaucoup de petites filles, je voulais des cheveux raides. Ma mère a été élevée par une Antillaise classique qui refusait d'aller au soleil par peur de foncer. Je n'ai jamais vu la vraie nature de ses cheveux. Mais ça ne me viendrait pas à l'idée de juger les femmes noires qui se défrisent les cheveux, parce que les miens ne sont pas crépus et donc plus faciles à gérer. Je n'ai pas de leçons à donner, d'autant qu'à l'époque de la Martinique, j'ai toujours fait pas mal d'envieuses avec ma chevelure qui me classe dans les « privilégiées », en plus j'ai la peau assez claire. En Martinique, quand un enfant est né avec la peau claire, on dit qu'il a la peau « sauvée »...

C'est Isabelle Giordano, de Canal+, qui m'a donné envie de faire de la télé, parce que je voyais ses cheveux semblables aux miens, du coup je m'identifiais à elle. Quand je travaillais à France 2, un coiffeur m'a assuré qu'il avait une formation et je suis ressortie de là plus moche que jamais. Quand j'ai dit que j'étais mal coiffée, on m'a répondu que c'était à cause de mes cheveux et que ça allait avec mon « personnage ».

Quand j'étais petite et que l'on me disait que j'étais Noire, je le prenais mal. Je revendiquais d'être métisse parce que ça me semblait mieux. En grandissant, en affirmant mes convictions, en comprenant les injustices, j'ai évolué à l'opposé : maintenant je me déclare Noire. J'ai fait ce choix entre mes deux couleurs parce que l'une était plus urgente à défendre que l'autre. Toutes mes croyances spirituelles sont liées à l'Afrique, aux peuples noirs. ~ **Je suis une métisse tournée vers l'Afrique. J'espère toujours que ceux qui me croisent comprennent combien il est important de garder ses cheveux naturels. C'est mon identité de militante noire, je veux que l'on me reconnaisse d'emblée comme femme noire et fière. ~**

Quai de la Gironde, XIXᵉ ~ *C'est un quartier très cosmopolite, où j'ai vécu sept ans,
j'y suis donc attachée. Et particulièrement à cet endroit nommé La Vache Bleue, un espace artistique
très riche avec pas mal d'artistes africains, antillais...*

Place du théâtre de l'Odéon, VIe ~ *Comme j'habite à Brétigny, je prends le RER C
et je ne fais qu'un changement. C'est pratique pour arriver jusque-là. Et j'aime bien le quartier.*

LAURENCIA MATRON

Aromatologue, 36 ans

Je suis née au Gabon. J'ai grandi un peu partout, parce que mon père a été ambassadeur au Cameroun, en France, etc. J'ai aussi vécu en Guadeloupe. Je suis une fille du monde ! Je me suis installée à Paris au début des années 2000. Là, j'ai vraiment décidé de me poser. Après mon bac, j'ai étudié dans un institut de commerce et de distribution à Paris et au bout de deux années de travail dans la vente, j'ai éprouvé le besoin de changer. Alors, je me suis lancée dans l'événementiel.

Mon amour de la beauté m'a amenée à mon activité d'aujourd'hui : l'aromathérapie. Depuis plusieurs années, je recherchais un peu la spiritualité au travers du yoga et de la méditation. Dans ce cadre, j'ai découvert les huiles essentielles, et j'ai commencé à traiter mon fils, asthmatique. Peu à peu, je me suis lancée et j'ai fabriqué des soins, des saunas faciaux, des gommages que mes copines trouvaient super efficaces. En marge du mouvement *nappy*, j'ai donc lancé un nouveau concept : l'aromathérapie capillaire, pour améliorer la santé des chevelures féminines.

J'ai passé une enfance très difficile avec mes cheveux. Je détestais quand ma mère me coiffait, le dimanche. Un vrai calvaire car elle me démêlait les cheveux à sec puis me faisait des tresses au fil parce qu'elle ne savait pas natter. Tout cela m'a laissé de mauvais souvenirs et à l'adolescence je me suis rebellée. Je suis allée voir une tante en prétendant que c'était mon anniversaire et je lui ai demandé un pot de défrisant pour le faire toute seule, à 14 ans. À ce moment-là, j'ai découvert un autre monde. Avec mes cheveux super lisses, je me sentais femme. Ensuite, j'ai été défrisée pendant quinze ans.

~ En devenant aromatologue, j'ai pris conscience du problème, des dangers de la coloration, du défrisage, des tresses trop serrées, d'autant plus qu'on avait évoqué les alopécies lors de protocoles pendant nos formations d'aromathérapie. Quand je suis devenue créatrice de cosmétiques, j'ai fait une transition avant de tout reprendre à zéro. En tant que femme noire, je pense qu'il est important de porter son cheveu naturel et d'éviter tous ces produits qui déstructurent complètement le cheveu. Ça a des conséquences. ~ Et puis, simplement, une femme aux cheveux naturels est beaucoup plus jolie, et sa beauté bien mieux mise en valeur. Pour moi, être *nappy*, c'est autre chose qu'un mouvement et encore moins un effet de mode, c'est un état d'esprit, une manière de vivre.

LÉON SARRA

Électricien chantiers & artiste peintre, 50 ans

Je suis né au Sénégal et venu pour la première fois en France en 2004 par le biais d'un festival de musique dans le Val-de-Marne. Je suis resté douze jours puis je suis revenu en 2005 ; je me suis marié, nous avons eu deux filles et depuis je suis resté. Au Sénégal, j'étais électricien, et je vendais mes propres tableaux, à l'aéroport ou au marché artisanal. Depuis que je suis en France, je n'ai plus le temps de peindre. Mais j'aime bien Paris, j'ai ma femme et mes enfants, je dois travailler.

C'est la cinquième fois que je me fais des locks. Au Sénégal, je les laissais pousser et les coupais régulièrement, tandis que là, je ne les ai pas coupés depuis mon installation en France. ~ **Les cheveux, il faut les soigner. Le soir je mets du beurre de karité, je laisse passer la nuit pour les laver le lendemain. Il m'arrive d'appliquer une crème à base de coco parce qu'ils cassent quand ils sont trop secs. À chaque paie, toutes les deux semaines, je vais refaire mes locks. Cette coiffure me permet de me sentir libre. ~**

Sur les chantiers, je dois porter un casque, je les plie pour que ça rentre.

Au Sénégal, les membres de ma famille n'aimaient pas mes locks, pour eux c'était un truc de voyou, ou de fumeur d'herbe. Pourtant, au Sénégal, des rastas il y en a depuis longtemps, à Touba[1], ceux qu'on appelle les Baye Fall[2] portent des dreads. Porter ses cheveux naturels, c'est beau, ça fait partie de nous aussi. Et c'est très important parce qu'on est noirs.

1. Lieu de pèlerinage des membres de la confrérie religieuse musulmane appelés les mourides.
2. Membres de la confrérie religieuse mouride.

RER A, station Nation, XIe & XIIe ~ *À mon arrivée en France, les RER et les métros m'ont beaucoup marqué. Au départ, je ne comprenais pas leur fonctionnement et j'avais l'impression que toutes les rames partaient dans le même sens!*

Coiffures afro & dreadlocks

Maboula Soumahoro ~ Civilisationniste

Face aux diktats esthétiques imposés par les sociétés racialisées, certaines coiffures, symboles de contestation, jouissent depuis longtemps d'un succès jamais démenti. L'une d'elles, composée de dreadlocks et popularisée par le chanteur reggae Bob Marley, est incontestablement la plus célèbre. Présentées comme naturelles, les dreadlocks offrent un exemple complexe du dialogue entre le continent africain et sa diaspora.

Le nom de cette coiffure rasta est lié à un mouvement spirituel et philosophique, le rastafari, né en Jamaïque au cours des années 1930 et dont les adeptes vénèrent un empereur africain, l'Éthiopien Haïlé Sélassié. Couronné en 1930 lors d'une cérémonie fastueuse, devant un parterre de dignitaires occidentaux, ce monarque autoproclamé « Lion de Juda » s'affirmait alors descendant du roi Salomon et de la reine de Saba. Il accédait au pouvoir dans le contexte d'une colonisation quasi généralisée du continent africain par les puissances européennes. Indépendante en 1930, auparavant victorieuse, en 1896, des forces italiennes, l'Éthiopie (ex-Abyssinie) fait alors figure d'exception sur la carte géopolitique de l'entre-deux-guerres. Informés de ce qu'un Noir dirige un pays noir, les rastafaris de Jamaïque voient, en la grandeur éthiopienne et la figure de son monarque, la réalisation de prophéties bibliques et des idéaux panafricains portés avec succès par le leader noir Marcus Garvey et son Universal Negro Improvement Association (Association universelle pour l'amélioration de la condition noire). Pour ces premiers rastas, Haïlé Sélassié est un Noir debout. Il est Dieu.

Vingt ans plus tard, la deuxième génération des rastafaris de Jamaïque, sans doute inspirée par la révolte des Mau Mau, militants indépendantistes kenyans en lutte contre la puissance coloniale britannique, commence à arborer la coiffure dreadlocks. On la remarque par le foisonnement des cheveux crépus poussant sans soins particuliers et s'entortillant, à force, en d'épaisses et longues mèches. Cette coiffure renforce l'affirmation idéologique et spirituelle des rastas, celle de la fierté raciale radicale. L'être noir est tout simplement divin. Son cheveu l'est également. Le succès international de la musique reggae et de Bob Marley, son chanteur mythique, ont grandement contribué à la propagation des préceptes rastas et de la coiffure dreadlocks à travers le monde.

Aux États-Unis, au cours des années 1950 et 1960, une nouvelle génération afro-américaine mène la lutte pour les droits civiques et radicalise son action parallèlement aux indépendances africaines. Dans la pure tradition panafricaine, ces victoires sont grandement suivies et célébrées par les jeunes militants de l'époque. Dans l'élan de nationalisme culturel qui caractérise plus particulièrement les années 1960, est glorifié tout ce qui a trait au continent africain : culture, vêtements et... coiffures. Parmi celles-ci, l'afro devient la plus populaire, qui accompagne les slogans « Black is beautiful ! » et « Black Power ! ». Tout ce qui symbolise l'aliénation des Noirs est rejeté, notamment le défrisage des cheveux. Des militants, des artistes et autres personnalités politiques comptant aux États-Unis prônent le retour au cheveu naturel et aux racines africaines. Au début des années 1970, une campagne internationale s'organise pour soutenir l'intellectuelle engagée Angela Davis, alors persécutée par l'État de Californie en raison de ses sympathies communistes. Poursuivie en justice à la suite d'une tentative d'évasion de trois prisonniers, la jeune professeure accède au statut d'icône, identifiable entre toutes par sa coiffure afro. ●

Suggestions bibliographiques

• *Exodus ! L'histoire du retour des rastafariens en Éthiopie*, Giulia Bonacci, Paris, Éditions Scali, 2008.
• « Black Hair/Style Politics », in *Welcome to the Jungle: New Positions in Black Cultural Studies*, Kobena Mercer, Londres, Routledge, 1994.

ALICE DIOP & TIDIANE ALLINE

Mère & fils, réalisatrice, 35 ans & 6 ans

Je suis née dans le 94 à Vincennes mais j'ai grandi à Aulnay-sous-Bois (93), dans la cité des 3000. Mes parents, eux, venaient du Sénégal. J'ai suivi mes études d'histoire à Paris-I (Panthéon-Sorbonne), jusqu'en maîtrise, puis j'ai obtenu un DESS de réalisation documentaire. Entrée comme stagiaire dans une société de production audiovisuelle, j'ai commencé à faire des films documentaires pour la télévision et pour le cinéma. En licence, j'ai traversé une sorte de crise d'adolescence intellectuelle et me suis inscrite à un module sur l'histoire africaine. Pour la première fois, j'entendais parler d'intellectuels comme Aimé Césaire, Léopold Sédar Senghor ou Léon-Gontran Damas. Je me découvrais des références. J'ai grandi dans un quartier populaire au milieu des Blancs, et à la faculté, j'étais aussi l'une des rares Noires parmi les Blancs. Cette découverte a été fondamentale pour moi, comme si leurs parcours légitimaient le mien. Au fond, ma trajectoire capillaire est très analogue à ma trajectoire idéologique.

Pour faire comme mes copines, j'ai commencé le défrisage et les tissages à l'adolescence. Je portais donc des cheveux qui n'étaient pas les miens sans m'interroger sur la violence de ce geste. En travaillant sur la négritude, sur les rapports de pouvoir et de domination entre Blancs et Noirs, j'ai mieux compris ma propre vie. Je ne supportais plus de me voir dans un miroir avec un tissage à la Whitney Houston. C'était totalement incompatible. J'ai donc arrêté cette pratique et commencé à surfer à la recherche de conseils à propos des cheveux naturels. J'avais besoin d'une aide pour assumer mes cheveux, que j'ai toujours maltraités, d'aussi loin que je m'en souvienne. Il a fallu apprendre quelque chose qu'on ne m'avait pas transmis. J'ai trouvé ça hyper violent. Je pense que c'est éminemment psychanalytique et politique. Au bout d'un long chemin d'humiliations, de domination et d'aliénation, nous prenons conscience de notre identité avec le désir de la revendiquer fièrement, sans plus avoir besoin de se travestir. Ma profession libérale m'a aidée à faire ce choix. ~ **J'ai arrêté de me défriser un an et demi avant la naissance de Tidiane. Une semaine avant sa naissance, je suis allée faire des locks. J'espère que l'enfant qu'il sera, l'homme qu'il deviendra sera fier de lui-même et de sa couleur. Fier aussi de sa mère, capable de porter haut et fort ses cheveux naturels. ~**

Fontaine Stravinsky, IVᵉ ~ *Pour moi c'est le symbole d'une forme de modernité,
de contemporanéité au cœur de Paris, dans laquelle nous inscrivons notre présence. C'est l'image
de ce qu'est à mes yeux le mouvement* nappy, *ce retour au naturel, ce Paris jeune et contemporain.*

Le pont des Arts, VIᵉ ~ *Je cherchais un endroit pour écrire et on m'a recommandé la rue Mazarine.*
Il y a très peu de monde, c'est très calme, on peut écrire, on croise des académiciens, c'est assez drôle.
J'ai toujours écrit ici, le quartier est très agréable.

MAMADOU MAHMOUD N'DONGO

Écrivain, photographe & cinéaste, 44 ans

Je suis né à Pikine, dans la banlieue de Dakar, au Sénégal. Je suis arrivé en France à 5 ans et j'ai grandi en Seine-Saint-Denis, à Drancy. Comme j'étais gravement asthmatique, j'ai connu une scolarité chaotique. J'ai fait ce qu'on pouvait faire de pire dans le système éducatif français : une quatrième techno, puis des filières professionnelles genre « chaudronnier ». Comme ça ne m'intéressait pas, on m'a réorienté en administratif-comptabilité, pour un BEP. J'ai arrêté l'école avec l'approbation de mes parents, qui savaient que j'allais droit dans le mur. Grâce à leur soutien financier, j'ai pu faire ce qui me plaisait, des études de lettres et de cinéma. J'ai rencontré une femme extraordinaire, Mme Dagan, qui, à plus de 75 ans, préparait des élèves aux grands concours d'écoles de cinéma, et elle m'a formé, de 1991 à 1995. Elle m'a enseigné l'art de la critique littéraire et cinématographique, et elle a constaté dans mes textes une prédisposition à l'écriture. Je l'ai écoutée, j'ai commencé à écrire des nouvelles et j'ai publié mon premier recueil en 1997. Depuis, j'ai été fait chevalier des Arts et des Lettres et mes livres ont été traduits.

J'ai un souvenir de mes cheveux quand j'étais gamin. Une fois arrivé en France, j'ai réalisé ma différence, d'autant que mes camarades, surtout les filles, voulaient toujours toucher ma tête. Au début ça me gênait, mais en grandissant, j'ai appris à apprécier. Cette fascination des cheveux m'a toujours amusé. Ça ne m'a jamais agacé parce que je peux comprendre cette curiosité pour quelque chose de doux. Cela m'a beaucoup servi pour séduire. Les femmes aiment beaucoup mes cheveux, les toucher, les caresser. C'était plutôt un atout et je me suis souvent amusé avec ça. J'ai fait des tresses, c'était une belle sculpture, comme une œuvre d'art. J'ai voulu explorer toutes les possibilités, je les ai même défrisés. Je n'ai jamais reçu de réflexions négatives.

Aujourd'hui, mon projet capillaire, c'est de les laisser pousser en coupe afro. C'est devenu une signature visuelle, maintenant. On me reconnaît de loin, avec ma touffe. ~ En plus, c'est tellement agréable d'avoir des cheveux, et quand je vois les rappeurs avec leurs cheveux courts… C'est tellement plus impersonnel que d'avoir une coiffure afro particulière, ça c'est vraiment chouette. Un mouvement qui fait la promotion du cheveu naturel ? Je suis pour qu'on ait de meilleurs produits, les moins chers possible, mais je suis contre ces femmes qui demandent aux autres de retourner au naturel. ~

MARIE-CHRISTINE NICOLAS

Agent de secrétariat, 54 ans

Je suis née en Guadeloupe, à Saint-Claude. J'y ai grandi jusqu'à l'âge de 10 ans, puis je suis venue à Paris avec ma mère. J'ai fait mes études rue de Charenton, à Bastille, pour préparer un CAP de sténo dactylo. Ensuite, j'ai habité Belleville et, de là, suis partie à Créteil. Aujourd'hui, je travaille dans un tribunal des affaires de sécurité sociale, où je procède à la frappe des jugements.

Quand ma mère me coiffait, elle me faisait deux nattes, et à l'école, les enfants s'amusaient à les défaire et à jouer avec. À l'époque, je ne prêtais pas attention à mes cheveux plus que ça. On m'a dit qu'avec le brushing, je n'avais pas besoin de les défriser, donc je ne l'ai pas fait. Mais j'ai fait des lissages brésiliens sans savoir que ça allait dénaturer mes boucles. Après un mois ou deux, j'ai pris peur parce que mes cheveux n'étaient plus frisés. Quand je suis partie en vacances, avec l'eau de la mer, la frisure est revenue. Ces cheveux frisés, c'est mon identité. Chacun a son style mais personnellement je préfère rester comme je suis. Pourtant ça me va bien, le brushing. J'en fais de temps en temps et les gens ne me reconnaissent pratiquement pas. Et même si j'aime bien changer de tête, je reviens toujours à ma touffe. Je vais régulièrement aux Antilles, depuis mes 18 ans. C'est même pas la peine d'aller là-bas avec une coiffure lisse ; avec la moiteur, la chaleur, ça ne tient pas, autant y aller comme ça.

On voit de plus en plus d'afros. Peut-être que maintenant les femmes noires s'acceptent plus. On leur dit toujours qu'il faut être comme ci ou comme ça pour avoir plus de chances de travailler. On doit laisser les personnes se présenter telles qu'elles sont. On est en 2015, il faut bien qu'on avance. ~ **Dans ma jeunesse, les années 1970, il n'y avait pas autant d'Antillais, de Blacks... il fallait se faire plus ou moins discrets. Les filles d'aujourd'hui assument et revendiquent le droit d'être comme elles sont. Grâce à Internet, elles peuvent dialoguer, dire ce qu'elles pensent, être plus solidaires. Maintenant, elles n'ont pas froid aux yeux, elles y vont franchement et je trouve que c'est bien.** ~ Aujourd'hui, il y a beaucoup plus de coiffeurs, beaucoup plus de styles. Et ces filles ne cherchent pas forcément à ressembler à la métropolitaine, à l'Européenne. Elles sont plus à l'aise pour décider de leur allure. J'aime le fait que mes cheveux soient frisés, et leur volume. Si, à mon réveil, je ne suis pas très jolie, je mets ma main dans mes cheveux, un peu de rouge à lèvres, et voilà, je suis jolie !

Place de la Nation, XIᵉ & XIIᵉ ~ *Je viens souvent ici. C'est sympa, pratique, on est à côté de beaucoup de choses. J'ai habité tout près avec ma mère, de 13 ans jusqu'à 23 ans... Nation, Bastille, rue de Lappe, la Roquette. Je connais bien.*

Rue Julien-Lacroix, XXe ~ *J'habite dans ce quartier depuis deux ans. C'est l'endroit où je me sens le mieux depuis que j'ai quitté l'Algérie. J'adore la diversité et l'humanité des gens avec lesquels on vit.*

HADJAR BENMANSOUR

Manager R&D solaire, 42 ans

Je suis née à Tlemcen, en Algérie, mon père est algérien, ma mère est française. Quand j'ai eu 23 ans, j'ai quitté mon pays avec ma famille pour étudier en France. On s'est installés à Courbevoie, puis dans l'Essonne, à Épinay-sur-Orge. Je suis chimiste de formation, et je travaille dans les énergies renouvelables et les panneaux photovoltaïques.

Petite, je n'avais pas de conscience particulière de mes cheveux. C'est le regard des autres qui m'a fait comprendre ma différence. On m'a toujours repérée à mes cheveux. Aujourd'hui encore, quand on me cherche quelque part dans un groupe, on cherche d'abord ma chevelure. ~ En 2012, je suis retournée en Algérie avec les cheveux frisés teints au henné et j'ai été surprise de constater que les gens me regardaient dans la rue comme un Ovni. C'était impressionnant. Arborer une coiffure comme ça là-bas a pris une tournure militante, c'est une manière de questionner le droit à la différence, ou l'espace public si restreint pour les femmes. ~ À chaque fois que j'y retourne, je ressens une discrimination vraiment forte : les gens me harcèlent dans la rue, ils s'arrêtent pour faire des commentaires. Et malgré cela, je m'acharne à garder ma tête comme ça, car c'est maintenant une composante de la liberté des femmes en Algérie. À l'opposé, avoir les cheveux raides, c'est une manière implicite de se plier à ce que l'on attend de soi.

Ma tête nue intrigue parce que j'ai l'air d'une Occidentale tout en ayant les cheveux frisés. On ne me prend jamais pour une Arabe, plutôt pour une Grecque ou une Israélienne.

Ma mère valorisait plutôt ça et, comme souvent en Afrique, se chargeait de nos coiffures. De toute façon, je ne voulais pas aller chez le coiffeur en Algérie, car ça voulait dire ressortir avec un brushing, ce dont j'avais horreur. Globalement, ma famille a toujours été plutôt accommodante ; même ma grand-mère, qui me proposait des trucs pour les rendre raides. Le reste de ma famille me charriait, et quand mes cousins avaient perdu un objet, ils me demandaient de vérifier s'il n'était pas dans mes cheveux... ~ Quand je cherchais du boulot sans mettre de photo sur mon CV, je n'avais jamais de réponses, jamais. Un jour j'ai mis une photo où j'avais les cheveux raides et ça a marché tout de suite ! On associe souvent les cheveux frisés à un manque de sérieux. C'est totalement irrationnel. ~

Le défrisage : une drogue dure ?

Virginie Sassoon ~ Sociologue des médias

Arriver à l'âge adulte et décider de porter ses cheveux au naturel représente une forme de conversion identitaire pour de nombreuses femmes noires occidentales. Cette décision peut symboliser un acte de résistance – plus ou moins politisé – face aux critères hégémoniques du cheveu lisse. Elle signifie surtout une volonté de réappropriation de son intégrité corporelle, un acte lourd de conséquences socio-psychologiques.

Le processus de conversion au naturel suit un parcours ritualisé dont la première étape fondatrice est le *big chop* (« la grande coupe »), sorte de coming-out capillaire. Il s'agit de couper la partie défrisée des cheveux afin de ne garder que son cheveu naturel (donc nécessairement court au départ). Dans un contexte où le « bain » médiatique entretient de façon permanente le fantasme du cheveu lisse et long, le choix du cheveu court et crépu constitue un acte socialement subversif.

Pour la majorité des femmes qui font ce choix, ce retour au naturel est vécu comme un processus de désintoxication esthétique et identitaire, qui comporte de nombreuses analogies avec une véritable cure de sevrage. Les premières semaines qui suivent le *big chop* plongent les femmes dans un état de vulnérabilité intense. En Occident, le cheveu lisse apparaît incontestablement comme un marqueur de normalité sociale. Comme le souligne la sociologue Juliette

Smeralda : « Se défriser c'est faire la preuve de son aptitude à devenir un sujet socialement "adapté" à un environnement désormais travaillé en profondeur par le modèle occidental. [...] Par la pratique du défrisage, il s'agit de soustraire les cheveux à la tyrannie du regard qui pénalise socialement. Crépu étant synonyme de disgrâce, d'imperfection, de ruralité, de manque de raffinement, etc., ce cheveu-là doit disparaître derrière un lissage. »

Les témoignages, qui foisonnent sur Internet, indiquent le nombre de mois depuis le *big chop* : *big chop* 11 mois, *big chop* 23 mois..., comme les alcooliques anonymes se présentent d'abord en réunion en indiquant leur période de sobriété. Ces témoignages attestent tant des rechutes possibles dans les anciennes addictions – défrisage, rajouts, tissage, port d'une perruque – que des bienfaits de cette reconquête de soi.

Beaucoup de femmes n'ont pas été éduquées et socialisées pour s'occuper de leurs cheveux crépus. Il existe une forme d'habitus, une incorporation esthétique à la fois collective et individuelle, un « sens pratique » du cheveu lisse, qui doit être aussi mis en rapport avec l'offre limitée de produits disponibles pour s'occuper des cheveux naturels en France. Il n'existe d'ailleurs pas d'école de coiffure en France proposant une formation intégrant le soin des cheveux crépus et pas de normes professionnelles certifiées. Force est de constater que conjuguer la beauté au naturel est un combat plus dur à mener pour les femmes noires. Si les attentes sociales vis-à-vis du physique sont extrêmement fortes pour toutes les femmes, la reconnaissance des spécificités historiques et culturelles qui configurent les oppressions esthétiques apparaît comme un enjeu crucial, notamment pour interpréter la pratique du défrisage. •

Place Gustave-Toudouze, IXe ~ *J'habite ici depuis six ans, c'est mon quartier. Là que j'écris,
que je rêve, que je me balade, que j'emmène mon fils à l'école ou au manège.
C'est mon petit village, je l'aime beaucoup.*

LEILA SLIMANI

Écrivaine, 33 ans

Je suis née à Rabat, au Maroc, et j'y ai grandi en fréquentant, comme beaucoup de personnes issues de la bourgeoisie marocaine, le lycée français. Puis j'ai fait mes études à l'étranger. Je suis arrivée à Paris à l'âge de 17 ans et après trois ans de prépa littéraire, j'ai intégré Sciences-Po, dont je suis sortie diplômée en 2004. Ensuite, j'ai tâté du théâtre au cours Florent et en jouant dans quelques films. J'ai aussi servi de plume à des personnalités politiques. Enfin, je suis entrée chez *Jeune Afrique* en 2008 et là, j'ai trouvé ma voie. Depuis 2012, je suis pigiste et je consacre la majorité de mon temps à l'écriture.

Au Maroc, avoir les cheveux frisés est clairement considéré comme ne pas être coiffé. Le cheveu frisé est dévalorisé. Par contre, on va adorer les modèles de beauté comme les Libanaises aux grands cheveux souples. Si on part en soirée avec sa chevelure naturelle, les gens demandent : « Tu sors comme ça ? » À 15 ans, le samedi, la coiffeuse me posait d'énormes bigoudis, puis me plaçait sous un casque brûlant avant de raidir mes cheveux avec la brosse. Deux heures de torture atroces pour un résultat pas concluant. La nuit, on me mettait un collant sur la tête pour dormir, il fallait bouger le moins possible pour que les cheveux restent raides. C'était infernal et en plus, ça ne m'allait pas du tout car au bout de trois jours, dès que je les lavais, mes cheveux frisaient de nouveau. J'aimais bien avoir les cheveux frisés, mais j'étais frustrée de ne pas savoir m'en occuper. Leur aspect variait d'un jour à l'autre – bien ou affreux – et je ne trouvais jamais de produits adaptés.

~ Porter mes cheveux frisés, c'était une affirmation politique face à ma grande sœur qui a toujours raidi les siens. Du coup, mes modèles de beauté ont toujours été africains, blacks américains, bref, ceux des années 1970. Ensuite, dans les années 1990, on a vu les premières stars portant des cheveux frisés, Julia Roberts et Nicole Kidman. Ça m'a inspirée, d'autant que je n'ai jamais eu l'impression que mon physique rentrait dans la case arabe. Les gens se demandent si je suis métisse, réunionnaise... J'aime bien entretenir le doute, ça me fait marrer. Avec Internet et les blogs des filles blacks ou maghrébines, on trouve plein de conseils. ~

C'est clair qu'au Maroc, les gens ne trouvent pas ça beau. C'est réservé à la maison, à la famille. Le chic en public, c'est d'avoir le cheveu raide. En France, les gens sont plus en recherche d'exotisme, et en même temps c'est pratique parce qu'on me reconnaît toujours. Je n'ai pas envie d'être perdue dans la masse. Il émerge peut-être une nouvelle forme de beauté, avec le cheveu volumineux qui arrive, et c'est tant mieux.

DJ GLO

DJ et rappeuse, 10 ans

Je suis née à Colombes. Mon père est américain et ma mère française, de Paris. J'ai grandi en France dans le IXe puis on a déménagé à Cleveland, aux États-Unis. J'ai hérité ma passion de DJ de mon père qui l'est aussi. J'ai commencé en le regardant mixer, et j'ai essayé à l'âge de 4 ans. Depuis, j'adore ça, donc je continue. J'ai fait un album, sorti en septembre dernier pour mon anniversaire, le 27 septembre 2014.

Je me produis dans le monde entier : à Paris, Cleveland, New York... Mon dernier concert était à Chicago. J'ai même fait l'Olympia avec les rappeurs Rae Sremmurd et Big Sean.

Mes cheveux sont naturels et bouclés, j'adore. C'est super. C'est ma différence en fait. Si tu oses les porter comme ça, c'est bien. C'est comme les vêtements, si tu oses porter quelque chose que personne ne met, t'es cool. ~ C'est bien de ne pas être comme les autres, ça rend exceptionnel. Garder les cheveux naturels ça veut dire qu'on est soi-même. Et de temps en temps on peut les changer, des fois je me fais des brushings. Mes cheveux font partie de mon identité. ~

Parvis de l'Hôtel de Ville, IVᵉ ~ *Quartier où elle séjourne lors de ses passages à Paris.*

Place de la Sorbonne, V^e ~ Kadiatou : *J'étudie à la fac qui est juste à côté.*
Pour moi, c'est le symbole de la vie étudiante parisienne, que j'ai pu découvrir cette année.
Sur la photo, de gauche à droite : McFenn, Oumou, Kadiatou et Aminata.

KADIATOU COULIBALY, AMINATA TRAORÉ, MCFENN MACKOUMBOU, OUMOU BAJO

Étudiantes, 18 ans

KADIATOU : Je suis née à Montreuil et j'ai grandi dans le 78, à Plaisir. Ma mère est malienne et mauritanienne, mon père malien. Je suis en première année de droit à Descartes.

J'ai toujours bien aimé mes cheveux. Ils forment une bonne matière, facile à coiffer. En primaire, comme toutes les petites filles renoi, je voulais des cheveux lisses et j'ai supplié ma mère pendant deux ans pour avoir un défrisage. Le seul de ma vie, quand j'étais en sixième. Et ça n'a pas bien marché, mes cheveux ont commencé à se casser. Ma mère s'est opposée à une deuxième fois. Elle se défrise mais trouvait que j'avais une bonne nature, donc ça ne servait à rien. En grandissant, j'ai réalisé que ça ne servait à rien de vouloir des cheveux lisses parce que je suis noire. Je suis donc revenue au naturel et mes amies me demandent des conseils pour les avoir aussi beaux. J'ai fait ma transition sans les couper, et là je suis encore sur le chemin. ~ **On veut suivre des modèles qui ne nous ressemblent pas, et on s'abîme les cheveux en perdant du temps et de l'argent. Au final, on n'aura jamais les cheveux lisses ! C'est quand même beaucoup plus simple de s'accepter.** ~ Au lycée, on me disait : «Ah, ils sont marrants tes cheveux, tu peux cacher des trucs dedans !» Parfois je crains un peu le monde du travail et je me dis que je ne me défriserai pas les cheveux pour ressembler à quelqu'un. Mon cheveu crépu est à prendre ou à laisser. Quand on est *nappy*, on peut entraîner son entourage. J'ai déjà converti deux personnes, ma petite sœur de 16 ans et ma meilleure amie.

AMINATA : Je suis née à Paris XVIIIe, j'ai grandi dans le 94 à Villiers-sur-Marne, où j'habite, et je suis originaire du Mali. Je suis étudiante en prépa commerce. On a commencé à me défriser à l'âge de 6 ans.

Je voulais ressembler aux filles en photo sur les boîtes de défrisant que je voyais au rayon cosmétique de petits magasins chinois. En fait, je ne leur ressemblais pas vraiment... Ma mère a fini par s'inquiéter de me voir perdre mes cheveux. D'où mon retour au naturel et plus de facilité à me coiffer. ●●●

●●● ~ La première fois que je suis sortie en afro, j'avais peur, peur d'assumer. En me rendant à l'école, je pensais que les gens allaient rigoler. Je suis même arrivée en retard. Finalement mes amis ont bien aimé. ~ Ma mère dit que je ressemble aux filles des années 1980, elle apprécie mon choix de garder mes cheveux crépus. Ils expriment notre culture et montrent nos racines. Je viens d'Afrique et je ne pourrais pas avoir les cheveux lisses, parce que ce n'est pas ce que je suis. Certaines veulent ressembler à ce qu'elles ne sont pas, Beyoncé ou Rihanna, avec leurs extensions. C'est dommage.

OUMOU : Je suis née en France, à Saint-Denis. J'ai grandi un peu partout, à Aubervilliers, Boissy-Saint-Léger et Orly. Ma mère est sénégalaise et gambienne, mon père capverdien. Je suis étudiante en BTS profession immobilière. À partir de 8 ans, ma mère a tenu à me défriser les cheveux et ça a duré jusqu'à mes 15 ans. Mais j'avais l'impression de ne pas être moi-même, de rejeter mes origines, j'ai donc arrêté. Mais McFenn m'a dit que c'était trop moche, du coup j'ai craqué et je suis revenue au défrisage.

~ Avec le temps, on commençait à se poser des questions sur ce qu'on était, avec cette impression de copier un idéal imposé par la société. Il faut comprendre qu'on n'avait jamais vu notre vraie matière de cheveu au naturel, ce n'était vraiment pas normal. ~ On a décidé de retourner au naturel, et maintenant on s'accepte. J'ai attendu longtemps avant de sortir pour la première fois. J'avais l'impression d'être moche, et au final on m'a fait des compliments. Ma mère voudrait que je me défrise les cheveux, elle ne trouve pas ça joli. Si une Noire veut se défriser les cheveux, qu'elle le fasse. Mais moi, j'ai l'impression de m'assumer, d'être moi.

MCFENN : Je suis née au Congo et arrivée en France à l'âge de 3 ans. Mes parents sont congolais. J'étudie le droit, en première année, à Créteil. Quand j'étais petite, les cheveux, ce n'était pas une priorité plus que ça. J'ai eu mon premier défrisage, sans rien demander, quand j'étais en CE1. Je n'en ai pas de souvenirs. Je sais juste que j'avais les cheveux très souples et très lisses. J'étais contente, ils m'arrivaient jusqu'aux omoplates – car je savais que les Noires ont rarement les cheveux longs. Et après, ma mère s'en est toujours chargée. Au collège, les filles n'arrêtaient pas de me faire des compliments, je copiais les coiffures de stars, j'en faisais même trop.

Mes cheveux ont commencé à se casser. Quand mon amie Oumou est revenue au naturel en troisième, j'ai trouvé ça dégueulasse, j'étais catégorique. Je ne comprenais pas pourquoi elle ne se défrisait plus, je trouvais que ça faisait sale, que ses cheveux grainés n'allaient pas avec son visage. Et dans son entourage, tout le monde lui disait que ça ne faisait pas très propre, pour une fille. Elle s'est défrisée à nouveau, ce que j'ai trouvé mieux. Un jour, alors que j'étais en seconde, j'ai vu une vidéo de MyNaturalSistas sur YouTube. J'ai vu leurs cheveux naturels et je me suis dit : « Je veux un volume comme ça. »

Avec Oumou, on a monté un blog sur notre parcours capillaire depuis le jour où on a coupé nos cheveux. ~ **C'était la révolution, on a posté les photos. On voulait encourager les filles déstabilisées pendant la phase de transition. On peut se sentir moche, être moins sûre de soi. C'est perturbant du point de vue capillaire mais aussi mental.** ~ Ça fait deux ans que je me suis mise au naturel. Avant, je détestais l'afro, et maintenant j'ai plein de compliments. Les modèles noirs ont toujours les cheveux lisses et on pense que si on va à l'encontre de ces modèles on sera forcément moche. Ce sont des préjugés.

La librairie Présence africaine, rue des Écoles, V^e ~ *C'est un carrefour. Tous les intellectuels africains de Paris, étudiants compris, et tous ceux qui s'intéressent à l'Afrique, militants ou non, y trouvaient les fondateurs comme Césaire.*

JEAN-PIERRE NDIAYE

Journaliste, intellectuel & militant, 79 ans

Je suis né à Dakar. Je suis arrivé en France à l'époque où on venait par bateau. Mes parents étaient affectés en Guinée-Conakry. La France était pour moi une obsession depuis que mon oncle, démineur de char, avait fait la guerre de 1939-1945. Mon père n'était pas d'accord pour que j'y aille, alors, à 13 ans, j'ai embarqué clandestinement sur un bateau. Pendant deux semaines, on m'a cherché dans les rues de Dakar et de Conakry, et du côté de la mer parce qu'on pensait que je m'étais noyé. Ma mère en était presque devenue folle. De Conakry, on a fait Marseille puis Bordeaux. C'était une évasion pour moi, un autre monde. À mon arrivée à Bordeaux, j'ai été accueilli par des étudiants africains. L'un d'eux, un Guinéen, m'a reconnu.

J'ai travaillé avec Jean-Paul Sartre pendant huit ans pour sa revue *Les Temps modernes*. J'ai collaboré à *Jeune Afrique* pendant des années. Je suivais les mouvements de libération en Afrique. Dans les années 1950 à 1970, j'ai travaillé avec le FLN algérien, et rempilé pour soutenir des révolutionnaires angolais contre les Portugais, des révolutionnaires de Guinée-Bissau... Parallèlement, je me suis impliqué auprès des Noirs aux États-Unis, où la ségrégation était très forte. Malcolm X m'a reçu à New York et je l'ai suivi dans les villes où il donnait des conférences. Il m'a demandé de faire un livre en français sur ce que j'avais compris de leur lutte, sur la manière dont le système opprime les Noirs aux États-Unis. Il est paru en 1964, ça s'appelait *Les Noirs aux États-Unis*.

~ Ma coiffure, style rasta, a une signification. C'est une manière de dire « foutez-moi la paix ! » aux gens de l'establishment français et africain. Je veux me distinguer. J'ai commencé à me coiffer comme ça quand j'étais sur le terrain dans le maquis en Angola, il y a vingt-cinq ans. La couleur de la peau m'identifie en tant que Noir mais ce n'est pas suffisant. J'ai voulu la renforcer avec le style des rastas. ~ C'est une rupture épistémologique. Quand je me rends à l'Unesco ou dans un ministère, ça dénote. En général les journalistes sont bien sapés, je veux casser cette image parce que finalement je ne suis pas un journaliste, je suis un intellectuel marginal qui n'a jamais travaillé pour aucune institution.

MATA GABIN

Comédienne & chanteuse, 43 ans

Je suis née à la frontière du Liberia et de la Côte d'Ivoire, dans un village qui s'appelle Toulepleu. Mon histoire familiale est un peu compliquée. Mon père est martiniquais, ma mère biologique guinéo-libérienne, et j'ai grandi en Côte d'Ivoire. Mais à 18 mois, j'ai été adoptée par une tante et son mari qui, lui, est corse. De l'âge de 3 ans à 8 ans, j'ai vécu en Corse puis on est repartis en Côte d'Ivoire. Plus tard, l'envie d'être comédienne m'a conduite à Paris.

J'ai eu tout de suite du bol : par exemple, j'ai joué Albine dans *Britannicus*, j'ai adoré. Puis ça s'est enchaîné : des films au cinéma, de la télé, du théâtre à Avignon. J'ai aussi pas mal voyagé en Afrique. Je suis allée en Éthiopie, en Afrique du Sud, au Burkina, au Sénégal, tout ça grâce à mon métier. Petite, quand ma tante me coiffait, ça me faisait mal. Elle avait décidé de me défriser parce que c'était plus pratique pour elle. Tous les cinq mois, il fallait aller chez la coiffeuse et appliquer ce produit qui me brûlait. Ça me saoulait mais je n'osais rien dire.

Dès que j'ai pu, à mon arrivée en France, seule après le bac, j'ai arrêté. Je n'ai pas changé d'avis, je refuse toujours cette dictature capillaire avec, en plus, des produits pas vraiment biologiques. Mais j'aime bien changer de coiffure. J'ai enchaîné les tissages, les coupes qui montent à la Grace Jones, beaucoup de mèches, de longues tresses, des rastas hyper longues. Mes cheveux naturels ont leur façon d'être. Et parfois j'agrémente, je mets des tresses.

~ En tant que comédienne, quelques réalisateurs m'ont demandé si ma coiffure était définitive. À chaque fois, j'explique que je peux faire ce que je veux, qu'il suffit de me montrer une coiffure pour que je la fasse faire chez ma coiffeuse. Cela dit, quand j'avais des dreadlocks, on me demandait plus souvent de jouer la « caillera ». ~

Je vois de plus en plus de copines comédiennes qui ont leurs cheveux naturels. C'est devenu quelque chose de quasi politique sans taper du poing, c'est juste une acceptation.

La Coulée verte, XIIe ~ *Dans son quartier.*

Jardin du Palais-Royal, Ier ~ *C'est au centre de Paris.*
J'aime bien l'archéologie et ça me fait penser à des ruines modernes !

SALOMON ASARO

Danseur & comédien professionnel, 32 ans

Je suis né à Bordeaux mais j'ai grandi à Toulouse. Ma mère est sicilienne née à Tunis, et mon père était camerounais. À 8 ans, je suis allé en Italie, à Turin, pendant deux ans, puis en Bretagne. J'ai commencé la danse là-bas, à 17 ans. Ensuite je suis venu à Paris à 19 ans, pour le casting des *Dix Commandements*. J'ai été pris et tout s'est enchaîné.

Quand j'étais enfant, en France, j'avais un rapport normal avec mes cheveux. Je portais toujours une petite afro. J'ai vraiment ressenti la différence quand je suis parti en Italie. Le premier jour, à l'école, tous les élèves m'ont entouré, intrigués. Ils me parlaient et je ne comprenais rien. Ils n'étaient pas forcément réceptifs à ce métissage. Il y avait des remarques racistes, des choses pas faciles. En Bretagne c'était pareil. On était dans un petit bourg où il n'y avait pas beaucoup de Blacks. J'ai mon afro depuis 2000. Dans mon milieu, les gens m'identifient beaucoup avec l'afro. Ils me reconnaissent immédiatement à ma silhouette.

Aujourd'hui encore, en Italie, on me pose des questions : « Comment tu laves tes cheveux ? C'est toi qui les boucles ? » À l'heure d'Internet ! Quand je franchis la douane, je ne passe pas inaperçu, d'autant que, maintenant, je suis barbu. Le regard sur moi est différent. Dans la rue, les gens se retournent, mais ça ne me dérange pas du tout. Je ne fais pas non plus de provocation.

Je suis contre le défrisage et la coloration. On est toujours plus proche de soi au naturel. Certaines personnes veulent se lisser les cheveux parce que inconsciemment elles intègrent une certaine image fournie par la société. Elles s'infligent ça à elles-mêmes. ~ **Ma coiffure n'est pas une révolte ; j'essaie quand même d'être lucide par rapport à cela. La société nous éloigne parfois de nous-mêmes. Dans quelle mesure nos choix sont-ils vraiment nos choix ? J'essaie de garder ça à l'esprit. Dans les années 1970, l'afro permettait de revendiquer sans lever le poing, à une époque vraiment difficile.**

J'ai mis beaucoup de produits sur mes cheveux mais, petit à petit, j'ai réduit, notamment en lisant les étiquettes qui contiennent des mots comme « aluminium ». J'ai tout jeté pour passer au beurre de karité, à l'huile de coco… Ça me ramène à moi, à ma nature profonde. Naturellement. ~

SAMIRA CADASSE

Consultante, 40 ans

Je suis née à Poissy dans le 78 et j'ai grandi là-bas. Mes grands-parents sont originaires d'Algérie, de Kabylie précisément, et mon père est du Maroc. Je suis la première de ma génération à être née en France. Je n'étais pas très douée pour les études, alors j'ai arrêté le lycée et commencé à travailler. À 21 ans, je me suis installée à Paris et j'ai bossé dans un centre d'appels téléphoniques, comme conseillère en clientèle ; j'ai fini chef de produit marketing. Je suis devenue porte-parole de Ni Putes Ni Soumises, ce qui m'a amenée à faire des interventions dans plein d'endroits différents, et notamment chez Accenture où j'ai pris en charge la diversité. J'en suis partie en 2012 pour monter mon propre cabinet.

Avec mes cheveux, au début ça a été un peu compliqué. Ils étaient beaucoup moins bouclés mais on me prenait la tête avec ça. Dans la famille, les femmes ont toutes les cheveux raides, hormis ma mère, légèrement frisée. Me coiffer, c'était un enfer car j'avais toujours des nœuds. C'était très pénible. Une année, j'ai eu des poux dont on n'arrivait pas à se débarrasser. J'ai proposé à ma mère de les couper très court. Je les ai portés courts ou mi-longs jusqu'à la cinquième. Et puis ils ont repoussé très bouclés. Les couper leur avait fait du bien.

À l'époque, les rebeu faisaient toutes des brushings, et moi, j'étais contente de ne pas avoir la même tête que les autres. À l'aise avec mon style, à la récré je voyais qu'avec les mecs, j'avais un truc en plus. Je trouvais mes amies aux cheveux raides super mignonnes mais cela ne me faisait pas fantasmer. L'entretien était plus compliqué. Je n'avais pas toujours les produits adéquats.

Au milieu des années 1990, j'ai trouvé aux États-Unis tous les cosmétiques adaptés, que je rapportais avant de les commander, plus tard, en ligne.

Mais je serais malhonnête si je niais que les regards dans le monde professionnel sont neutres face à une afro. Les gens ont l'air de s'attendre à ce que tu parles d'une certaine façon. Dès que tu alignes quatre ou cinq mots, ils sont soulagés... On m'a déjà dit : « Vous parlez bien pour... » Ces dix dernières années, j'ai bossé avec de grands patrons qui voyaient ça comme un vrai signe distinctif correspondant à leur idée de la diversité. Cela a toujours servi les sujets que je porte et continue de porter. ~ Je ne connais aucune dirigeante de grosse société avec une afro sur la tête. Je n'en ai jamais vu non plus animer un conseil d'administration. Le mouvement *nappy* est plutôt un phénomène de mode et c'est dommage que ça s'arrête là. On n'arrive pas à passer de l'autre côté, il suffit de regarder les cheveux de Michelle Obama. Si j'étais à sa place, je saisirais l'opportunité d'être l'étendard d'un tel mouvement. ~

Rue de Belleville, XXᵉ ~ *Ça fait une vingtaine d'années que je vis dans le quartier.*
Ici, il y a un vrai brassage de cultures et de têtes différentes, une espèce de folie de mélange de genres
même si Paris s'est vachement « hipsterisé » ces dernières années. J'ai découvert le phénomène des
communautés au sens noble du terme, en vieillissant je me rapproche des gens proches de mes origines.

Injep (Institut national de la jeunesse et de l'éducation populaire), avenue de France, XIIIe

Ce lieu représente une grande partie de ma vie, c'est symbolique de l'état d'esprit dans lequel je suis restée.
Je suis une combattante dans l'âme et quand j'ai tendance à baisser les bras, je viens ici.

MARYSE ÉWANJÉ-ÉPÉE

Ex-athlète, journaliste & consultante, 50 ans

Je suis née à Poitiers, dans la Vienne. J'y ai grandi jusqu'à 6 ans puis j'ai passé la grande majorité de mon enfance et de mon adolescence à Montpellier. Mon père est natif du Cameroun (Douala) et naturalisé français. Ma mère est biterroise de naissance et mes grands-parents espagnols catalans. J'ai eu une première vie de sportive, très tôt, à partir de 8 ans. Tout est allé vite pour moi. À 11 ans, je faisais de la compétition, et de 15 à 32 ans, j'étais en équipe de France d'athlétisme. J'ai aussi fait du basket et de la gymnastique de façon anecdotique, simplement parce que dans la ville où je suis allée au collège, il y avait très peu de Noirs et de grandes !

J'ai pratiqué le sport à haute dose à une époque où on n'en vivait pas du tout. Je viens d'une famille modeste donc j'ai cumulé études et travail à mi-temps pendant ma carrière. En 1992, j'ai été recrutée comme journaliste par Eurosport, puis Canal+ et RMC. Entre-temps, je suis devenue maman, quatre fois.

Enfant, j'ai eu un rapport très pénible avec mes cheveux, parce que ma maman, blanche, ignorait comment coiffer des petites filles noires, mes sœurs et moi. Nous étions toutes crépues et on la harcelait pour qu'elle nous tresse ou nous défrise. Pendant des années, ça a été ou défrisage ou cheveux très courts, notamment à cause des poux. À la maison, on se mettait des serviettes de bain sur la tête tenues par des barrettes pour « avoir les cheveux longs ». Ma différence, je ne l'ai pas ressentie par ma couleur de peau mais avec mes cheveux : ça m'énervait de ne pas avoir la même chevelure que mes copines.

Je me suis donc défrisée assez tôt et très longtemps, jusqu'aux années 2010, avec tous les passages possibles et imaginables. Les années 1980, où on dormait avec des bigoudis sur la tête pour avoir la frange qui fait un joli rond le matin et qui, au retour de l'école, ressemblait plus à une casquette qu'à une frange, c'était ridicule. Après, c'était les tresses que j'utilisais pour les compétitions. Il fallait que ça soit pratique, mais il y avait aussi la superstition de vouloir être belle pour impressionner l'adversaire. Vers 24 ans, j'ai repris le défrisage avec, pendant longtemps, une coiffure courte, très raide.

●●●

●●● En fait, je n'ai jamais été vraiment satisfaite de mes cheveux, je changeais tout le temps sans me retrouver. Jusqu'à il y a une dizaine d'années, la question de ma couleur de peau ne m'interpellait pas. J'étais d'abord une sportive et, un jour, je suis devenue Noire. Je n'ai cessé de noircir, la société française me renvoie ça en permanence. Même au boulot je suis la Camerounaise, du Cameroun, où je ne suis allée qu'une fois dans ma vie. La société française n'a cessé de me noircir. Alors, je suis bancale. Mes parents se sont séparés très vite et je n'ai jamais été en contact avec ma famille africaine. Il me manquait quelque chose. Je connais très bien la Catalogne de mon grand-père, je connais très bien le sud de la France, j'ai fait un tas d'études, je parle un tas de langues, mais rien qui m'évoque ma couleur. Rien sur l'Afrique, la nourriture ou l'histoire. J'étais en décalage.

J'ai fait un virage à 180 degrés dans ma carrière en commençant à travailler avec l'Afrique. Et je n'ai plus eu besoin de me transformer. Une personne m'a expliqué comment soigner mes cheveux naturels. Ça s'inscrivait dans une démarche cohérente pour moi, avec une nouvelle façon de m'alimenter, de me présenter, de ne plus être obligée de revendiquer mon identité. Je suis une Française noire dans l'ère du temps. Et celle-là n'a absolument pas besoin d'ajouts à ses cheveux frisés. ~ Au début de mon choix, quand j'arrivais à la radio ou la télé, on me charriait : « Houlà, tu as pris un coup de vent ? Tu n'es pas coiffée ? » Il a fallu l'imposer à la télévision où, à mon arrivée, on m'a quand même demandé si j'allais « rester comme ça ». On est des humains avant d'être des afros. On fait ce que l'on veut de notre vie. ~

Americanah

Extrait du roman de Chimamanda Ngozi Adichie

L'après-défrisage

— Pourquoi avais-tu besoin de faire ça ? Tes cheveux tressés étaient splendides. Et quand tu as défait tes tresses la dernière fois, et que tu les as laissés libres, ils étaient encore plus beaux, épais et naturels.

— Mes cheveux épais et naturels feraient leur effet si j'avais un entretien pour être chanteuse dans un orchestre de jazz, mais il faut que j'aie l'air professionnel pour cet entretien, et professionnel signifie avoir les cheveux raides. S'ils devaient être bouclés, il faudrait que ce soit des boucles de Blanches, souples, ou au pire des anglaises, mais jamais des cheveux crépus.

— C'est complètement *con* que tu sois obligée de faire ça.

Le soir, elle eut du mal à trouver une position confortable sur l'oreiller. Deux jours après, elle avait des croûtes sur la peau du crâne. Trois jours après elles suppuraient. Curt voulut qu'elle aille voir un médecin mais elle se moqua de lui. Elles cicatriseraient, lui dit-elle, et c'est ce qu'elles firent. Ensuite, après avoir passé les doigts dans le nez l'épreuve de l'entretien, et que son interlocutrice lui eut serré la main en disant qu'elle « correspondrait merveilleusement » au poste, elle se demanda si cette femme aurait eu la même réaction si elle était venue dans son bureau auréolée de ses cheveux épais, crépus, de ce céleste halo afro. •

Avenue des Champs-Élysées, VIIIᵉ ~ *Les Champs-Élysées me renvoient à l'époque où j'étais touriste à Paris, j'adorais cet endroit, c'est peut-être mon côté provincial, c'est le symbole de ce qui fait rêver tous les touristes. J'aime bien observer le regard émerveillé des touristes, il y a une fraîcheur, pour certains, c'est sans doute le voyage d'une vie. Et c'est ici que j'ai fêté le réveillon de l'an 2000.*

SÉBASTIEN FOLIN

Animateur, 45 ans

Je suis né à Madagascar, français car ma mère y était née quand l'île était encore une colonie. À partir de 1972, le pays est devenu instable et nous sommes venus ici. J'avais 6 ans. Ma mère était institutrice mais son diplôme n'étant pas reconnu, elle a dû passer un CAP de serveuse. On a vécu à Angoulême, à Orléans et deux ans en région parisienne. Puis elle a rencontré son futur mari – qui m'a donné son nom, Folin – et on est partis à La Réunion en 1980. J'y suis resté vingt ans, jusqu'en 1999. Ma vraie révélation a été la radio, découverte à l'âge de 15 ans. Après mon bac, j'ai enchaîné dix années d'expérience professionnelle à La Réunion, en présentation radio et télé, puis j'ai fait de la réalisation de documentaires, de clips et de pubs. J'ai aussi dirigé l'antenne de NRJ Réunion. Le 21 décembre 1999, j'ai débarqué à Paris puis, après avoir travaillé pour Michel Field, j'ai été contacté par TF1 pour le remplacement d'Alain Gillot-Pétré. Ils voulaient un homme de couleur, avec une volonté très marquée. Après des années de météo à La Réunion, j'étais réticent. J'ai quand même passé un casting et, finalement, j'ai fait ça pendant huit ans ! J'ai aussi animé plusieurs émissions : *Vidéo Gag* sur TF1, *Harry* sur France 3, *Acoustic* sur TV5 et *Le Lab. Ô* sur France Ô.

Quand j'étais petit, c'était assez amusant, j'avais les cheveux raides et longs, une coupe à la Mireille Mathieu. À l'adolescence, j'en ai eu marre, j'ai coupé puis j'ai porté une brosse avec la houppette devant. Ensuite je les ai eus très courts. Et quand, dix ans plus tard, j'ai voulu les retrouver longs, surprise, ils étaient devenus tout bouclés ! À mon arrivée à Paris, ils tombaient sur mes épaules. Or, TF1 m'avait appelé après m'avoir vu sur une vidéo de 1997 où j'avais les cheveux courts avec de toutes petites lunettes. Quand j'ai débarqué dans leurs bureaux avec ma chevelure et de grosses lunettes, ils ont halluciné. Je dirais même que mon interlocuteur a eu un petit pas de recul, l'air de dire : « Mais qui a dit à ce type de venir ? »

~ Le premier sujet de discussion a été mon look, cheveux et lunettes. J'ai opté pour des lunettes fines, mais j'ai refusé de couper mes cheveux pour trois passages à l'antenne par semaine. ~ On a fini par trouver un compromis et ça a donné de longues années d'expérimentations capillaires. Les coiffeurs paniquaient en me voyant arriver. Ils ont tout essayé pour les plaquer : le gel, la laque... À la fin je n'y touchais pratiquement plus parce que les gens se sont habitués. En fait, c'est devenu ma signature. Dans 90 % des cas, les remarques sont à la fois gentilles et maladroites : « Dis donc, c'est tes cheveux ? », et ça rigole. Mais les filles aiment beaucoup mes cheveux...

NACIRA GUÉNIF-SOUILAMAS

Anthropologue, 56 ans

Je suis née à Enghien-les-Bains et suis restée dans cette ville bourgeoise jusqu'à 40 ans passés. Mes parents, nés indigènes, sont ensuite devenus français musulmans[1]. Je suis donc née française musulmane comme eux. Après les accords d'Évian, en 1962, mon père a choisi la nationalité algérienne et j'ai perdu ma nationalité française pendant longtemps. Cela m'a empêchée d'intégrer une classe prépa littéraire car Normale sup était réservée aux Français. Après mon bac de sciences éco mention bien, j'ai suivi une double formation de sociologue anthropologue, à Paris-Descartes puis à la Sorbonne. J'ai étudié l'arabe aux Langues O' et poursuivi en socio et ethnologie jusqu'au DEA. Enfin, j'ai fait une thèse à l'École des hautes études en sciences sociales (EHESS), sur les filles d'immigrants maghrébins, qu'on appelle les « beurettes ».

Ma mère et mon frère avaient les cheveux raides. Mon père et le reste de la famille les avaient frisés. À partir de 10-11 ans, mes cheveux ont commencé à friser. Avec mes sœurs, on utilisait le fer BaByliss, et des rouleaux pour obtenir une chevelure ondulée. Ma mère, qui soignait sa chevelure au henné et au *ghassoul*[2], nous disait : « Mais pourquoi vous en faites autant, vous avez de beaux cheveux… » Jusqu'à la fin du collège, je m'y suis pliée mais, au fond, cette image soi-disant valorisante me pesait. Membres d'un groupe subalternisé, nous étions soumis à des critères de beauté pas forcément conformes à nos êtres. Passer autant de temps avec des rouleaux sur la tête, sous ce séchoir brûlant, c'était abominable. En arrêtant, je me suis soulagée de cette torture hebdomadaire. Ma mère aussi, qui le vivait comme une trahison. Cela nous affranchissait du contenu des magazines. On a dû désapprendre de toutes ces techniques de domestication de nos cheveux.

~ Avec les critères de beauté, on pourrait parler d'oppression esthétique sur les minorités. Les Noirs l'ont vécu avec plus de violence que les Arabes. Pendant l'apartheid, le niveau de « crépitude » déterminait l'appartenance ou pas au groupe opprimé[3]. La silhouette d'Angela Davis est un marqueur à la fois identitaire, politique et racial majeur. Alors qu'on ne peut pas assimiler les femmes arabes à une forme capillaire précise. ~

1. Statut juridique des Algériens durant la colonisation (à partir de 1947).
2. Argile cosmétique naturelle que l'on trouve au Maroc.
3. Pendant l'apartheid en Afrique du Sud, « le test du crayon » permettait de déterminer le groupe racial d'un individu. On plaçait un crayon dans les cheveux d'une personne. S'il tenait, elle était considérée comme noire et s'il tombait, elle était blanche.

Rue Condorcet, IXe ~ *Ce lieu a une résonance forte. C'est mon quartier mais avant cela, je connaissais cette place depuis près de trente ans. Ici je me trouve proche de deux endroits qui ont ponctué mon enfance lorsque je venais d'Enghien à Paris : entre Barbès et la rue Le Peletier. Barbès où mon père avait un café-restaurant, et la rue Le Peletier où se trouve un hôtel qu'il avait acheté peu de temps avant sa mort.*

Boulevard de la Villette, Xᵉ ~ *Le quartier représente bien qui je suis. À la fois d'origine étrangère et française. Un melting-pot assez représentatif de ce qu'est la France d'aujourd'hui. Malgré le statut social auquel j'ai accédé par mon métier, je fais en sorte de rester collée à mes racines.*

NORA HAMADI

Journaliste, 34 ans

Je suis née dans l'Essonne, à Longjumeau, où j'ai grandi dans les quartiers sud au milieu des barres. Mes voisins étaient de Normandie, du Maroc, de Tunisie, du Mali et tout ça fonctionnait en très bonne intelligence. Mes parents, eux, sont d'Algérie, de Kabylie exactement. Ils sont arrivés à la fin des années 1950 mais mes grands-parents étaient déjà là, l'un travaillait chez Air Liquide, l'autre chez Renault à Boulogne-Billancourt. Je vais toujours dans leur village d'origine, une à deux fois par an. Mes parents ont absolument voulu que j'apprenne le kabyle et quand je suis rentrée en maternelle, je ne parlais pas français. Je suis vraiment une gamine de la méritocratie, de l'école républicaine. Maternelle, primaire, collège en Zep, en quartier populaire. J'ai fait AES (administration économique et sociale) et j'ai poursuivi à Nanterre en sciences politiques. Comme je faisais des remplacements d'assistante de rédaction au *Parisien*, on m'a encouragée à me lancer dans le journalisme. J'y suis entrée par la petite porte, d'abord à *L'Express* puis au *Parisien*. Ensuite il y a eu les émeutes de 2005. Et là ça a basculé, on a commencé à recruter des basanés. Des filles parce qu'il y a une espèce de fascination pour la Maghrébine, ça sent bon l'huile d'olive. Je m'étais fait jeter de partout auparavant et j'ai vraiment vu la différence. Je suis restée quatre ans chez i>Télé et, une semaine après mon départ, j'ai été contactée par Public Sénat. J'y suis toujours.

Mes cheveux, c'était une tête de nœuds parce qu'on ne pouvait pas passer le peigne. Ma mère en avait tellement marre que j'ai eu une coupe à la garçonne. On m'a appelée «jeune homme» jusqu'à mes 14 ans. Après, un brushing, quoi, mais un brushing «banane». Une horreur. Puis, comme j'avais pris une option théâtre, j'ai été scolarisée dans un lycée bourgeois. Du coup, j'ai commencé à m'assumer, à être moins effacée. D'abord, je n'ai jamais été filiforme et avec mes cheveux nature, je m'assumais en Maghrébine. **~ Ma grand-mère ne supportait pas mes cheveux. Quand je l'embrassais, elle les relevait comme si c'était des algues dégueulasses. Mon père me surnommait Tarliel, du nom d'un personnage mythologique de Kabylie, une sorcière de contes pour enfants, aux cheveux roux et complètement bordélique. Professionnellement, c'est marrant mais ça n'a jamais été un problème, la question ne s'est jamais posée. Je n'ai jamais laissé quiconque s'autoriser à me faire une réflexion. Après, soyons clairs, je ne suis pas sur M6 ni sur France 2. Je suis sur une chaîne de la TNT qui a une réputation de sérieux et où on peut ne pas être trop télégénique. Que l'on soit vieux ou moche ce n'est pas grave, l'important c'est ce qu'on dit. ~**

SABRINA KASSA

Journaliste, 43 ans

Je suis née à Grenoble, où j'ai grandi dans le centre-ville. Mes deux parents sont partis d'Algérie de manière assez précipitée, parce que mon père avait des démêlés avec le gouvernement algérien. J'ai fait un DEA d'économie et mon mémoire portait sur le passage du Gatt[1] à l'OMC, notamment dans les pays du Sud. Puis j'ai travaillé à Paris dans une association réalisant des expertises sur la question agro alimentaire en Afrique subsaharienne. Je parlais des paysans africains, je délivrais des conseils pour négocier la sauvegarde de leur agriculture, mais je n'en avais jamais vu aucun! J'ai eu des envies de terrain et le journalisme m'a semblé une bonne passerelle. Après une formation assez courte, j'ai fait un reportage au Sénégal. J'étais travaillée par la question de l'identité et du post colonial. Le soir du 21 avril 2001[2], j'ai eu peur. Mon compagnon était parti à un meeting et j'étais seule avec les petits qui dormaient. J'ai ouvert la fenêtre et je m'attendais à entendre des bruits de bottes... Une vraie peur. Pour moi, c'était un peu la fin du monde. À partir de là, je me suis tournée vers les sujets de société en France : immigration, banlieue, islam...

Toute petite, je portais les cheveux longs mais beaucoup moins bouclés. Une petite fille sage! Puis je les ai portés courts comme un petit garçon. Parfois les gens se trompaient. À l'adolescence, ma féminité s'est imposée et j'ai dû adopter la coupe familiale, c'est-à-dire les cheveux lisses comme ma mère et ma sœur. Vers 17 ans, on me disait souvent : « Tu as de beaux cheveux, garde-les au naturel. » Ces remarques me paraissaient bizarres. Il me semble que les jeunes Maghrébines, ou d'origine maghrébine, ont un rapport ambivalent à leurs cheveux. C'est un attribut de séduction, très exotique, renvoyant à une image assez – allez, ne disons pas de gros mots – coloniale. Mais des cheveux en liberté, c'est une liberté offerte à soi-même. Celle d'être soi, ne pas chercher à ressembler à un autre que l'on n'est pas. On est prises dans une tension, entre correspondre à un fantasme et se dégager de la norme dominante. ~ Le vrai sens de tout ça est dans le regard de l'autre. En Algérie, le cheveu lisse est signe de distinction sociale. Quand je porte mes cheveux un peu à la sauvageonne, les gens me repèrent vite comme beurette. Pourtant le cheveu naturel en dit moins que... le voile. En France, si je porte un voile, je suis sûre que tout le monde va me regarder. ~ Moi, j'aime cette liberté, cette fantaisie qui s'exprime. Plus il y en a, plus ça circule. L'idéal, ce serait qu'on ne donne pas tant d'importance aux cheveux. Le seul moyen de connaître les gens n'est-il pas de leur parler?

1. Gatt (General Agreement on Tariffs and Trade) ; OMC (Organisation mondiale du commerce).
2. Jean-Marie Le Pen, présent au second tour de l'élection présidentielle française.

Square Villemin, Xᵉ ~ *Dans son quartier.*

Rue Saint-Martin, IVᵉ, à proximité de la place du Châtelet ~ Émilia : *Châtelet me correspond bien puisque c'est là que je passais tous mes week-ends quand j'avais 14-15 ans (j'habitais en banlieue). Ensuite je suis partie avec ma mère et mes sœurs à Lyon, c'est donc le coin de Paris que je connais le mieux.*

MARYSE GRIFFIT

Infirmière, 61 ans, & sa fille,

ÉMILIA ROIG & TIDIANE

Enseignante à l'université de Berlin, 32 ans, avec son fils

MARYSE : Je suis née à Fort-de-France, en Martinique, d'où je suis partie à 3 ans. D'abord à Madagascar pendant deux ans et demi, puis j'ai eu mon premier contact avec la métropole à 5 ans à l'école maternelle. J'ai pas mal voyagé avec mes parents sur le territoire français, chaque région apportant son lot d'expériences, de difficultés aussi.

À l'époque, quand on n'était pas enfant de bourgeois, l'accès à la culture et aux études était difficile. On subissait des diktats sociaux et raciaux sur notre couleur. Après mon certificat d'études, on m'a clairement stoppée. Pour moi, c'était déjà la fin du voyage. Mes parents ne connaissent pas les filières scolaires, j'ai fait comme une voisine, la filière maternelle[1]. Mais je voulais devenir infirmière et, à force de volonté et avec l'aide de mes professeurs, j'ai fini par passer le concours d'infirmière...

Avec mes cheveux, c'était difficile. Mon père voulait toujours que je sois bien coiffée, quand il me démêlait les cheveux, c'était un peu dur. Vers 9 ans, ma mère m'a défrisé les cheveux au fer chaud. Là, j'appréciais de les porter démêlés et de pouvoir me coiffer seule. En Martinique, il y a plein de gens qui peuvent me coiffer, mais ici c'est plus compliqué. Après, je suis passée aux défrisages chimiques. J'ai pris conscience tardivement que c'était répondre à une injonction collective, rentrer dans le rang, renier un peu son essence et surtout éviter d'assumer le côté noir. De 16 à 20 ans, j'en ai eu marre du défrisage, alors je portais un foulard. J'ai eu du mal à m'affranchir de ça. J'ai tout arrêté au début des années 2000. J'avais l'impression de ne plus être moi-même et je me suis retrouvée en laissant mes cheveux naturels. En redécouvrant mes cheveux crépus, ça a été une renaissance. Mais pour mes parents, je n'étais pas coiffée, et je leur ai fait certainement honte mais ça m'était égal. Maintenant ils m'acceptent comme je suis. **~ Les Noirs commencent à s'approprier leur image, inconscients de ce que leur beauté a été longtemps plagiée. Les Blancs veulent des lèvres charnues, du bronzage, mais sans valoriser ni même reconnaître ceux qui les portent. Et le Noir a besoin de cette reconnaissance pour s'affirmer. Et il l'a trouvée en lui-même. ~** ●●●

AFRO ! ~ **205**

---

1. Pour former les agents destinés aux écoles maternelles.

●●● **ÉMILIA** : Je suis née à Dourdan, dans l'Essonne, et j'ai grandi à Rueil-Malmaison, dans le 92. Ma mère est martiniquaise et mon père juif séfarade d'Algérie. J'ai fait des études de langues et, dans ce cadre, j'ai vécu un an à Londres, un an en Allemagne. J'ai aussi fait Sciences-Po. Je suis partie deux ans et demi à l'étranger, en Équateur et en Afrique de l'Est – au Kenya, en Tanzanie et en Ouganda. Après un an et demi au Cambodge, je suis rentrée à Berlin où j'ai travaillé pour des organisations internationales, surtout dans le domaine des droits de l'homme. Ensuite j'ai commencé un doctorat que je viens de terminer. Il porte sur la discrimination sur le marché du travail pour les femmes non blanches, en France et en Allemagne.

Petite, j'avais un rapport ambivalent avec mes cheveux. J'ai trois sœurs et, dans la fratrie, j'avais les cheveux les plus raides donc les plus beaux. C'était très valorisé et mis en avant, chez moi. Aux Antilles, le mieux c'est la peau claire et les cheveux lisses. Une règle implicite qui s'est perpétuée de génération en génération. Ma grande sœur, avec ses très beaux cheveux crépus, a toujours été dévalorisée, considérée par tous comme non conforme aux critères de beauté. Elle en était complexée, je la plaignais et j'étais ravie d'avoir des cheveux plus jolis que les siens. En grandissant, j'ai culpabilisé et compris à quel point ce racisme nous imprégnait tous jusqu'à la moelle. Maintenant, elle a une afro, en accord avec elle-même, et elle a trouvé sur des sites comment découvrir la beauté de sa chevelure.

Comparée à la norme blanche en France, j'avais quand même les cheveux très bouclés. À l'adolescence j'étais complexée, j'avais du mal à les domestiquer. Je tirais dessus, je faisais des brushings, des coupes horribles. Leur nature me permettait de les raidir sans les défriser. Je n'ai accepté leur texture que vers 23 ans. Aujourd'hui j'accepte mon corps, je suis naturelle, je ne me maquille même pas. Je ne voudrais pas usurper le mouvement *nappy* parce que mes cheveux n'étant pas crépus, j'ai beaucoup de privilèges. ~ **Les femmes qui portent les cheveux crépus ont beaucoup plus de pression que les femmes aux cheveux « exotiques ». C'est merveilleux que ce mouvement dépasse les frontières. Grâce aux réseaux sociaux, les petites adolescentes peuvent adhérer à cet élan global. Je trouve ça génial. ~**

Afrodance

Chanson des Nubians

As-tu déjà dansé avec tes cheveux?

Dis
Je t'aime
afro
Je te déteste
Parfois
Frères et sœurs, frères et sœurs
Osons être scandaleux!

Afrodance
Fais danser ton afro

Secoue ton afro
Toutes les afros de la planète
Bouge ton afro
Fais danser ton afro

Si tu veux te cacher
Il suffit de couper tes cheveux
Si tu veux t'intégrer
Juste vends-toi pour rien
Si tu veux être riche
Sans doute tu perdras d'abord
Il te faudra être débrouillard
Ou épouser un homme riche
comme Bill Gates
avec une coupe afro

Afrodance
Fais danser ton afro

Secoue ton afro
Toutes les afros de la planète
Bouge ton afro
Fais danser ton afro

Afro:
Cheveux grainés
à l'esthétique impeccable
Si sensuels et si scandaleux
D'une élégance super naturelle
N'y touche pas ou je vais devoir te planter

C'est bien connu dans le monde entier
La soul n'est pas née d'hier
De Detroit à Paris, France
Porte ton afro lustrée et bien stylée
Et fais danser ton afro

Afrodance
Fais danser ton afro

Secoue ton afro
Toutes les afros de la planète
Bouge ton afro
Fais danser ton afro

Square Danton, porte de Champerret, XVIIe ~ *À proximité de son domicile.*

NADÈGE BEAUSSON DIAGNE

Comédienne & chanteuse, 42 ans

Je suis née à Paris dans le XIe arrondissement. Après, j'ai grandi un peu partout dans le Val-de-Marne, de Maisons-Alfort à Créteil. Mon père est sénégalais et ma mère métisse ivoirienne et bretonne.

À 4 ans, je commençais la danse classique. À 9 ans, la musique au Conservatoire. À 15 ans, le théâtre. À 21 ans, mes premiers castings et puis beaucoup de théâtre, populaire, privé. Je suis venue à l'Afrique toute seule, par la danse puis par le cinéma africain. J'avais un instinct de reconnaissance, besoin de savoir d'où je venais. J'ai tourné dans plusieurs films africains, dont un long-métrage gabonais, *Les Couilles de l'éléphant*. En France, les rôles pour les acteurs noirs sont encore souvent caricaturaux. Lorsque j'interprétais le rôle du commissaire Douala dans *Plus belle la vie*, j'ai observé de petites choses inconscientes. Par exemple, mon personnage, faisant la cuisine pour son amoureux, devait dire : « Il faut vite que je rentre préparer mon poulet. » Évidemment, sur le tournage, j'ai dit : « Il faut que je rentre vite préparer ma blanquette de veau. »

Ma mère n'a pas eu de soucis avec nos cheveux, bien préservés. Jamais elle ne parlait de défrisage. Mais j'ai fait des expériences capillaires un peu hasardeuses parce que je rêvais de cheveux en mouvement : pas mal de tissages, et surtout beaucoup de tresses. Ma mère se désolait : « Mais qu'est-ce que tu fous ? Ils sont beaux tes cheveux ! » ~ Ensuite, par mon métier, j'ai réalisé que j'étais un modèle pour certaines petites filles. Je ne pouvais pas leur envoyer ce message en cachant mes cheveux alors que je n'étais pas malade. ~ Généralement, les gens qui mettent des perruques le font à cause d'un traitement. Comment en sommes-nous arrivées à croire que les nôtres ne sont pas glamour ou qu'ils sont si difficiles à coiffer ? Qu'y a-t-il de complètement dingue ou de révolutionnaire à se lever et à assumer ses cheveux ? C'est moins dingue que de mettre une perruque. Depuis que je les porte naturels, on ne m'a plus demandé de les cacher sous un postiche.

~ En fait, j'étais *nappy* sans le savoir. C'est toujours intéressant de comprendre pourquoi on agresse son être. Je pense aux Sénégalaises qui s'éclaircissent la peau, aux femmes qui affirment que les hommes n'aiment que les métisses claires. Ça me fait tellement mal dans ma chair. Les cheveux, ça va avec l'acceptation de soi, l'envie de se faire du bien. ~ C'est pour cela que j'en parle autant et que j'essaie de convaincre, mais ce n'est pas rien.

PRINCESS ERIKA

Artiste, auteure & compositrice interprète, 50 ans

Je suis née dans le XIVe, j'ai grandi entre cet arrondissement et le XVe voisin. Mes parents sont camerounais, des intellectuels de gauche venus en France pour leurs études et qui ne sont pas retournés au Cameroun, pour des raisons politiques. Mon grand-père maternel était un chef traditionnel, avec des armoiries, et ma mère, la fille favorite, était promise à un avenir de princesse. Alors, j'ai trouvé que c'était un joli nom d'artiste.

À 18 ans, j'étais déjà maman, et j'ai aussi fait un deug de littérature anglaise. Mes parents étant aussi musiciens, j'ai toujours fait de la musique, au Conservatoire jusqu'à 12 ans, et ensuite j'ai appris à jouer des instruments de manière autodidacte. Au départ je faisais du piano et, vers 10 ans, j'ai commencé à jouer de la guitare comme mes parents. J'ai fait mon premier enregistrement studio vers 15 ans, et à 20 ans, j'ai enregistré « Trop de bla bla ». Ce monde-là m'a permis d'aborder la télévision et le cinéma. J'ai joué dans *Le Costume* avec Peter Brook, dans un film de Romain Goupil, et dans des téléfilms. Cela m'a appris à partager la scène avec d'autres et à porter un texte autre que le mien.

Petite, mes cheveux représentaient une souffrance lorsqu'il fallait se faire coiffer. Et ma mère étant moyennement régulière, j'avais parfois ma coupe super bien faite, des tresses avec des carrés – dans ce cas c'était joli –, et d'autres fois c'était moyen. Il lui arrivait de nous défriser les cheveux avec des peignes chauds, pour les mariages. Un jour, à 12 ans, je suis partie chez une copine gabonaise, et j'ai tout coupé ! À partir de ce moment-là, ma mère n'a plus touché à ma tête et ça m'a libérée. Dès que je l'ai entretenue moi-même, j'ai commencé à faire des petites afros et très vite, à 15 ans, j'ai adopté les locks. J'étais rasta, pour moi c'était une croyance mais aussi une ambition esthétique, l'envie d'avoir des cheveux qui tombent sur mes épaules. Une envie qui remontait à l'enfance, quand ma sœur et moi, on se mettait des écharpes sur la tête pour avoir les cheveux longs, comme les Blanches que l'on enviait.

Ma famille a très mal réagi. Pour mon père, ces locks c'était déshonorant, il trouvait que ça faisait sale. Ma mère le disait moins mais ça ne lui plaisait pas non plus. ~ **Je suis très fière de mes cheveux. C'est comme ton travail, ce que tu manges, ce que tu mets... comment tu vis, ça dit tout de toi. J'en prends soin de façon naturelle, j'utilise en plus des produits bio, des produits dont je connais la provenance. Pour la nourriture c'est pareil, j'aime savoir d'où viennent les choses, je n'avale pas n'importe quoi. C'est une hygiène globale. Le mouvement *nappy*, je trouve que c'est bien car ça nous aide à prendre plaisir à s'occuper de nos cheveux. ~**

La librairie Libre Ère, boulevard de Ménilmontant, XIᵉ ~ *Hafid, le propriétaire, aime
recevoir les gens. Le même jour, j'y ai fait une lecture avant de chanter dans le petit bar d'à côté,
où l'on peut chanter et écouter ce qui se passe dehors. Les endroits multifonctions me plaisent beaucoup.*

Fontaine Saint-Michel, VIe ~ *Quand je suis arrivée à Paris, j'ai habité ce quartier, Saint-Michel. J'étudiais dans le Marais, au lycée Turgot, où j'ai préparé un diplôme de comptable. Je suis restée ici pendant trois ans.*

NELLY SIBY

Comptable, 25 ans

Je suis née en Côte d'Ivoire à Abidjan, mais les événements politiques ont contraint mes parents, franco-ivoiriens, à quitter le pays pour venir s'installer à Paris. À mon arrivée, j'étais en troisième et j'ai suivi des études en alternance pendant deux ans avant de préparer mon diplôme supérieur de comptabilité et gestion.

J'ai toujours adoré mes cheveux parce qu'ils étaient assez longs. En Côte d'Ivoire, toutes mes copines de l'école avaient les cheveux défrisés, alors j'ai tanné ma mère pour avoir la même allure. Étant elle-même défrisée, maman y était opposée car elle trouvait que sa chevelure avait perdu en volume, que le cheveu était moins beau et que sa peau était attaquée par les produits. Je ne suis arrivée à mes fins qu'en quatrième. Et ensuite, je les ai gardés raides très longtemps. Quand, à mon tour, j'ai commencé à évaluer les dégâts et que j'avais moins de temps pour m'en occuper, j'ai décidé de revenir au naturel. Et puis, en en voyant d'autres comme ça, je me suis dit « pourquoi pas ? ». Au moment où j'ai pris cette décision, j'ai commencé à tenir un blog qui m'a permis d'accéder – en regardant des youtubeuses – à des tas de choses que je n'avais pas imaginées ou intégrées avant. Des choses à faire ou ne pas faire. Des trucs et des astuces pour se faciliter la vie. Et j'ai appris qu'en fait j'avais le choix entre les lisser très raides ou les garder en afro. Les magazines féminins ne me disaient rien de tout ça. J'ai cherché les réponses à mes questions, j'ai fait des expériences, appris à les hydrater, les protéger. Aujourd'hui, grâce à Internet, on peut tout trouver, avec des photos et des conseils. ~ **Les blogueuses ne donnent pas l'impression de vendre un produit. C'est quelqu'un comme toi et moi qui a trouvé la solution pour s'occuper de ses cheveux. Alors, ça rapproche. J'ai pu montrer à ma sœur, qui a eu longtemps les cheveux défrisés, comment elle pouvait mettre ses cheveux naturels en valeur.** ~

Je ne me considère pas comme une fille *nappy* parce que je n'appartiens pas à un mouvement. Certains sont extrémistes sur cette question. Je pense que chacun doit faire comme il veut. Et les marques de cosmétiques doivent faire attention à nous car on existe ! Par exemple, le fond de teint. Faute de trouver ma couleur, je suis obligée de mélanger plein de teintes à chaque fois. Et quand il sort quelque chose de nouveau, on annonce plein de belles teintes et, en fait, on ne les retrouve pas toutes en grande surface. Nous les blogueuses, on a compris comment ça marche. On utilise les médias pour se faire entendre auprès des marques.

IBRAHIM BECHROURI

Chargé du programme « Eloquentia »
& doctorant en géopolitique, 25 ans

Je suis né à Paris, j'ai grandi dans le Xe dans une chambre de bonne au sixième étage. On était sept, mes parents et cinq enfants. Mon père est arrivé du Maroc en 1967 puis ma mère l'a rejoint. Au lycée, j'étais dans les bons élèves, alors on m'a poussé à faire une prépa. J'y suis allé et, au bout d'un mois, je ne m'y sentais plus bien. Je me suis embrouillé avec une prof de philo assez dogmatique qui affirmait que toutes les religions du monde étaient basées sur la paix et l'amour sauf l'islam. Cela a été l'un de mes premiers chocs frontaux et violents avec l'islamophobie. J'ai donc fait une licence de LEA, anglais, espagnol, arabe, et aujourd'hui je prépare une thèse sur la surveillance des musulmans par la police de New York.

Petit, je n'aimais pas mes cheveux, je les trouvais moches et relou à coiffer. On me répétait, surtout mes potes qui me chambraient avec ça, que ça faisait « moquette ». En plus j'aimais bien les mangas, les Disney où tout le monde avait les cheveux lisses, même Aladin pourtant censé être le héros Disney rebeu. Il n'y avait aucun moyen d'identifier ma chevelure à quelque chose de positif.

En première année de fac, je suis tombé sur un bouquin de Malcolm X où il évoquait la question du lissage chez ceux qui ont les cheveux crépus. Ça m'a un peu réveillé. Puis j'ai lu des descriptions des compagnons du Prophète, qui avaient les mêmes cheveux que moi. Je me suis dit que c'était débile de ne pas les aimer. D'accord, ils étaient différents mais ça ne les rendait pas moins beaux.

Peu après, j'ai laissé pousser mes cheveux et j'ai appris à les apprécier. Ma famille n'aime pas, ma mère me dit de « les coiffer, au moins ». Mon père me menace régulièrement de les couper à la tondeuse pendant la nuit. Il dit en arabe que je ressemble à un *sedra* (cèdre).

~ Politiquement, les porter comme ça c'est affirmer mon identité, et cesser de me conformer à ce qu'on nous impose comme étant beau. C'est être fier et ne pas avoir honte. Je ne dis pas que je suis le meilleur, je suis ce que je suis et je l'assume. ~

Si le fait de porter fièrement l'afro peut aider certaines personnes à se décomplexer vis-à-vis de leurs cheveux comme d'autres choses ont pu m'aider à assumer cette facette de moi-même, alors c'est une bonne chose.

Stade Suzanne-Lenglen, XVᵉ ~ *J'avais créé une équipe universitaire de football américain, on jouait ici. Ça correspond à la période où j'ai commencé à faire pousser mes cheveux. Avec le casque de football américain, c'était un enfer !*

Quand Malcolm X évoque son premier défrisage

Extrait de l'autobiographie de Malcolm X

Bientôt Shorty décida que mes cheveux étaient assez longs pour être défrisés. Il avait promis de me montrer comment on fait un conk chez soi au lieu d'avoir à payer trois ou quatre dollars chez le coiffeur.

Il me remit une petite liste d'ingrédients à acheter chez l'épicier : deux boîtes de soude caustique, deux œufs et deux pommes de terre de taille moyenne. Au drugstore près du billard je demandai un bocal de vaseline et un grand morceau de savon, un gros peigne et un peigne fin, un tuyau de caoutchouc et une pomme de douche métallique, un tablier en caoutchouc et une paire de gants.

– C'est la première fois que tu te fais un conk ? demanda le vendeur.

– Exact ! répondis-je, tout fier, en souriant de toutes mes dents.

Shorty m'installa dans l'appartement qu'il habitait en l'absence de son cousin. « Regarde-moi bien », dit-il.

Il éplucha les pommes de terre, les découpa en fines tranches qu'il mit dans un grand pot de verre, puis il les remua avec une cuiller en bois tout en ajoutant de la soude caustique jusqu'à ce que le pot fût à moitié plein. « Ne te sers jamais d'une cuiller en métal, ajouta-t-il. La soude la noircirait. »

Dans cette mixture gélatineuse, amidonnée, Shorty cassa deux œufs et se mit à remuer très vite. Le *congolène*[1] devint jaune pâle. « Touche le pot », dit Shorty ; j'y posai ma main et l'enlevai aussitôt. « T'as raison, c'est brûlant, c'est la soude, dit-il. Tu sentiras ça quand je te le mettrai sur la tête, ça brûlera vachement, mais plus tu tiendras le coup, plus tes cheveux seront lisses. »

Il me dit de m'asseoir, noua le tablier de caoutchouc autour de mon cou, et peigna mes cheveux broussailleux. Puis il me fit un massage à la vaseline, pénétrant dans le cuir chevelu. Il m'enduisit les oreilles, la nuque et le front. « Quand le moment sera venu de te rincer les cheveux, n'oublie pas de me dire si ça brûle

1. Pâte gélifiée défrisante.

encore quelque part. » Il se lava les mains, enfila les gants de caoutchouc et noua son tablier, de caoutchouc aussi. « Si le *congolène* ne part pas, tu auras une brûlure à la tête. »

Quand Shorty commença à appliquer le *congolène*, je ne sentis qu'une douce chaleur. Puis ma tête prit feu.

Je grinçai des dents et serrai de toutes mes forces les bords de la table de cuisine. J'avais l'impression que le peigne me scalpait.

J'avais les larmes aux yeux, mon nez coulait. Je n'en pouvais plus. Je me ruai vers le lavabo, je traitai Shorty de tous les noms. Enfin il fit couler la douche et me savonna la tête. Il fit de la mousse, rinça, fit de la mousse, rinça une bonne dizaine de fois, avec de l'eau toujours un peu plus froide, ce qui me fit du bien.

– Ça brûle encore quelque part ?

– Non, répondis-je, en articulant avec peine. Mes genoux tremblaient.

– Va te rasseoir alors. Je crois que c'est parti.

Shorty prit une grosse serviette pour me sécher, en frictionnant fort. Je recommençai à prendre feu. « Doucement, doucement ! » hurlai-je.

– La première fois est toujours la plus dure. Mais tu vas bientôt t'habituer. Ça te va rudement bien, l'enfant du pays. T'as un beau conk !

Dans la glace je vis mes cheveux qui pendaient en mèches molles et humides. J'avais toujours la tête en feu, mais c'était devenu supportable. Il porta la serviette sur mes épaules et recommença à m'enduire les cheveux de vaseline.

Je le sentais qui me peignait les cheveux vers l'arrière, avec le gros peigne d'abord, puis avec le peigne fin.

Ensuite il me fit une coupe au rasoir, très délicatement, en commençant par la nuque, puis sur les côtés. Il me tailla des « pattes ».

Mon premier regard dans la glace suffit à effacer toutes les souffrances que j'avais endurées. J'avais déjà vu des conks pas mal, mais quand vous voyez ça sur votre propre tête pour la première fois l'effet est stupéfiant.

Je voyais Shorty debout derrière moi, souriant tous deux, nous transpirions à grosses gouttes. Et sur mon crâne j'aperçus un casque épais, brillant de cheveux roux – vraiment roux – lisses comme les cheveux d'un Blanc.

Ce que je pouvais être ridicule ! J'admirais dans la glace un Noir avec des cheveux de Blanc ! Je me jurais de n'avoir plus jamais les cheveux crépus, et effectivement je les ai défrisés régulièrement pendant de longues années. •

D' DE KABAL

Auteur, performer & metteur en scène, 41 ans

Je suis né à Paris dans le XIIe, mais j'ai grandi à Bobigny où je suis arrivé quand j'avais 2 ans. Et j'ai toujours vécu là-bas, à l'exception d'une année à Paris avec ma femme. Mes parents sont tous les deux martiniquais. J'ai commencé par le rap et j'ai monté mon groupe, Kabal, en 1993, avec l'idée de créer un complot – une cabale – contre les idées reçues. Très vite, on a fait des rencontres déterminantes et on s'est professionnalisés. En 1999, je suis venu au théâtre *via* un metteur en scène, Mohamed Rouabhi, et j'ai eu un rôle dans la pièce *Malcolm X*. Puis j'ai arrêté, repris, et en 2005, je me suis mis à la mise en scène et à l'écriture. Avec l'écriture, ça ne s'est plus arrêté. Je me sentais confiné dans l'espace chanson... Aller en profondeur, ça m'a vraiment amusé.

À 9 ans, j'ai eu une envie de *curly*[1] très très forte. On m'en a fait un, mais c'était raté. Rigolo mais bizarre. Après, je n'ai pas manqué la phase défrisage. Je trouvais cool de pouvoir coiffer mes cheveux en arrière. Ma mère appartient à cette génération qui, toute sa vie, s'est fait défriser. Mais j'y ai échappé ! Dans les années 1980, je suis passé par le *high-top*[2] et j'en étais assez fier. J'ai dû finir à 27 ou 30 cm, que j'aplatissais avec un livre et c'était vraiment la classe. Après ont suivi un bon paquet d'années avec la boule à zéro. En fait, c'est la pièce *Malcolm X* qui a été un déclic pour moi. Il y avait un passage sur les cheveux, c'était terrible. Cela m'a interrogé car, à ce moment-là, j'avais le crâne rasé. Puis la pousse de mes cheveux a coïncidé avec mon premier tatouage. Un acte important pour moi. La veille, je me suis rasé pour la dernière fois. C'était le 1er juin 2001. Je ne me sens pas particulièrement rasta, les dreads c'est une façon d'organiser la masse capillaire qui augmente. Donc, c'est assez naturel pour moi. J'ai deux garçons et deux filles et ça m'oblige à avoir un regard différent.

Les filles demandent des coupes comme leurs copines aux cheveux raides : lissage brésilien, etc. Donc, il faut avoir une posture pour en discuter avec les enfants. ~ Je n'oublierai jamais notre visite au salon Boucles d'ébène et l'état de mes mômes. Pour la première fois, elles pouvaient voir des coiffures adaptées à leur chevelure. C'était vraiment un moment super, fort, extraordinaire. ~ Là, j'ai vraiment compris l'enjeu du rapport au cheveu. Le laisser naturel, c'est une manière de dire à la face du monde : « Je suis comme ça. » Mon fils porte des dreadlocks depuis l'âge de 5 ans. C'est lui qui a vraiment insisté, en nous les demandant tous les jours. Aujourd'hui, à 16 ans, il les porte jusqu'aux fesses. Dans le genre, c'est carrément un Ovni.

1. Voir page 54.
2. Voir page 27.

Dans un café, à proximité du Trabendo, XIXe ~ *Le Trabendo est un lieu emblématique pour le slam en France. En 2003 a été créé un collectif, les soirées « De bouche à oreille », qui sont nées à la Boule Noire, avant qu'on ne vienne ici au Trabendo, l'année suivante, pour des rendez-vous mensuels.*

Dans la cour de l'immeuble de son salon, situé avenue des Champs-Élysées, VIIIᵉ

Les Champs, c'est juste la meilleure avenue du monde. C'était sympa aussi pour moi de pouvoir recevoir mes camarades des États-Unis facilement. Pour venir me voir à Paris, c'est direct, tout le monde connaît. Pas de détours.

NICOLE PEMBROOK

Coiffeuse & propriétaire du salon Polished Hair Care, 37 ans

Je suis née en Californie et j'ai grandi dans la banlieue de San Francisco. À 17 ans, j'ai commencé à travailler dans le salon de coiffure de ma mère. J'avais déjà mon diplôme de coiffeuse ! Ma mère n'a jamais eu d'autre boulot et je connaissais ce salon depuis toute petite. Comme elle coiffait tous les types de cheveux, ça n'a jamais été mystérieux pour moi de savoir coiffer les cheveux européens, africains, maghrébins. La formation aux États-Unis est plutôt générale. Je me suis installée en France en 2001.

J'ai découvert l'état catastrophique des cheveux des femmes noires et constaté qu'il n'y avait pas de formation pour leur texture. Il y avait un vrai besoin de professionnelles. J'ai sauté sur l'opportunité de proposer mon savoir-faire hérité de l'artisanat familial à toute la communauté. C'était l'occasion d'en montrer toutes les facettes et de mettre en valeur toutes les possibilités offertes par tous les types de cheveux. Je les coiffe tous. Nos coiffeuses sont asiatiques, arabes, françaises, africaines, américaines... Nous voulons pouvoir gérer une large clientèle.

Petite, je portais les cheveux naturels et à 10 ans, j'ai eu un *curly*[1]. À l'adolescence, comme toute jeune fille, je me suis défrisée, j'ai rajouté le postiche, la queue-de-cheval... Jeune femme, j'ai multiplié les expériences capillaires. Vers 19-20 ans, j'ai tout rasé puis je me suis teinte en Eve[2]. Il y a quatre ans, j'ai décidé de revenir au naturel, découvrir ma vraie nature de cheveux, que je voulais porter longs. Je n'étais jamais arrivée à descendre en dessous des épaules. J'ai donc fait faire un *big chop* et ça m'a libérée ! ~ **Avec ma clientèle, j'ai vu évoluer les comportements en France. De plus en plus de femmes se sentent prêtes à passer le cap du naturel. On voit encore peu de femmes noires dans les médias, mais elles assument quand même une grande variété de styles. Par rapport aux États-Unis où les Afro-Américaines ont le même socle culturel, ici les femmes noires, aux origines diverses, ont vraiment leurs propres marques, et je trouve ça sympa. ~**

1. Voir page 54.
2. Eve : rappeuse et actrice américaine.

PATRICIA ESSONG

Consultante en pilotage de projets bancaires, 35 ans

Je suis née et j'ai grandi au Cameroun. Je ne suis arrivée en France qu'en 2002, pour faire mes études en marketing et management avec l'intention de repartir, et finalement je suis restée après mon MBA en stratégie et consulting, parce que je me plaisais ici. Dans mon enfance, mes cheveux étaient synonymes de souffrance. Quand ma mère me coiffait, cela finissait toujours en pleurs. De l'adolescence à mon arrivée en France, j'ai porté des tissages puis, deux ans plus tard, j'ai eu un déclic en voyant une image de Naomi Campbell sur une plage. Le vent a soulevé ses faux cheveux et j'ai vu le devant de son crâne, tout dégarni. J'ai réalisé qu'à force de tirer sur mes cheveux avec des tissages, j'en perdais une bonne masse à chaque fois. En voyant Naomi Campbell, je me suis demandé pourquoi je cachais et détruisais ainsi mes cheveux. J'ai tout coupé, mais je n'ai rien assumé. J'ai donc mis une perruque. Puis, peu à peu, grâce aux réseaux sociaux et à YouTube, j'ai beaucoup appris sur les cheveux crépus : pourquoi les séances de coiffure étaient si douloureuses, comment les soigner, etc. Après, j'ai lu des livres engagés sur la beauté noire, la beauté africaine, et cela m'a fait réfléchir sur mon être profond, ma soumission à des schémas imposés, dans la vie quotidienne mais aussi au travail.

~ Dans le monde du conseil où j'évolue, on doit avoir une certaine prestance, avec des codes liés à la stature face au client. Quand j'ai décidé de retirer ma perruque, j'ai eu un peu peur. Et un beau matin, j'ai franchi le pas en me présentant au travail avec mes cheveux courts et un petit nœud. Eh bien, personne n'a réagi ! Et là, j'ai réalisé à quel point on s'enferme dans des préjugés en imaginant ce que vont penser les autres. ~

Au Cameroun, c'est encore l'image de la télé qui prédomine : femmes aux cheveux frisés ou avec des tissages. On ne trouve pas un seul salon spécialisé dans le cheveu crépu. C'est fou ! Mes cousines ont pensé que je suivais une mode sans réaliser la profondeur de ma démarche. Avant on me surnommait Kita, personnage d'un vieux dessin animé africain, *Kimboo*, qui avait juste trois cheveux sur la tête. Mais le jour où les miens ont vu les cheveux de Kita pousser et s'épaissir, mes cousines et mes petites sœurs sont toutes passées au naturel.

Pour moi, ça a été une prise de conscience de mon être. Cela m'a fait grandir et j'ai une autre vision de la vie. J'ai aussi appris à me défendre et à m'imposer en tant qu'être humain. Une révélation !

Terrasse, rue du Départ, XVe ~ *Mon cabinet est installé dans ce quartier car c'est le plus gros réseau pour les banques et assurances après la Défense.*

Devant la Grande Halle de la Villette, XIXᵉ ~ *J'aime beaucoup la Villette parce que tout est gratuit, tout est ouvert, il se passe plein de choses. Il y a des concerts gratuits l'été, le cinéma en plein air, le cirque, la Grande Halle. C'est un vrai lieu de culture accessible à tout le monde.*

PENDA DIOUF

Responsable de médiathèque, 33 ans

Je suis née à Dijon et j'y ai grandi. Mon père est du Sénégal et ma mère de Côte d'Ivoire. Je suis arrivée à Paris en 2004 pour faire un master 2 en arts du spectacle, que j'ai obtenu à Paris-III. J'ai travaillé dans plusieurs théâtres en Seine-Saint-Denis, à la MC93, au théâtre de la Commune, au CDN de Montreuil. J'écris aussi des pièces de théâtre dont la première a été lue au Tarmac de la Villette, et je viens de terminer ma septième pièce. Aujourd'hui, je suis responsable d'une médiathèque à Saint-Denis.

Petite, je n'aimais pas trop mes cheveux, synonymes de douleur lorsque ma mère les peignait, cela tirait, et ça faisait mal. Pour être tressée, je devais rester super longtemps assise alors que je préférais aller jouer. À l'âge de 13 ans, ma mère a commencé à me défriser les cheveux, c'est devenu plus simple au niveau du coiffage, mais ma tête ne me convenait pas du tout : je ne me reconnaissais pas dans le miroir. À 19 ans, je suis partie de chez mes parents, un peu en froid avec eux. Mon premier geste a été de me couper les cheveux comme si c'était nécessaire pour retrouver ma personnalité. Quand je n'ai pas mes tresses, je porte l'afro et je me sens plus en harmonie avec moi-même.

Ce choix a été très mal reçu par mon entourage : j'étais négligée, je ne me respectais pas, c'était sale, etc. Un de mes cousins, venant du Sénégal, m'a dit : « Qu'est-ce que tu veux faire avec tes cheveux ? Qu'est-ce que tu contestes ? » Mais ce sont mes cheveux naturels, je ne conteste rien !

Il y a dix ans, dans la rue, c'était l'horreur, les réflexions pouvaient être pénibles. Aujourd'hui ça va beaucoup mieux, j'ai même de nombreux retours positifs. On peut trouver la question des cheveux très superficielle, mais ce n'est pas seulement une démarche esthétique de porter les cheveux crépus, c'est un acte politique.

La mode reste aux cheveux longs, défrisés, symboles de féminité et d'occidentalisme. Les cheveux crépus restent marginaux, même dans les médias. ~ Cela m'a toujours heurtée de constater que quand tu es noire tu es obligée d'aller chez un coiffeur afro et non chez un coiffeur lambda. Dans les écoles de coiffure, on n'apprend pas à coiffer tous les types de cheveux. Tant qu'il ne sera pas intégré dans la société que tous les cheveux ne sont pas raides, on restera à la marge. ~ On est tellement aliénés par l'idée des cheveux longs et lisses qu'on ne se rend même plus compte que notre cheveu naturel est crépu. J'aimerais que cette aliénation disparaisse petit à petit et qu'on se dise oui, on peut porter ses cheveux crépus, juste ça. Après, on fait le choix qu'on veut.

PAMELA DIOP

Productrice, 33 ans

Je suis née à Cannes et j'ai grandi à Nice. Ma mère est française, originaire du Pas-de-Calais, et mon père sénégalais. À 19 ans, j'ai découvert le Sénégal et une partie de ma famille. J'y suis restée après mon BTS de comptabilité et pendant sept ans, j'ai fait de l'import-export d'objets artisanaux. En 2009, je suis revenue à Paris. Ma première expérience d'attachée de presse m'a enchantée puis j'ai organisé quelques événements avant de reprendre mes études en 2014 pour travailler dans l'audiovisuel.

Je suis la seule métisse de ma famille. Enfant, j'avais plutôt un rapport complexé avec mes cheveux. Je les voulais longs, raides et soyeux mais ça n'allait pas comme je voulais. Comme ma mère ne savait pas me coiffer, elle les a coupés court jusqu'à ce qu'elle découvre le défrisage. J'ai fait ça de 12 à 30 ans !

Une fois enceinte de ma fille, j'ai voulu arrêter. Les parents de mon ex-mari étant maliens, j'ai anticipé ses cheveux crépus. Je ne voulais pas lui infliger la spirale du défrisage. Aujourd'hui, avec mon petit garçon, ma démarche a d'autant plus de sens puisque je suis sa référence féminine.

Autour de moi certains se sont interrogés, alors que, selon eux, j'avais « des cheveux super beaux, super longs ». Mais la plupart des personnes noires exprimaient de la fierté. Pour ma famille, du côté Blanc, j'ai l'impression qu'ils m'ont vue comme une sorte de Black Panther. Puis ils se sont habitués et m'ont complimentée.

J'ai plus étudié les cheveux noirs pour ma fille que pour moi-même. Il fallait que j'apprenne à la coiffer. Je me suis entraînée sur une tête d'apprentissage, j'ai fréquenté des ateliers. Sur des sites américains, j'ai vu des petites filles qui avaient des cheveux crépus longs jusqu'aux fesses et hyper beaux ; je me suis dit : « Je veux absolument ça ! » ~ **Au début, quand je suis passée à l'afro, parfois j'étais mal à l'aise car je trouvais ça très voyant. Lors de rendez-vous professionnels où, par exemple, je savais qu'il n'y aurait que des Blancs, j'avais le réflexe de les lisser. Il faut s'habituer à avoir du volume sur sa tête quand on a eu les cheveux plaqués pendant quinze ans !** ~ Mais que d'avantages ! Déjà, on ne craint plus la pluie. À Paris, ça compte… Et je n'ai plus peur des déplacements un peu longs. Avant, je calculais mon défrisage avant le départ pour éviter les repousses. Une véritable logistique, coûteuse en plus. La question n'est pas forcément d'être *nappy* mais de s'accepter telle que l'on est. Je respecte celles qui font d'autres choix car on n'apprend pas forcément à s'occuper de nos propres cheveux.

Square des Batignolles, XVIIᵉ ~ *Quand je me suis installée à Paris, je me baladais comme une vraie touriste et je venais souvent ici, pour flâner, bruncher, surtout le dimanche. C'est un de mes quartiers préférés.*

Salon interdit aux cheveux crépus !

Rokhaya Diallo

En France, le tronc commun des formations de CAP de coiffure n'inclut pas d'apprentissage spécifique aux cheveux très frisés ou crépus dans le cursus des diplômés. Cela n'existe que sous forme d'option facultative. De ce fait, une grande partie de la population ne peut pas être prise en charge dans la plupart des salons de coiffure. Avec ce choix porté par l'Éducation nationale, notre pays, qui n'est pourtant pas ethniquement homogène, nie l'existence et les besoins de la majorité des personnes noires et arabes. Cette absence d'offre correspondant à la nature de leurs cheveux les pousse chez les coiffeurs spécialisés, souvent concentrés dans des quartiers spécifiques. Or, certains des gérants de ces établissements profitent de cette ghettoïsation pour exploiter des travailleuses sans papiers, comme on l'a constaté, en 2014, lors de la mobilisation des coiffeuses africaines du quartier de Château-d'Eau, dans le Xe arrondissement de Paris.

Les professionnels sachant soigner le cheveu crépu et proposer des coiffures à la fois esthétiques et adaptées sont rares, leurs adresses circulent parmi quelques initiés, heureux habitants de la capitale ou de quelques autres grandes villes. Fella Imalhayene, consultante en diversité, déplore une quête souvent difficile : « Je suis tout le temps en galère de coiffeur. Je passe ma vie à sauter dans la rue sur des femmes frisées qui ont de belles coupes pour leur demander qui les coiffe. C'est comme ça que j'ai trouvé mes coiffeurs à Paris. C'est dommage, s'il y en avait plus, je pense que plus de femmes garderaient leurs cheveux naturels. » La plupart des Noirs aux cheveux crépus s'interdisent eux-mêmes, par conditionnement social, de se présenter dans un salon de coiffure traditionnel. Il semble que les rares personnes qui s'imaginent pouvoir y faire l'objet d'un accueil favorable sont celles aux cheveux frisés plutôt que crépus. Pourtant, plusieurs personnes interrogées pour ce livre ont fait état des réelles vexations lors d'un accueil désobligeant.

ORSA DJANADO ~ Étudiante

Une fois, avec une cousine, on est allées dans un salon de coiffure, et dès l'entrée, on nous a refusées. On n'a même pas pu rentrer : « Ah non, non, on ne fait pas vos types de cheveux, désolé vous sortez », devant tout le monde. Ce jour-là, j'ai eu l'impression d'être un monstre.

ZEINA ABIRACHED ~ Auteure & dessinatrice

Il m'est arrivé deux fois d'aller chez le coiffeur à Paris pour changer de tête et de sortir de chez lui bredouille. On m'a dit : « Des cheveux comme ça, je n'ose pas les toucher. » Ils ne sont pas prêts à affronter la bestiole. Des cheveux « comme ça », qu'est-ce que ça veut dire ?

FELLA IMALHAYENE ~ Consultante en diversité

Mon coiffeur habituel, un Réunionnais, est reparti chez lui pour ouvrir son propre salon. Mes cheveux ont énormément poussé, mais pas assez pour que je puisse les attacher. Une phase informe. Un jour, je me suis décidée en catastrophe à aller chez Jean-Claude Biguine. Dès que je suis entrée, j'ai senti de la tension, y compris en moi. Un nouveau coiffeur, c'est toujours une aventure. À la question « Qu'est-ce qu'on vous fait ? » j'ai répondu : « Rafraîchir ma coupe. » J'ai senti un regard ironique du type : « De quelle coupe elle parle ? »
On m'a fait enfiler un peignoir puis je suis restée debout, comprenant que les coiffeuses discutaient pour savoir laquelle allait s'y coller. La manageuse a probablement tranché. La fille désignée avait le visage fermé et s'est mise à toucher mes cheveux en ronchonnant. Puis elle a craqué en disant : « Non, moi je ne peux pas couper ça ! » Je me suis énervée, je me suis levée et j'ai retiré le peignoir. La patronne est venue me dire qu'elles étaient désolées car elles ne connaissaient rien à mon type de cheveu. Je suis partie en colère, pas parce qu'elles ne savaient pas s'occuper de mes cheveux, mais à cause de tout le cinéma qu'elles avaient fait avant. ●

MIREILLE
FANON-MENDÈS FRANCE

Présidente de la fondation Frantz-Fanon, experte du groupe de travail sur les afro-descendants à l'Onu

Je suis née à Cahors, et j'ai grandi entre Lyon et Cour-Cheverny, près de Blois. Ma mère est née en France de parents russes et mon père était martiniquais. J'ai grandi dans un milieu blanc, mon père n'étant plus là. La question de la couleur ne s'est jamais posée jusqu'au jour où, relativement jeune, quelqu'un m'a dit « sale Négresse ».

J'ai été prof de littérature, j'ai travaillé quatre ans à l'Unesco, et j'ai aussi fait de la formation professionnelle à l'Insee. J'ai travaillé dix ans à l'Assemblée nationale, comme collaboratrice parlementaire d'un député du groupe communiste. Je me suis engagée très jeune contre le racisme sans avoir jamais été encartée ni réellement été membre d'une organisation. Assez vite, j'ai travaillé sur la question du droit des peuples à disposer d'eux-mêmes, particulièrement sur la Palestine. On m'a fortement incitée, même forcée, à fonder la fondation Frantz-Fanon[1]. J'étais harcelée par des gens qui juraient que si je laissais la place vide, d'autres s'empareraient de la mémoire de mon père pour faire n'importe quoi. Je me suis mise à lire Fanon, entre les années 2000 et 2005, et j'ai réalisé que des choses nous concernaient encore.

Petite, j'avais trop de cheveux. C'était compliqué de les maîtriser. Mais les Blanches m'enviaient car beaucoup se plaignaient de ne pas avoir assez de cheveux. Curieuse préoccupation à l'heure où, me semble-t-il, la pensée est en berne. Les cheveux signent-ils une libération ? Je ne le crois pas. On peut s'afficher libéré sans l'être. Ce qui me dérange, c'est de voir le cheveu bridé, forcé à entrer dans une case. Michelle Obama, par exemple, avec son carré, est ridicule, elle pourrait être autrement plus belle. Notre société nous impose le diktat de la minceur et des cheveux lisses. On peut lutter contre mais il faut s'interroger sur l'aspiration des femmes africaines ou d'origine africaine à s'y conformer. Cela doit s'associer à un rapport de force qui inverse le paradigme de la domination et de la racialisation.

~ Un mouvement autour de l'estime de soi est important, mais ne suffit pas. Dire « Black is beautiful », OK. Est-ce que ça inverse le rapport de la domination ? Non. Tant qu'on n'aura pas déconstruit ce faux concept de la race, ni la hiérarchisation raciale qui entraîne celle des cultures, on se contentera de poser un cautère sur une jambe de bois. ~

1. Frantz Fanon, psychiatre et essayiste, impliqué dans la lutte en faveur de l'indépendance algérienne, considéré comme un des pères de la pensée tiers-mondiste.

Rue Daguerre, XIVe ~ *J'aime bien la rive gauche, j'y ai presque toujours habité. Tout le monde dit que la rue Daguerre est sympa, c'est vrai mais c'est un peu trop village pour moi. J'aime bien l'anonymat, quand je vivais boulevard du Montparnasse, on ne savait pas qui était du quartier ou non.*

Canal Saint-Martin, XIᵉ ~ *C'était mon quartier pendant plusieurs années,
il représente le début de ma vie d'adulte.*

SANDRA NKAKÉ

Chanteuse, compositrice, auteure & productrice, 41 ans

Je suis née à Yaoundé, au Cameroun, de géniteur camerounais. Ma grand-mère est française, bretonne, blonde aux yeux bleus. Elle était mariée à un danseur camerounais. J'ai été conçue à Paris, ma mère a accouché à Yaoundé mais ensuite, au gré de ses occupations, j'ai navigué entre Cameroun et France, jusqu'à l'âge de 12 ans. Et là, je suis devenue parisienne.

Ma mère, élevée chez les bonnes sœurs, avait un rapport à son corps et à ses cheveux à la fois très intime et un peu ésotérique, ouvert à toutes formes de spiritualité. Quand je vivais au Cameroun avec mes grands-parents, mon grand-père m'a élevée comme sa deuxième fille. Comme il me voulait petite fille modèle, tous les dimanches, mes tantes ou cousines passaient à la maison pour me coiffer. Il n'était pas possible qu'une fille de bonne condition ait les cheveux lâchés, « sauvages », comme une villageoise. Je ne le vivais pas trop mal même si c'était douloureux et ça tirait beaucoup. Ma mère lâchait sa tignasse à la maison mais, au travail, elle portait toujours un chignon très serré. Et nous avons toujours utilisé des produits naturels à la maison.

Elle n'a jamais cédé au défrisage ; je l'ai fait une fois, pour ressembler à une fille de notre famille, une Camerounaise métisse que je trouvais magnifique. Quand, à 13 ans, je suis allée en vacances chez elle, en Suisse, elle m'a proposé un défrisage. D'abord j'ai eu très mal car ça m'a vraiment attaqué le cuir chevelu. Et puis ça m'a vite saoulée. J'avais l'impression de ne pas me reconnaître, quand je touchais mes cheveux, je croyais toucher du plastique. J'avais des frissons et je n'aimais pas. Et au retour, ma mère m'a tellement réprimandée ! Si je lui avais demandé son accord, elle aurait refusé. Elle trouvait ça néfaste pour ma santé et pour le message envoyé vis-à-vis de ma négritude. Plus tard, j'ai compris que pour elle, métisse contestée parfois dans sa propre négritude, le cheveu était une manière de l'affirmer.

Après cette expérience de défrisage, j'ai stoppé. Pour des raisons de santé et aussi parce que c'est très coûteux. Mettre beaucoup d'argent dans un processus chimique qui va m'abîmer, non, ce n'est pas mon truc. Je sais que de nombreuses femmes le font et trouvent ça beau. Je n'ai pas envie non plus de les juger. ~ Mais entendre une petite fille dire que ses cheveux sont moches me fait mal. La normalité est dictée par l'environnement et il n'y pas du tout de parité entre cheveux défrisés et cheveux naturels. Alors, quand on choisit le naturel, on est presque un militant d'extrême gauche ! ~

NATHALY COUALY

Mannequin & comédienne, 48 ans

Je suis née en Guadeloupe où j'ai vécu jusqu'à l'âge de 18 ans. Dans leur jolie villa, mes parents recevaient souvent le couturier Paco Rabanne accompagné de ses mannequins. Elles me fascinaient et j'ai voulu devenir comme elles. Je suis donc allée à Paris pour exercer ce métier. Une première agence m'a embauchée à 19 ans et m'a gardée jusqu'à 30 ans. À l'époque, on voyait quelques filles noires comme Katoucha Niane chez Yves Saint Laurent ou Paco Rabanne. Les métisses n'étaient pas nombreuses non plus et si j'ai beaucoup travaillé pour des magazines de prestige comme *Vogue* ou *Elle*, j'ai eu peu d'opportunités en France. Pendant les défilés, j'étais toujours la dernière coiffée car personne ne voulait s'attaquer à mes cheveux. Il faut dire que dans les années 1980, il y avait peu de produits spécifiques.

Aujourd'hui encore, on perd beaucoup de boulots à cause de nos cheveux. Au début de ma carrière, je portais les cheveux courts pour avoir un look mais avec la maturité, j'ai compris que j'avais opté pour le côté pratique. En fait, je ne savais pas quoi faire de mes cheveux frisés. Je les défrisais parce que je croyais qu'ils seraient plus faciles à coiffer. J'ai arrêté puis repris plusieurs fois de suite. C'était comme une addiction. Mon dernier truc, c'est le lissage brésilien. Puis, là aussi, j'ai laissé tomber pour revenir au naturel.

J'ai rencontré Lionel Parienté, un *hair therapist*, qui travaille sur l'énergie à partir des cheveux. Certains lisent dans les cartes, lui dans les cheveux. Depuis le lissage brésilien, je perdais mes cheveux et je l'ai consulté pour retrouver mon énergie qui était en berne. Il m'a aidée à garder ma frisure : les cheveux raides, c'est rigolo pour les photos, mais mon énergie se trouve dans mes cheveux frisés. Comme toutes les femmes de ma famille, ma mère portait des coiffures lisses. ~ **Quand j'arrivais avec ma chevelure longue et frisée, ma grand-mère râlait un peu : « Nathaly, tu pourrais quand même te coiffer ! » Ce type de cheveu est très connoté exotique. On devine même que certains hommes le fantasment en relation avec la sexualité.** ~

Aujourd'hui, en tant que comédienne, si je veux conserver mes cheveux frisés, je perds sans doute pas mal de rôles dans le cinéma. Mais je ne veux pas céder à cette injonction. Je vois beaucoup de femmes noires qui ont des fronts de 4 mètres de haut parce qu'elles ont perdu leurs cheveux, et ça me met en colère.

Le mouvement *nappy* est super intéressant mais il faut que cela relève d'une démarche personnelle, sinon ça reste superficiel. Être naturel, c'est être soi. Sinon, c'est un effet de mode et la mode est éphémère.

Musée du Louvre, Ier ~ *J'aime ce quartier parce qu'il y a « la mer ». C'est important la mer, mais l'horizon me manque. Je trouve qu'on passe trop souvent à côté de la beauté de Paris. On ne s'en rend plus compte à cause du bruit, des odeurs, de la mauvaise humeur, de l'agressivité et du manque de générosité.*

Rue du Faubourg-Saint-Antoine, XIe ~ *Dans le quartier où il a installé sa société de production.*

MOULOUD ACHOUR

Animateur de télévision, 35 ans

Je suis né à Montreuil et j'ai grandi à Noisy-le-Sec. Mon père est né en Algérie et ma mère en France. Vers 15-16 ans, j'ai commencé à militer au Mouvement de l'immigration et des banlieues (MIB). Cela m'a fait rencontrer des gens assez exceptionnels qui m'ont branché sur la politique, l'antiracisme, dont certains appartenaient au milieu hip-hop et avaient pris part à un disque qui s'appelait « Les 11'30 contre les lois racistes ». Un autre monde s'est ouvert à moi et, de fil en aiguille, je me suis retrouvé embarqué dans une émission sur Fréquence Paris Plurielle, qui abritait environ une centaine d'associations communautaires. J'animais une émission qui s'appelait *Conscious Time* et devait intéresser les rappeurs à la politique. Ensuite, j'ai très vite décroché de l'école, où je m'ennuyais. J'ai écrit dans la presse rap avant de monter mon propre label de musique, qui touchait à la scène hip-hop alternative. J'ai fait ma première *mixtape* avec les moyens du bord et 1 000 euros donnés par ma mère. Plein d'artistes ont fait leur chemin depuis : Assassin, Fabe, Sheryo, Nakk, TTC, Casey, La Caution... Ensuite on a monté le collectif Kourtrajmé, avec Romain Gavras, Kim Chapiron, Ladj Ly, Toumani Sangaré et tous les satellites comme JR et compagnie. Je me suis retrouvé un peu par hasard sur MTV après qu'on a envoyé une cassette, avec China, pour déconner. Ensuite j'ai enchaîné sur Canal, *La Matinale* – pour parler de politique – et six ans au *Grand Journal*. Avec ma boîte de production (Première Fois Productions), on a créé l'émission *Clique* et, avec Canal, une émission en ligne qui s'appelle *Clique.tv*.

Quand j'étais petit, le coiffeur ça m'emmerdait. Dans la cité, il n'y en avait pas, donc avec mon père, il fallait marcher et c'était galère. Après, ado, dans les années 1990, on avait la mono coupe. T'allais à Goncourt et pour 20 francs, on te faisait un dégradé, tondeuse... C'était comme ça, il n'y avait même pas de questions à se poser. On avait tous le même survêt et la même coupe. Un peu comme un uniforme de l'armée... alors qu'on pensait que c'était cool. Ensuite il y a eu une dérive hip-hop où j'ai eu le crâne rasé. Là, j'étais très moche. ●●●

●●● Plus tard encore, pour plaire aux meufs, il fallait faire le bouc de K-Mel d'Alliance Ethnik. Après, j'ai refait un peu pousser mes cheveux, donc c'était reparti en coupe unie. Quand je suis allé à New York, où je suis tombé sur des coiffeurs afro qui la faisaient vraiment bien cette coupe, avec de belles démarcations, bien rasé. C'était chic. Vers l'âge de 22 ans, j'ai commencé à beaucoup sortir et là j'ai laissé pousser... Voilà, je quittais l'uniforme, quoi.

C'est simple, dans mon rapport à mon prénom, à mes cheveux, à des tas de choses... je ne me suis jamais posé de questions. Même, « j'en ai rien à foutre de vous ». ~ **Et quand tu ne te poses jamais la question, ben finalement elle n'existe pas dans le regard des gens. Quand tu ne laisses pas de place au doute, tu es toi-même et ça passe.** ~ C'est quelque chose de l'ordre de l'affirmation, de l'arrogance... C'est même pas un débat. Je suis là et toi, qu'est-ce que tu veux ?

Le retour du cheveu naturel... c'est plus mes copines renoi qui m'en parlent. C'est plus un sujet pour elles ou les meufs rebeu que pour les mecs. Mais je pense vraiment que les Rihanna, les Beyoncé, elles ne font pas un bien de dingue. Parce que c'est OK si tu peux te payer le sac Chanel, tu peux avoir la coupe qui va avec, mais si ton sac Chanel est un faux et que ta coupe c'est une fausse... tu vas te niquer le cuir chevelu. Ces nanas-là ont des coiffeurs et des produits hyper chers. Si le luxe c'est d'avoir les cheveux lisses, on n'est pas dans la m... Le luxe, c'est l'exception en réalité. Si on explique aux gens que l'exception c'est d'être soi-même, on est beaucoup plus chic que Beyoncé.

Attention, cheveux frisés : ne pas toucher !

Rokhaya Diallo

Les corps non blancs et le corps noir en particulier sont depuis longtemps sources de fascination. Contraints sous la torture de l'esclavage, exhibés lors des expositions coloniales, les « zoos humains », et mis en scène de manière exotique lors des « revues nègres » de Joséphine Baker dans les années 1920, ou même aujourd'hui encore dans la publicité, les corps de ces « autres » intriguent fortement. Symboles de cette altérité supposée, les cheveux crépus et frisés que portent nombre d'afro-descendants font l'objet parfois d'une curiosité déplacée, aux limites de l'atteinte à l'intégrité physique. Leur volume, leur texture interrogent et trop souvent des curieux font preuve d'un incroyable sans-gêne en s'autorisant à les toucher. Ainsi, plusieurs des sujets de portraits de ce livre ont senti des mains inconnues plonger dans leur chevelure sans y être invité. Comme si le continuum historique devait toujours livrer leurs corps aux regards et à la disposition d'un public avide d'exotisme.

FATIMA AÏT BOUNOUA ~ Professeure de lettres

Souvent, des inconnus veulent toucher mes cheveux ou les commentent dans le métro. Je trouve ce genre de liberté étrange et gênante. On me demande « Je peux toucher ? » avec la main déjà bien enfoncée dans ma chevelure. On ne demanderait pas à toucher ma poitrine ou mes joues sous prétexte qu'elles ont l'air douces. C'est comme toucher le ventre d'une femme enceinte sans lui demander. C'est le corps de l'autre, il y a quand même une barrière.

FANIA NOËL ~ Activiste sur les questions de race, sexe & classes

Quand j'étais enfant, j'aimais bien mes cheveux. C'est en CE2 que les problèmes ont commencé. Les instituteurs adoraient demander aux autres élèves de toucher mes cheveux. Étant la seule Noire durant toute ma scolarité, j'étais source d'un intérêt assez malsain, une source d'exotisme. C'était très invasif.

Il y a deux mois j'ai giflé quelqu'un dans le métro : un inconnu qui avait mis sa main dans mes cheveux. J'ai à peu près 6 euros de produit par cm^2 sur ma tête, ses mains étaient dégueulasses comme de la guimauve... Je ne suis pas maniaque mais je n'aime pas que des inconnus me touchent.

IMANI GRIFFON ~ Lycéenne

Le seul truc que je trouve un peu énervant quand on a des cheveux afro, c'est qu'on peut devenir une espèce de bête de foire. Les gens trouvent ça cool mais commentent et font des comparaisons de type : « On dirait un coussin. » Dès que j'arrive quelque part, on me touche les cheveux. Ça arrive presque tous les jours. C'est gentil quand c'est léger, mais c'est vrai que quand ça arrive tout le temps, ça devient un peu répétitif.

INNA MODJA ~ Chanteuse

Les gens touchent souvent mes cheveux en disant : « Oh, je peux toucher ? » Il m'est arrivé de sentir un truc, et de me retourner pour voir quelqu'un avec sa main dans mes cheveux. Des Blancs comme des Noirs. Des filles me disent : « Il est beau ton tissage » – alors que ce sont mes cheveux – et mettent leurs mains directement dedans pour vérifier. Il m'arrive, à la fin de concerts, que des fans demandent à toucher mes cheveux : non, je ne suis pas un caniche ! Un jour, à l'aéroport, de retour d'un concert en Russie, la femme en charge de la sécurité m'a mise de côté pour mettre sa main dans mes cheveux. Elle m'a dit : « Vous avez trop de boucles, il faut que l'on vérifie. »

ORSA DJANADO ~ Étudiante

Quand j'étais petite, on me demandait beaucoup : « Je peux toucher ? C'est bizarre, c'est trop marrant. » Au début tu t'en fiches mais quand ça arrive tout le temps, de tout le monde, connu ou non, c'est lourd. Même dans le métro parfois ça m'arrive. On a même demandé à me prendre en photo ! J'ai l'impression d'être un animal rare, c'est un peu pesant.

CYNTHIA TOCNY ~ Chef de projet informatique bancaire

Au boulot, quelqu'un m'a dit : « Ah, mais c'est doux, on dirait du coton. » Quand il a vu ma réaction, il a vite arrêté.

SAMIRA CADASSE ~ Consultante

Les gens passent leur temps à me tripoter les cheveux, c'est désagréable à la fin. On me demande comment je fais pour les avoir comme ça. Je leur demande d'éviter de me toucher la tête, parce que moi je ne leur caresse pas les cheveux.

JAMAL BOUTAYEB ~ Doctorant

Il y a le classique « Est-ce que je peux toucher ? », qu'on connaît tous, ou le « Ils sont jolis tes cheveux, tu viens d'où ? », qui ont tendance à me mettre un peu en colère. C'est toujours un peu bizarre : tu es à un concert ou à un festival et une personne derrière toi commence à te toucher les cheveux. Eh bien non, mes cheveux ne sont pas ta propriété, garde tes mains dans ta poche !

FELLA IMALHAYENE ~ Consultante en diversité

Les remarques tournent un peu autour de l'exotisme : « J'adore tes cheveux, c'est magnifique d'avoir les cheveux comme ça, je peux les toucher ? » Je dis toujours que c'est une zone érogène et que ça ne se touche pas.

JULIETTE FIEVET ~ Journaliste & animatrice

Récemment, dans la rue, un homme d'une cinquantaine d'années est passé à côté de moi, m'a regardée en me disant : « Mmmh... une beauté sauvage ! Sauvageonne avec ses cheveux et tout... » Tu vois immédiatement ce que le mec s'est imaginé.

HALIMA GUERROUMI ~ Professeure de communication visuelle

Je me souviendrai toujours de ce jour où, à 17 ans, le prof d'arts plastiques nous avait emmenés à une expo au musée d'Orsay pour faire des croquis. Deux touristes se sont mis derrière moi pour me toucher le bas des cheveux. Je leur ai demandé ce qu'ils faisaient et ils m'ont répondu : « C'est incroyable, ils sont magnifiques ! » Ils étaient devant un super tableau et c'est moi qu'ils regardaient !

AMELLE CHAHBI ~ Actrice & réalisatrice

Dès qu'on a un peu de masse, les gens touchent les cheveux. C'est déstabilisant parce qu'on entre dans ton espace vital. J'ai vu récemment lors d'un mariage un mec toucher les cheveux d'une de mes amies, une renoi avec une super afro. J'ai trouvé ça hyper déplacé.

LAWA FAUQUET ~ Comédienne

On me dit que mes cheveux sont beaux, on aimerait bien les toucher. Certains me demandent et d'autres touchent sans demander. C'est un fantasme pour beaucoup de mecs, qui se disent que ça doit être doux, et ils ont raison.

CASEY ~ Rappeuse

Quand j'avais 6 piges, dans ma classe, il n'y avait que des Blancs. Ils voulaient toujours me toucher les cheveux. Je négociais : je demandais des Dragibus contre le droit de me toucher les cheveux. Ils étaient intrigués : « Qu'est-ce que c'est ? De la mousse, une éponge Spontex ? » Je n'ai jamais pensé toucher les cheveux des babtou[1] : « Fais voir un peu tes cheveux ? Ils m'ont l'air légers et filasseux en même temps ! », ça ne m'est jamais venu à l'esprit. On est l'autre, la personne à analyser. Ce sont des expériences qui te construisent. Oui, je suis aussi construite par le regard des Blancs. Il y a du fantasme sur le corps du renoi parce que ça a bossé longtemps et gratuitement. Bon, j'avais 6 ans, ça n'arrivera plus, je peux me payer des Dragibus maintenant.

1. Verlan de « toubab » qui signifie « blanc » en wolof (langue de l'Afrique de l'Ouest).

SANDRA SAINTE-ROSE FANCHINE
~ Danseuse, chorégraphe & graphiste

Je suis frappée par la désinvolture ou la liberté que prennent les personnes blanches vis-à-vis du fait de te toucher les cheveux sans te demander la permission, comme si tu étais un petit caniche ou comme si tu devais être content qu'on te touche les cheveux. Des femmes blanches, me voyant dans un bar avec ma coupe afro, mettaient directement leurs mains dans mes cheveux, sans me consulter, sans me saluer. Elles y mettaient profondément leurs doigts en poussant des cris d'exclamation.

FABRICE TARAUD
~ Danseur, pédagogue, coach artistique & chorégraphe

Comme je ne suis pas très grand, les gens se sentent d'autant plus enclins à venir toucher mes cheveux sans autorisation, ou en me demandant tout en ayant déjà leurs mains dans mes cheveux. Ça se passe partout, dans la rue, ou ailleurs avec des gens que je ne connais pas ou dont je fais la connaissance. Quand je dis : « Non, il ne faut pas toucher ! », on me demande pourquoi. Parce que c'est mon corps, tout bêtement ! Ils ne comprennent pas, ils sont presque vexés.

BOLEWA SABOURIN
~ Auto-entrepreneur & danseur traditionnel congolais

Ça arrive de la part de gens pendant que je leur parle ; parfois, en soirée, je sens une main qui me gratte la tête. Les femmes souhaitent toujours toucher, je suis obligé de leur dire que je ne demande pas à toucher leurs seins. C'est leur propriété. Mes cheveux, c'est intime. Parfois, on a des envies de réaction violente. C'est insupportable. Si tu peux le mettre en gras dans ton livre quelque part : **ne touchez pas les cheveux des gens que vous ne connaissez pas !**

PENDA DIOUF ~ Responsable de médiathèque

Souvent les gens sont intrigués par le cheveu crépu, ils ne comprennent pas comment ça tient et ils veulent absolument toucher. Et même des copines : « Ah, je peux toucher ? » Eh bien non, désolée, on ne touche pas mes cheveux. C'est très désagréable, c'est une vraie agression.

AMANDINE GAY ~ Comédienne, scénariste & réalisatrice

Le truc le plus marquant, c'est qu'on te touche les cheveux sans te demander. Dans la rue, n'importe où, surtout quand tu ne t'y attends pas. C'est hyper intrusif, ce sont les chiens qu'on touche comme ça. C'est un réflexe colonial. Les femmes noires sont à disposition et il y a une sorte de fantasme sexuel... Je veux bien que les gens soient curieux, mais ils pourraient demander. Et pour-

8 mars 2015 ~ *Marche du* Collectif 8 Mars pour ToutES ! *invitant toutes les femmes à y participer, qu'elles soient voilées, afro-féministes, travailleuses du sexe, transgenres, entre autres.*

quoi vouloir toucher ? Ça me rend dingue. J'ai grandi à la campagne, on m'a déjà demandé de montrer le creux de mes mains – blanc – ou mes gencives... C'est le marché aux esclaves, ce n'est pas possible de ne pas voir de lien. Il faut qu'on te « checke », que l'on voie, ce qui est différent, parce que bien sûr c'est toi qui es différente, pas les Blancs, question de point de vue.

Quels que soient l'âge et le lieu de résidence, les mêmes témoignages se font écho. Ainsi, soumis à ces palpations capillaires incongrues, la plupart des témoins se sentent dépossédés d'une partie de leur corps. L'actualité hollywoodienne rapporte un même agacement. En juin 2015, alors qu'elle prenait tranquillement un thé au Ritz, l'actrice Teyonah Parris, de la série *Mad Men*, a vu un vieil homme s'approcher d'elle pour toucher ses cheveux. Elle s'en est plainte sur Twitter, expliquant combien elle s'était sentie « objectivée » et « fétichisée ». Quelques jours plus tard, la réalisatrice Ava DuVernay, auteure du film *Selma*, a raté son train parce qu'elle s'est vue contrainte de remettre à sa place un homme ne comprenant pas l'indécence de son désir de toucher ses dreadlocks. Durant l'été 2013, la blogueuse Antonia Opiah a conçu un événement baptisé « You Can Touch My Hair » (« Vous pouvez toucher mes cheveux »). Il s'agissait d'une exposition au cours de laquelle des femmes noires autorisaient les passants à toucher leur chevelure. Une provocation destinée à « explorer la fascination tactile pour les cheveux des Noirs ». L'occasion d'engager une conversation au sujet du profond malaise suscité par ces mains baladeuses. ●

La boutique Guerlain (dont elle est ambassadrice), avenue des Champs-Élysées, VIIIe

« Guerlain, pour moi, c'est le summum de l'élégance, du raffinement. » Sur la polémique
intervenue en 2010 à la suite des propos de Jean-Paul Guerlain[1], elle dit : *« Ce qui est intéressant
c'est ce qu'on fait aujourd'hui et ce qu'on va faire demain. Un proverbe burundais dit que s'il y a
un mangeur de chien dans la famille, on prétend que tout le monde mange du chien. »*

PRINCESSE ESTHER KAMATARI

Mannequin

Je suis née au Burundi, où j'ai grandi. Mon futur s'est dessiné lorsque j'avais 13 ans : mon père, l'unique frère du dernier roi du Burundi, Mwambutsa IV, a été assassiné. Quelques années plus tard, j'ai acheté un billet d'avion pour la France grâce aux économies réalisées sur ma bourse d'étudiante. Je suis devenue le premier mannequin noir de France par hasard, c'était en 1973.

J'ai toujours eu les cheveux courts et naturels. Je déteste entendre parler de cheveux « crépus ». Ce mot a une connotation de « farfouillis », de sale, c'est une terminologie qui a été inventée pour dénigrer. Quand j'étais petite, les femmes repassaient le bord de leurs cheveux avec un fer, ou avec les braises. Et tous les dimanches, quand on allait à la messe, on remarquait les traces de brûlure sur quelques fronts. ~ Un jour, au Cameroun, un coiffeur m'a proposé un défrisage. J'étais magnifique. Sauf qu'il a utilisé un produit nigérien frelaté. J'ai eu un œdème, et mes cheveux sont partis par plaques. Je me suis dit : « Ce n'est pas possible, je ne vais pas mourir à cause d'un défrisage ! » J'ai décidé que je mourrais d'autre chose. ~

Dans la mode, je me suis imposée avec cette tête aux cheveux frisés courts, je n'ai jamais demandé de permission et n'ai donné à personne la possibilité de me dire non. Lors d'un défilé en 1975, je devais tenir le voile du mannequin qui portait la robe de mariée. Elle s'est retournée en me disant : « Ne me touche pas, sale Négresse. » Mon sang n'a fait qu'un tour. Je l'ai giflée, avec une force, une rage... en y pensant, j'ai encore la sensation sur ma main. Je lui ai dit : « Négresse oui, mais sale non ! » J'ai été virée dans l'heure. Personne n'a bronché. Personne.

Mon rôle c'est la transmission. Je veux éviter aux jeunes femmes noires de perdre leur temps, grâce à mes acquis, mon expérience. Je voudrais leur éviter de ramer, pour qu'elles aillent plus vite et plus loin. C'est ma responsabilité. Beaucoup de jeunes femmes procèdent à des tissages avec des cheveux synthétiques fabriqués à base de goudron... ce goudron fabriqué avec du pétrole sur lequel on marche ! ~ La femme noire aujourd'hui ne s'assume pas, ne s'aime pas. Elle veut ressembler à une Blanche en pensant qu'elle sera acceptée dans la société parce qu'elle a les cheveux raides. Elle se plante. Tant qu'elle ne s'acceptera pas, elle n'y parviendra pas. ~

1. Le 15 octobre 2010, au cours du journal télévisé, Jean-Paul Guerlain déclare, sur France 2 : « Pour une fois, je me suis mis à travailler comme un Nègre. Je ne sais pas si les Nègres ont toujours tellement travaillé, mais enfin... » Il a été condamné à une amende de 6 000 euros pour injure raciale.

ROKHAYA DIALLO

Journaliste, réalisatrice & auteure, 36 ans

Je suis née à Paris, dans le IVe arrondissement, puis j'ai grandi dans le XIXe et à La Courneuve, dans le 93. Mes parents viennent du Sénégal. J'ai étudié le droit à Paris-XIII Villetaneuse. Le passage à Paris-II Assas a été un choc social et racial. Pour la première fois de ma vie, je me sentais regardée comme une étrangère potentielle. En 2005, j'ai été choquée par le traitement médiatique des révoltes des banlieues, je me suis sentie personnellement injuriée. Alors que je travaillais dans le domaine des dessins animés, j'ai fondé une association antiraciste, Les Indivisibles. Après avoir été repérée sur un plateau de Canal+, je suis devenue journaliste.

Petite, j'ai énormément souffert de mes cheveux. Ma mère me faisait souvent de petites tresses plaquées. Comme ils étaient très fournis et particulièrement longs, c'était douloureux, horrible. Je pleurais dès que le peigne approchait mon crâne. J'ai eu mon premier défrisage à l'école primaire, j'étais super contente, la veille j'ai dit à ma meilleure copine, Audrey : « Demain j'aurai les cheveux comme toi ! » Et j'ai continué jusqu'à la fac, sans aucune réelle réflexion sur la question. Pourtant j'en ai subi : cuir chevelu brûlé, perte de cheveux... Mais ça me semblait normal, inhérent à cette nature capillaire. La plupart du temps je portais des tresses, c'était pratique. J'ai arrêté tout ça au début des années 2000. Je ne supportais plus de devoir surveiller les repousses au millimètre. J'ai voulu me libérer de ce véritable engrenage.

En fait, j'ai découvert tardivement ces cheveux dont je méconnaissais la texture. Récemment, une coiffeuse, Nicole Pembrook, les a pris en main et m'a proposé de les teindre. Il m'aura fallu attendre 35 ans pour rencontrer une professionnelle capable de traiter mes cheveux. Travaillant dans le milieu culturel, j'ai eu le luxe de disposer de ma liberté capillaire. Au Sénégal, ma famille n'aime pas ma coiffure. On m'interroge : pourquoi je ne les laisse pas pousser, ou pourquoi je ne fais plus de tresses ? Quand on est noire avec la pseudo-chance d'avoir des cheveux longs, choisir de les couper relève du sacrilège.

~ Lors de mes premières apparitions publiques, des téléspectateurs m'ont dit avoir été agréablement surpris de voir à la télé une Noire « naturelle ». Au départ, il n'y avait rien de militant dans mon choix, ça l'est devenu de fait. À la télé, on accepte qu'une Noire ait les cheveux crépus dans des divertissements ou si elle est artiste, ou éventuellement mannequin, mais dans le journalisme, métier perçu comme sérieux, le crépu demeure rare. C'est pourquoi il est si important pour moi de me présenter publiquement ainsi. ~

Parvis de Notre-Dame, IVᵉ ~ *C'est ici que tout a commencé pour moi, je suis née juste en face, à l'Hôtel-Dieu. Quand on me demande de quelle île je viens, j'aime bien répondre « de l'île de la Cité ».*

Gymnase Émile-Antoine, XVᵉ ~ *C'est dans ce gymnase qu'on m'a donné ma chance pour jouer au basket et commencer officiellement la compétition. Il est au pied de la tour Eiffel, qui a une histoire comparable au handicap : tout le monde la trouvait très moche, et à force de technologie, elle a été maintenue pour devenir la principale attraction du pays. Cela dit combien les codes de beauté ne sont pas des vérités éternelles.*

RYADH SALLEM

Consultant & sportif de haut niveau, 45 ans

Je suis né à Monastir, en Tunisie, avec un handicap lié à un accident pré-natal. À cause de cela, mes parents sont venus en France, quand j'avais 1 an et demi. Ils se sont installés à Vitry-sur-Seine. J'ai passé vingt ans de ma vie dans des centres et des hôpitaux de la banlieue parisienne. J'étais fan de basket mais je n'aimais pas la compétition. Dès que je voyais rebondir une balle orange, je devenais fou. On m'a expliqué que pour faire du basket, il fallait avoir des mains, alors j'ai fait de la natation. J'ai fait de la compétition dans l'équipe de France de natation. En 1987, le Cercle sportif des Invalides m'a proposé d'intégrer l'équipe de basket de Paris et c'est là que tout a commencé. En 1992, j'ai fait mes premiers pas en équipe de France ; j'y ai passé dix-huit ans. Et je suis aujourd'hui sportif de haut niveau, dans l'équipe de rugby de Paris.

Je dirige deux associations. La première, Cap SAAA – qui fête ses 20 ans –gère l'équipe de basket en fauteuil de Paris – un des plus gros clubs de France – et l'équipe de rugby de la région Île-de-France. On intervient beaucoup dans les écoles, les entreprises et les prisons pour sensibiliser au handicap. L'autre association, CQFD, organise tous les ans le Défestival, grand rendez-vous de la diversité et de la mixité, avec un fort accent mis sur le handicap. Notre slogan : « Venez avec vos différences et repartez avec vos ressemblances. » Au niveau professionnel, je suis consultant et président d'une société de pro-duction audiovisuelle.

J'avais 16 ans, j'allais au mariage de mon oncle en Tunisie... Un de mes oncles, branché mode, m'a embarqué chez le coiffeur où on m'a fait une coupe à la GI Joe, bien rasée sur les côtés avec la petite houppette. Mon père, com-muniste, n'a pas du tout supporté. En France, cette coupe de cheveux avait une connotation très négative à cause des skinheads. Il m'a embrouillé. Je lui ai dit : « Je ne me couperai plus jamais les cheveux, comme Bob Marley. ». Et il m'a répondu : « Je préfère ça. »

~ À un moment donné, j'ai eu la coupe des Jackson Five, et je suis passé aux locks juste en séparant mes cheveux. C'est la légende de Sam-son, tu as ta force dans tes cheveux. ~ Maintenant, ça fait partie de ma personnalité. Le message, c'est accepter la différence de chacun. Je porte mon histoire sur mes cheveux, qui renvoient à mon identité. ●●●

●●● À 16 ans, je commençais à me demander qui j'étais. Les gens nous définissent par rapport à nos origines, mais rarement par rapport à ce qu'on est ou ce qu'on veut devenir. On représente quelque chose physiquement. D'ailleurs, au début, j'ai eu du mal à trouver un club de basket parce que, physiquement, je ne correspondais pas à la logique de ce sport. L'image que l'on a de soi ne fait pas forcément écho à ce qu'attendent les autres. Quand tu as des locks, dans la rue, c'est tout de suite « T'as pas des feuilles ? », alors que je ne fume même pas de cigarettes. Je ne comprends pas que dans un pays comme le nôtre on soit obligé de se censurer pour ressembler à autre chose que ce qu'on est.

~ Porter mes cheveux comme ça, j'appelle ça de la résistance passive. Quand je vois le nombre de gens qui souffrent dans ce pays parce qu'ils sont ligotés par des codes, ça m'attriste. Tu es ce que tu es et tu trouveras toujours quelqu'un pour t'aimer pour ce que tu es. ~ Le mouvement *nappy*, je trouve ça bien mais est-ce qu'il y a vraiment besoin d'un mouvement ? Je n'aime pas spécialement les dogmes. Si tu veux te défriser les cheveux, tu te défrises les cheveux, avec les conséquences que ça entraîne sur l'environnement et sur l'image. Quand les gens seront eux-mêmes, avec leurs cheveux bouclés ou crépus, ils n'auront plus forcément envie de se mettre des produits chimiques sur la tête.

Salons pour cheveux naturels

Depuis 2005, année de la création du salon historique Boucles d'ébène par les sœurs Aline et Marina Tacite, plusieurs salons consacrés aux cheveux naturels ont vu le jour en France. Ces salons, dont le succès ne se dément pas, année après année, réunissent un vaste public autour de plusieurs stands, ateliers et conférences animés par des blogueuses, youtubeuses ou coiffeurs de renom.

En 2015, la 5ᵉ édition de la Natural Hair Academy (NHA), créée en 2012, a remporté un grand succès auprès du public en attirant 1 200 participants. D'autres rassemblements plus modestes, comme les Rencontres Nappy de France, réunissent tout de même un public important, ainsi lors de leur 3ᵉ édition à Saint-Ouen en septembre 2014.

Rue des Épinettes, XVIIe ~ *J'ai grandi à Paris XVIIe, dans le quartier des Épinettes, à côté des stations de métro Porte-de-Saint-Ouen et Guy-Môquet. C'est un très bon quartier, très vivant, très convivial. C'est populaire et cosmopolite, c'est ce que j'apprécie.*

NAJIB MADJOUB

Médiateur jeunesse, 32 ans

Je suis né à Paris XVIIe, et j'y ai grandi. Mes parents viennent de Tunisie mais j'ai aussi des racines libyennes. Je n'étais pas un grand fan des études, donc j'ai fait un CAP vente et relation clientèle. Par la suite, j'ai fait des petits boulots en intérim, dans le magasinage, dans des usines. Après ce parcours-là, j'ai pu bénéficier d'un projet avec une mission locale et j'ai découvert l'humanitaire. Maintenant, je suis passionné par tout ce qui est entraide en local et à l'international. Globalement, j'apprécie beaucoup de travailler dans le social. Je l'ai fait notamment à Sarcelles et à Saint-Denis. Je suis aussi responsable d'une structure associative basée dans le XVIIe.

Quand j'étais petit, mes cheveux c'était les Jackson Five. À la télé, j'admirais la communauté afro-américaine... j'ai toujours voulu avoir des cheveux comme ça. J'aimais bien ce style. ~ **J'ai des cheveux donc j'en profite. Autour de moi les hommes ont des calvities, donc je me réjouis d'en avoir encore. Un jour, un pote qui se mariait m'a demandé de me défriser les cheveux pour la cérémonie. Je l'ai fait, mais franchement c'était pas pour moi. Mes cheveux s'envolaient au premier coup de vent.** ~ Maintenant, j'utilise des produits africains, comme le beurre de karité que j'achète dans les quartiers populaires, à Château-d'Eau. Mon frère me taquine un peu, il me dit que j'ai les cheveux comme un mouton. On me fait souvent des remarques : sur le côté rasta, ou alors on me prend pour un fumeur de ganja... Lors des entretiens d'embauche, on me demande parfois si je pourrais envisager de couper mes cheveux. Pour l'instant je dis non, mais si c'est un boulot où on me donne 7 000 euros par mois, je serai peut-être amené à réfléchir. Certaines personnes veulent en imiter d'autres. C'est dommage. Le retour au naturel c'est bien, ça met en valeur la personnalité. Tout le monde ne cherche pas forcément à ressembler à une personne aux cheveux lisses.

AFRO ! ~

253

SOPHIE ELIZÉON

Déléguée interministérielle pour l'égalité des chances des Français d'outre-mer, 44 ans

Je suis née à Paris dans le XVIIe, puis j'ai grandi dans les Yvelines, à Plaisir, jusqu'à l'âge de 14 ans. Mon père étant réunionnais, je suis partie vivre dans l'île, où j'ai passé toute mon adolescence jusqu'au bac. Ensuite, j'ai navigué en métropole. Études supérieures à Toulouse puis à Pau, en école de commerce. Puis, onze ans encore à La Réunion et retour dans l'Hexagone pour faire, à Lyon, un master de sociologie appliquée au développement local. J'ai encore pas mal bougé. Gap, puis Limoges, où j'ai fait du développement économique en milieu rural. Puis retour à La Réunion pour un poste de déléguée régionale aux droits des femmes et à l'égalité entre les femmes et les hommes. Et en octobre 2012, installation à Paris pour assurer la délégation interministérielle.

Petite, je demandais à ma mère qui, en bonne métropolitaine, a des cheveux raides : « Pourquoi, quand j'étais dans ton ventre, tu m'as mis des bigoudis ? » J'aurais voulu avoir les mêmes cheveux qu'elle, d'autant que mon père, qui les a très crépus, les portait très courts. Pendant longtemps, moi aussi je les ai eus courts car maman ne s'en sortait pas. Et mon père passait régulièrement ses ciseaux dedans ! Moi qui me rêvais en princesse aux cheveux longs... Mais je n'ai jamais eu d'intervention chimique ; pas par acte politique, mais pour les protéger.

Il y a deux ou trois ans, une amie a organisé une fête costumée. Il fallait se choisir un personnage nous ayant marqué au cours des quarante dernières années. Alors, je me suis fait une coupe afro à la Angela Davis et, depuis, je l'ai gardée. Au départ, il n'y avait pas de démarche politique de ma part puis, au fil du temps, j'en ai fait ma marque de fabrique. Être pareille tout en étant différente.

~ Dans le cadre de mes fonctions, je me suis rendue aux États-Unis, où j'ai rencontré des Noires américaines aux cheveux lissés ou, au mieux, avec des tresses pour les plus revendicatrices. Pour elles, là-bas, une coiffure comme la mienne était inconcevable chez quelqu'un au même niveau de responsabilités. Depuis ce déplacement, je vois les choses différemment, au-delà de la simple marque de fabrique. ~

Dans le mouvement *nappy*, j'ai lu des choses très agressives à l'égard de ceux qui n'osent pas franchir le pas. C'est contre-productif mais compréhensible. Le choc est tellement grand quand on réalise à quel point on était prisonniers d'images stéréotypées et de carcans imposés par le monde extérieur. La réaction peut être violente, mais je crois ce mouvement *nappy* nécessaire.

Dans les jardins de l'hôtel de Montmorin, où se situe le ministère des outre-mer, VIIᵉ

Rue de Julienne, XIIIe (graphisme de Seth) ~ *Quand on arrive ici, on voit de suite que c'est très diversifié. Ça me ressemble, ça me rappelle mon histoire et ma vie avec mes enfants.*

SHIRLEY BORNE

Youtubeuse, 23 ans

Je suis née à Pontoise, dans le Val-d'Oise, et j'ai grandi à Cergy, avant d'aller à Sannois, dans le 95 aussi. Mon père est martiniquais, ma mère est bretonne. Son père était médecin dans la marine et ils ont passé deux ans en Martinique. C'est là qu'elle a rencontré mon père, et ils sont revenus à Cergy chez ma grand-mère paternelle. Sur le plan scolaire, ça a toujours été très compliqué. J'ai essayé tant bien que mal de tenir jusqu'au bac mais je n'ai pas réussi. Je suis tombée enceinte à 17 ans et j'ai lâché. Je suis allée travailler aux puces de Clignancourt, et ensuite j'ai eu envie de reprendre l'école. Depuis, j'ai eu un deuxième garçon, qui a 1 ans. Aujourd'hui, je compte reprendre mes études.

Dans ma famille, j'ai vraiment le côté très breton : ils sont indépendants, ils se sentent à part, un peu comme les Corses. Le côté antillais, c'est très tradi-tionnel, ils sont très chrétiens, alors que ma mère est complètement athée. Mon compagnon est aussi métissé, d'une famille de Thaïlandais et de Malgaches.

~ Quand j'étais enfant, je pensais que de beaux cheveux étaient des cheveux fins et longs. Ma mère a toujours eu des cheveux très longs, blonds, jusqu'aux reins. Elle me raconte souvent que je pleurais en lui disant que je voulais des cheveux comme elle. ~

Elle essayait tant bien que mal de me faire des vanilles, des tresses, pour que ça passe mieux. Mais, arrivée au collège, j'ai fait l'erreur de me défriser. Je portais tout le temps du gel, tous les jours, et je me coiffais d'un chignon plaqué.

C'est quand j'ai eu ma fille qu'un jour j'ai tout coupé. Elle avait 9 mois, j'ai décidé d'arrêter le défrisage. Son père biologique m'a lâchée pendant ma gros-sesse et, quand je me suis remise de cette relation, j'ai eu envie de changer et d'être moi. Et le fait que ma fille ait les cheveux frisés m'y a poussée.

Je ne voulais pas qu'elle fasse comme moi, qu'elle n'aime pas ses cheveux. Je me suis renseignée sur les produits, les dangers, ce que je pouvais mettre sur les cheveux de ma fille, sur les miens. Petit à petit, mes copines dont les enfants sont métissés m'ont demandé des conseils.

Et je ne savais pas du tout que j'avais ces cheveux-là. J'ai fini par créer une chaîne YouTube, « Je Suis Modeste », pour laquelle ma fille servait de modèle. Le naturel est mis en valeur, toutes les compositions naturelles. J'essaie de mettre en garde contre le marketing des marques qui se mettent au naturel tout en utilisant des composants qui abîment les cheveux.

~ Aujourd'hui, je suis heureuse, mon but est de renseigner les mamans et les papas pour que leurs enfants aiment leurs cheveux, c'est très impor-tant pour moi. ~

STEEVY GUSTAVE

Producteur engagé, 44 ans

Je suis né à Arpajon, dans l'Essonne, mais j'ai grandi dans le monde entier. Mon père était militaire de carrière, une espèce de manouche voyageur martiniquais qui emmenait sa tribu partout. Jai fait le Tchad, la Côte d'Ivoire, le Cameroun, les États-Unis et Tahiti... Quand mon père est décédé, à Djibouti, en service commandé, nous avons été rapatriés à Brétigny où se trouvait sa caserne. Et je suis devenu pupille de la nation.

Mes grands-parents sont américains d'origine cap verdienne. Ma mère m'a donné ce prénom en hommage à Stevie Wonder, dont elle est fan. J'ai fait une carrière de danseur hip-hop. À 17 ans, j'étais champion de l'Essonne avant de devenir champion d'Europe un an plus tard. Parallèlement, j'ai créé une association où j'entraînais les gamins à la danse et leur proposais du soutien scolaire. En 1992, peu après le décès de Michel Berger, j'ai rencontré France Gall et je suis devenu son chorégraphe pendant une dizaine d'années. Cela m'a ouvert à la variété française, une culture qui n'était pas la mienne. Et ça m'a surtout mené à la production d'événements.

J'ai notamment produit pour SOS Racisme le « concert pour l'égalité », sous la tour Eiffel, en 2011, le troisième plus gros concert au monde, qui a attiré 1 200 000 spectateurs. Ma grande fierté ! En 2001, j'ai décidé de m'engager en politique en me présentant aux élections municipales. J'ai construit une liste qui représentait la France sans me poser de questions, mais mes opposants m'ont qualifié de « petit chef de gang des cités ». J'ai été le seul élu de notre liste cette fois-ci, mais en 2008, je suis devenu adjoint au maire. Les municipalités aiment bien afficher le petit Black du coin, le petit mec associatif ou le musulman de service. Je ne me considère pas comme ça, j'ai fait mes preuves et je me suis battu pour avoir mon mandat.

Comme beaucoup, dans les années 1970, j'ai connu l'afro, puis les cheveux courts, jaune, orange, rasés d'un côté. Je me suis aussi rasé la tête en laissant une très longue tresse derrière, où j'ai accroché des plumes... Devenu danseur, je ne pouvais plus avoir n'importe quelle coupe. Je faisais beaucoup d'acrobaties, je tournais sur la tête, et les cheveux jouent beaucoup sur l'équilibre. ●●●

Rue Saint-Antoine, à proximité de la Bastille, IVe ~ *La prise de la Bastille est un symbole de liberté et d'un immense désir d'égalité et de fraternité. Cela a donné du sens aux deux concerts que j'ai produits sur cette place les 21 et 23 mai 2013 : pour le mariage pour tous et le droit de vote des étrangers.*

●●● Et en 1999, quand j'ai mis fin à ma carrière de danseur, je suis parti avec France Gall au Sénégal, sur l'île de Ngor. J'y ai rencontré les Baye Fall[1], les rastas africains, qui m'ont proposé plein de produits de soins pour mes cheveux. Pendant quelques jours, j'ai laissé mes cheveux à l'abandon. À mon retour en France, je n'ai pas réussi à les démêler, je les ai donc laissés pousser. C'est devenu un vrai symbole de liberté, et quelle économie de coiffeur !

Mes deux grands-mères me poussaient tout le temps à couper mes cheveux et ma mère se demandait aussi si j'allais rester comme ça après mes 40 ans.

~ J'ai passé toute ma vie à me battre contre la drogue et les dealers, mais ma coiffure est toujours associée à la drogue. Par ce look, j'étais ramené à ce que je dénonçais. Et quand j'ai été élu, les gens des quartiers étaient super fiers parce que je ne m'étais pas travesti, je représentais quelque chose pour eux. Lors du premier mariage que j'ai célébré, j'ai vu l'incrédulité dans les yeux des mariés, je sentais qu'ils craignaient que je ne gâche la cérémonie. Et tout s'est bien passé, si bien qu'à la fin plusieurs personnes voulaient prendre des photos avec moi, parce qu'ils trouvaient ça cool. ~ J'ai été élevé avec la série d'animation japonaise *Candy*, et son prince Anthony, qui était blond avec des cheveux longs comme tous les princes charmants. Et quand j'étais gamin, je voulais être le prince charmant des demoiselles. ~ Mes cheveux, maintenant, je peux les prendre et les mettre sur le côté, comme un prince charmant black. ~

1. Voir page 162.

Des racines sur la tête

Brigitte Sombié

ÉTONNANT

Dans notre monde d'images dont il ne faut pas dépasser les contours, il est souvent malaisé de s'emparer d'un volume et de se l'approprier, alors même qu'il fait partie de soi.

AÏE

Et le cheveu bouclé ne demande qu'à s'exprimer ! Cet « océan d'ébène[1] », pourquoi le dompter ? Quel prix à payer pour ressembler à une image qui n'est pas la sienne ? Des images peuvent-elles transcender des images ? On va essayer.

NATURE ET CULTURE (À L'ANCIENNE)

Peut-être faut-il fermer les yeux un instant, et le regard des autres n'existe plus. Même si toi, mon frère, tu me regardes avec plus d'insistance. Mais mon regard, où est-il passé ? Est-il parti loin ? Depuis longtemps ? Peut-être est-ce un vieil ami que l'on a peur de ne pas reconnaître.

COME AS YOU ARE[2]...

À l'heure où il faut être soi-même, et « *think different*[3] », c'est le moment rêvé pour opérer un retour sur ses racines, notamment capillaires. En tout cas, le marché est prêt à l'accueillir.

AFRICA !

Mais qui s'est amusé à inverser un arbre, j'ai des racines sur ma tête... Elles me relient au monde...
Il reste encore un peu de magie dans ce monde,
c'est une bonne surprise en chemin.

---

1. Baudelaire, *Les Fleurs du mal*, XXIII, « La chevelure ».
2. McDonald's ou Kurt Cobain, au choix.
3. Slogan Apple.

SOURIA ADÈLE

Comédienne

Je suis née à Bab El Oued, en Algérie, où travaillaient mes parents, des Martiniquais. Je suis arrivée en France à 2 ans et j'ai grandi à Bagneux (92). Avec mon bac éco, j'ai fait deux années de droit à Sceaux pour devenir avocate. Je dansais aussi, avec les Grands Ballets d'Afrique. Comme j'étais douée, j'ai lâché mes études pour la danse africaine. Pendant dix ans, jusqu'à la naissance de mon fils, j'ai fourni un vrai travail d'athlète, puis j'ai renoncé. Trop dur. À 36 ans, j'ai découvert la comédie et j'ai vite obtenu un petit rôle comme infirmière dans une série. Puis plus rien, ou seulement des rôles de femme de ménage... J'avais 40 ans et je n'avais pas fait des études de droit pour en arriver là !

En 1999, j'ai mis en scène *Marie-Thérèse Barnabé, Négresse de France* pour démonter les clichés racistes. Pendant près de dix ans, j'ai pu en vivre. J'y parlais déjà des cheveux car je suis de la génération défrisée au fer brûlant. En 2002, quand j'ai lu le récit de l'esclave Mary Prince, le texte m'a fascinée. Je réalisais que j'ignorais tout de l'esclavage, dont je suis pourtant descendante... J'ai les photos de mes ascendants blancs mais pas des Noirs. La distinction entre Noir et Blanc commence avec la traite négrière, donc il faut retourner aux origines. Parler de racisme sans parler de l'esclavage, c'est comme faire une chimio sans cibler la tumeur cancéreuse... Il m'est alors paru capital de monter un spectacle sur la vie de Mary Prince.

Mon cheveu est crépu et assez long. Ma mère a un peu la belle chevelure d'une mulâtresse. Enfant, elle me faisait de grosses nattes puis m'a défrisée vers mes 8 ans. À 14, j'ai découvert Angela Davis et j'ai porté mon afro pendant environ trois ans. Puis je les ai coupés très court, mais mon père n'aimait pas. Il disait : « C'est les Africaines qui font ça, tu n'as pas à le faire. » Vers 21 ans, j'ai choisi les nattes africaines, et là c'était ma mère qui râlait. Pour elle, ces nattes nous renvoyaient à l'Afrique. Cette génération a un vrai problème identitaire avec l'Afrique ! Je me suis beaucoup défrisé les cheveux à froid, jusqu'à mes 37 ans, mais quand j'ai eu un cancer du sein je les ai tous perdus. Alors, j'ai développé une aversion pour les produits chimiques et, depuis une dizaine d'années, je les garde naturels. ~ **Pour la télé ou le cinéma, il n'est pas évident de pouvoir imposer son afro. Sinon, il faut absolument ranger ce cheveu révolutionnaire, électrique, dissident et pas obéissant. Lors du dernier tournage, c'était compliqué parce que l'afro, trop volumineuse, faisait de l'ombre. Ma coiffeuse a perdu une grande partie de sa clientèle, qui délaisse le défrisage. Elle en est contrariée, mais moi, je n'ai plus de raison de fréquenter son salon. Mine de rien, c'est vachement économique, le cheveu naturel ! ~**

La basilique du Sacré-Cœur, XVIIIᵉ ~ *J'aime Montmartre car j'ai joué à la Manufacture des Abbesses, où j'ai interprété le rôle de Mary Prince, tiré du récit de cette femme esclave, le premier du genre, publié en Angleterre en 1831.*

Devant la Gaîté Lyrique, IIIe ~ *Où Dalys aime jouer régulièrement.*

URFE & DALYS KOUPAKI

Père & fils, comédien & auteur, 48 ans & 8 ans

URFE : Je suis né à Sucy-en-Brie, dans le 77. J'ai grandi dans les Yvelines mais ma famille vient du Bénin. Il y a vingt-cinq ans, à la sortie du lycée, j'ai monté deux troupes de théâtre avec des amis. Au départ, on produisait les autres et, petit à petit, je suis rentré dans l'apprentissage du métier d'acteur. Avec le théâtre, j'ai pu rencontrer des gens qui m'ont fait tourner dans des films. Aujourd'hui, j'écris, je conçois et j'assure le montage financier des pièces de théâtre. Je fais aussi des publicités, selon ce qu'on me propose. Et je suis photographe commercial pour Google. Comédien, c'est le métier le plus discriminatoire du monde : pour n'importe quel rôle, si on n'a pas la bonne tête ou la bonne connexion, c'est compliqué. Souvent, quand je me rends à des castings, on me demande pourquoi on m'y a envoyé, tout simplement parce qu'« on ne peut pas prendre un Noir » sur tel ou tel rôle.

Petit, mes cheveux passaient de la grosse afro aux coups de ciseaux de maman qui mettait la boule à zéro. À l'adolescence, j'ai commencé à faire toutes les conneries : les locks, les cheveux rasés sur les côtés... Vers 25 ans, j'ai commencé à les défriser – enfin, c'est ma mère qui le faisait. Et j'ai continué comme ça, pas très souvent, tous les six mois d'abord, et aujourd'hui tous les ans, voire tous les deux ans. Mes cheveux poussent, tombent... ~ **Finalement, depuis la nuit des temps, tous les peuples ont joué avec leurs cheveux, à les colorer, les friser, les défriser. Les personnes âgées se promènent avec des cheveux violets sans qu'on ne leur dise rien alors qu'on trouvait ça pas possible chez les punks.** ~ À sa naissance, Dalys avait vraiment peu de cheveux. Puis ils se sont mis à pousser à une vitesse phénoménale, et maintenant, il les porte comme ça depuis qu'il a 2 ou 3 ans. Dalys fait ce qu'il veut de ses cheveux. Ils sont tellement beaux.

DALYS : Je suis né à Paris, j'ai grandi rue de Clignancourt. J'aime bien le foot, le roller, la musique, l'écriture et les mathématiques, et aussi écrire à l'école. ~ **J'ai les cheveux longs depuis longtemps, parce que je les aime bien comme ça. En général, les gens m'en parlent même dans la rue, ils me disent qu'ils sont beaux. On m'appelle Tahiti Bob ou David Luiz. Hier, quand j'ai fait un tour de vélo, quelqu'un m'a dit : « T'as mis une perruque ou quoi, mon pote ? » Je lui ai répondu : « D'abord, je suis pas ton pote » et je suis parti. C'était un adulte.** ~

SELMA OUMARI

Libraire militante, 28 ans

Je suis née à Paris, j'ai grandi à Belleville. Mes parents sont algériens, avec un décalage générationnel important. Mon père, né dans les années 1920 ou 1930 – on ne sait pas exactement –, est arrivé en France en 1956, pendant la guerre d'Algérie. Durant le conflit, il a soutenu le Front de libération nationale (FLN), comme beaucoup d'immigrés algériens. Ma mère, beaucoup plus jeune, est arrivée en France dans les années 1980, juste avant ses 20 ans, avec la volonté de sortir de sa coquille : bosser, sortir, rencontrer des copines. Leur mariage a été arrangé, c'était fréquent à l'époque.

Nos parents ont tenu à tisser un lien avec l'Algérie, par la langue qu'ils nous ont transmise et les voyages là-bas chaque été. Ma mère n'a pas du tout les mêmes cheveux que moi ; dans la rue, on la prend pour une Indienne. Et moi on me prend pour tout sauf une Algérienne : une Antillaise, une métisse.

Certaines croyances arabes laissent entendre que les femmes enceintes transmettent leurs envies à leur bébé. Lorsqu'elle était enceinte, ma mère effectuait un stage d'aide-soignante, où elle côtoyait beaucoup d'Antillaises, dont elle adorait la chevelure. Elle a relié mes cheveux à cette admiration. Ce n'est pas facile en termes d'identification d'avoir une mère avec des cheveux longs et lisses de princesse. Et pour elle, c'était super compliqué à gérer et à coiffer : elle m'a fait des couettes, les a attachés... J'ai même eu la boule à zéro !

Et puis ensuite, elle a travaillé dans un supermarché de la rue de Belleville où elle s'est liée avec une Malienne qui me faisait des tresses. ~ En Algérie, les cheveux crépus sont considérés comme une maladie qu'il faut traiter. Ma famille, au bled, conseillait à ma mère de me défriser. Elle a refusé, considérant que ça n'était pas bon pour le cuir chevelu. Ce qui nous a sauvées, c'est l'existence d'une communauté noire à Paris qui sait comment on peut s'approprier ça.

J'ai défrisé mes cheveux à 18 ans. Quand j'étais petite, je rêvais de pouvoir me secouer les cheveux et le défrisage produit vraiment cet effet. C'était rigolo de changer de tête, mais juste une fois, pour voir ce que ça faisait d'avoir les cheveux lisses. Au lycée, j'avais une amie gabonaise qui m'a donné envie d'aimer mes cheveux, et m'a montré comment faire jusqu'à ce que je sache m'en occuper seule.

~ Quand tu portes une coupe de cheveux, dans cette société, tu ne peux pas ne pas affirmer quelque chose. Je ne peux pas dire que je suis noire, mais j'ai les cheveux crépus. C'est important de les montrer, de dire qu'ils sont là, sur ma tête. Et de ne pas se cacher, de ne pas avoir honte de soi-même, ce qui permet d'être sur un pied d'égalité. ~

Square Amadou-Hampâté-Bâ, X^e ~ *Belleville, mon quartier d'enfance. Certains le connaissent parce qu'il est devenu la* hype *du* fashion, *mais c'est surtout le lieu d'une immigration très mélangée. Pour moi, c'est le point de départ d'une vie de découvertes, un carrefour de rencontres.*

La Sorbonne, V^e ~ *Cet endroit est spécial pour moi, à la fois parce que j'y étais étudiante et en raison des contributions importantes réalisées ici par les intellectuels africains et d'ascendance africaine. Anna Julia Cooper, qui a soutenu sa thèse salle Richelieu, est devenue la quatrième femme noire aux États-Unis à avoir son doctorat, en 1924. Et en septembre 1956, le premier Congrès des écrivains et artistes noirs a eu lieu ici, à l'initiative d'Alioune Diop et de la revue* Présence Africaine.

TRICA KEATON

Professeure-chercheure

Je suis née dans l'Ohio et j'ai grandi dans une petite ville. Lors de mes études, j'ai déménagé en Californie. J'ai fait ce qu'on appelle aux États-Unis *undergraduate* à Ucla et mon doctorat à l'université de Californie à Berkeley. Entre-temps, j'ai fait des allers-retours, ici, en France, où j'ai aussi suivi mes études supérieures, en sociologie à l'université Paris-Descartes Sorbonne (Paris Cité) et à l'École des hautes études en sciences sociales.

Je me suis intéressée à la France un peu par hasard. J'ai découvert l'histoire des Noirs américains installés à Paris au XXᵉ siècle et cela a en partie inspiré mes recherches. Au départ, quand j'étudiais à la Sorbonne, je ne voyais que les prétendus « beaux quartiers ». Et la première fois que j'ai vu les quartiers qualifiés de « sensibles », cela m'a immédiatement fait penser à Chicago, structurellement. Quand j'étais plus jeune, ma mère s'occupait de mes cheveux. Comme toutes les mères de l'époque, elle faisait le pressing avec un peigne chauffé au feu pour les raidir. C'était vraiment douloureux. Il y avait quand même des salons de coiffure noirs et elle a commencé à défriser nos cheveux très jeunes : le défrisage était toujours assimilé à la beauté. J'ai aussi eu une grande afro à l'époque où c'était à la mode. Parfois, ça a été difficile à gérer, parce que ce n'était pas toujours bien vu dans ma ville, tout comme les autres styles de coiffure supposés « ethniques ». Je me souviens encore aujourd'hui d'un incident. Quand j'avais 17 ans, je travaillais dans un grand parc d'attractions de ma ville natale et je portais deux tresses. L'administration m'a dit que mes cheveux étaient trop ethniques, alors qu'une autre fille, blanche, avait la même coiffure. À l'université, je me tressais, c'était à la fois pratique et un lien historique avec la « terre mère », l'Afrique, un aspect important pour certains Noirs de la diaspora. ●●●

●●● En France, à l'époque où j'ai fait mes études à Pau et Bordeaux, il était difficile pour moi de trouver une coiffeuse. À Pau, il n'y avait rien. À Paris, il y avait des quartiers comme celui de Strasbourg-Saint-Denis, mais c'était quand même cher pour mon budget étudiant, donc je me suis coiffée moi-même – parfois des tresses ou mes propres cheveux –, et cela me plaisait. Je me rappelle à l'époque une pub pour shampoing hallucinante à la télévision française, où l'on voyait un homme blanc danser avec un mannequin. Au départ, elle avait des tresses. Grâce au shampoing, ses cheveux devenaient de plus en plus lisses, et elle, de plus en plus blanche... Cela illustrait toutes sortes de représentations et discriminations anti-Noirs auxquelles on se heurtait.

~ La coiffure de la femme noire, c'est toujours quelque chose de politique. Nos cheveux sont intrinsèquement politiques et perçus socialement comme un problème à régler. En même temps, une sorte de polyvalence nous permet de tout faire avec, et il y a de plus en plus d'espaces dédiés aux cheveux naturels. C'est génial car ça nous donne le choix. Le problème se pose lorsque les gens font la police des cheveux et jugent, en fonction de leur aspect, qui est plus ou moins africaine, plus ou moins militante. Pourtant, comme l'a dit la poétesse Maya Angelou : « Nous sommes des femmes. Phénoménales. Les femmes phénoménales, c'est nous. » ~

Nappex !

Extrait du spectacle *Moi et mon cheveu, cabaret capillaire*, présenté au festival de Marseille en 2011

TÉTÉ : Il y a quelques jours j'ai créé mon propre dictionnaire. J'y ai rentré des mots que des pairs ou moi-même avons créés pour qualifier certains phénomènes auxquels nous avons à faire face dans notre vie quotidienne. Aujourd'hui donc, solennellement, j'introduis le mot Nappex.

Non, il ne s'agit pas d'une contraction entre « nappe » et « Tipp-Ex », mais plutôt entre « *nappy* » et « extrémiste ». *Nappy*, ça veut dire crépue, entendez « *Natural and happy* ». Pour ma part, une *nappex* est généralement une jeune fille noire entre 16 et 25 ans, très branchée blogosphère, forums beauté et stars, en somme une fille « normale ». À ceci près qu'après avoir vu une vidéo sur YouTube, lu un article sur un blog à ce sujet, elle devient subitement convaincue que l'emploi de produits chimiques sur sa tignasse est un signe de la domination du Blanc sur le Noir, et que par conséquent, il faut le combattre à tout prix. Pire, elle croit qu'il est de son devoir, telle une combattante du jihad, de « convertir » ses consœurs à cette pratique. Elle qui était fana des coupes à la Rihanna il y a encore quelques semaines se permet maintenant de juger très sévèrement celles qui le sont encore, une fois qu'elle est devenue *nappy*.

Depuis près de trois à quatre ans, vous me les cassez avec vos regards moralisateurs à deux francs, votre attitude supra hautaine, comme si vous faisiez partie d'une caste de négresses à part depuis que vous avez croisé la route d'Erykah Badu.

Je n'ai rien du tout contre le fait de vouloir se plonger dans l'histoire de la négritude, parce qu'elle a été trop longtemps mise de côté pour des raisons que nous connaissons à peu près tous. Seulement, là où toutes ces choses ont commencé à me faire tiquer, c'est quand ces fameuses *nappex* se sont transformées en missionnaires chargées de répandre la bonne nouvelle. Soudainement, il était impossible de se promener sur un forum de beauté pour femmes noires sans qu'il n'y en ait une qui ouvre sa grande bouche pour nous dire « arrêtez de loucher sur les coiffures de Blanches, l'afro est la meilleure coupe à faire si on aime vraiment ses cheveux ». Oui, parce que la *nappex* adore te faire culpabiliser, et pour ça, elle n'hésite pas une tierce de seconde à mélanger tout et n'importe quoi, du moment que ça sonne cohérent à ses oreilles.

•••

●●● Alors, chères *nappex*, arrêtons les frais SVP, merci ! Je ne renie pas qu'il y ait certaines jeunes femmes qui soient totalement atteintes du syndrome Lil'Kim (effacer tout trait négroïde : nez épaté, peau noire, cheveux crépus), mais elles ne constituent pas la majorité. Et puis d'ailleurs, pourquoi une femme noire n'aurait pas le droit de jouer autant d'artifices que les Caucasiennes ? Pourquoi renvoit-on systématiquement la femme noire à la texture de sa chevelure et à sa couleur de peau ? On peut m'expliquer en quoi le fait de vouloir une frange lisse est semblable au fait de s'oindre d'eau de javel mélangée à des crèmes pseudo-éclaircissantes ?

Chères *nappex*, il faudrait que vous sachiez que tout le monde ne voit pas le monde sous un œil raciste, dans le sens d'un monde catégoriquement organisé en fonction des « races ». Par là, j'entends que l'on peut être noir, né en France, n'en avoir rien à foutre de Cheikh Anta Diop, ne voir en Aimé Césaire qu'un type qui a donné son nom à des rues/écoles. Au demeurant, je préfère que l'on trouve cela choquant pour un(e) Noir(e) de ne pas connaître ces illustres personnages parce que l'on considère que cela relève de la culture générale, et non parce qu'il est noir.

J'ai toujours eu la sensation que, dans l'absolu, les *nappex* veulent créer ce que j'appelle le code du bon Nègre, soit une espèce de charte qui comprend toutes les choses qu'un « vrai » Noir doit et ne doit pas faire, genre un vrai Noir aime forcément le poulet, un vrai Noir aime forcément les femmes noires sinon il est complexé, une vraie Noire est forcément croyante et pieuse, une vraie Noire ça n'écoute pas du rock, musique sataniste d'ailleurs...

Le Noir est bien le seul qui n'ait pas le droit à l'individualité. Tout ce qu'un Noir fait est toujours mis en parallèle avec sa communauté, avec sa race, sa tribu, son ethnie, son quartier... Un Noir se ridiculise ? Il a ridiculisé les Noirs. Un Noir gagne quelque chose ? Il a gagné pour tous les Noirs. Une fille noire refuse de garder ses cheveux naturels ? Elle stigmatise toutes les filles noires. C'est-à-dire qu'on reproche aux Occidentaux de toujours nous considérer comme un seul et même groupe, mais en attendant, on continue de répéter le schéma. Continuant donc sur cette lancée, pourquoi X ne pourrait-il pas avoir tout bêtement envie de changer de tête ou ne pas aimer les vanilles sans qu'on y voie l'empreinte du néo colonialisme ? Une femme noire, comme toutes les autres, pour moi, a le choix de soit vivre à la nègre, vivre à l'européenne, ou vivre entre les deux. C'est à elle et elle seule de décider de la couleur de son rouge à lèvres, de son vernis et de sa coiffure. Les cheveux sont un élément de coquetterie au même titre que les autres ; de ce fait, mélanger systématiquement problème d'identité socio-raciale et chevelure me paraît aussi pertinent que de construire un château de sable le jour d'une marée haute.

Vous les *nappex, sorry to break it down for you*, mais vous n'allez pas changer la perception des autres en arborant votre afro ou torsades *or whatever the name*. Si vous voulez une diversité des critères de beauté, créez un mouvement politico-idéologique, rentrez en Afrique et œuvrez sur place ; et puis tant qu'on y est, puisque vous luttez contre l'oppression occidentale, brûlez toutes vos fringues H&M, ressortez les pagnes et ne parlez désormais qu'en patois, là au moins votre lutte contre l'occidentalisation de l'Afrique aura été menée jusqu'au bout... Merci donc de ne plus vous sentir comme faisant partie d'une élite parce que vous luttez tous les matins pour rétablir un semblant d'ordre sur votre crâne. Et non, vous n'êtes pas forcément plus belles parce que vous êtes *nappy*, la texture de la chevelure n'est pas assez puissante pour modifier la structure de votre visage (*stop dreamin'*...). Et non, vous n'êtes pas plus intelligentes/ *smart*/« conscientes » parce que vous n'achetez plus de Dark&Lovely chez la Chinoise du coin. Et non, les hommes ne préfèrent pas forcément une femme qui ne porte pas d'extensions capillaires, ils disent qu'ils les font pour essayer de se démarquer, la plupart du temps.

Tout comme ceux qui disent aimer les brunes alors qu'ils ne sautent systématiquement que des blondasses. Bref, avoir des cheveux naturels ne vous place pas au-dessus des autres, *stop the foolishness*. Arrêtez de conférer à votre chevelure une espèce de pouvoir qui vous donne un statut à part. Vous n'êtes qu'une jeune fille qui a la coupe de cheveux un peu plus imposante que sa voisine de gauche, c'est tout.

Devenez *nappy* si ça vous chante mais, dans la mesure du possible, faites-le pour les bonnes raisons : parce que vous considérez que les tissages sont de véritables investissements, parce que vous avez envie de changer de tête, parce que vous avez tout simplement envie, comme un petit caprice de beauté que vous feriez en préférant une *french manucure* à la pose de vernis traditionnelle.

Dédramatisons, par pitié, ce ne sont que des cheveux après tout. Et si en tant que femme noire, on veut la même liberté que les autres, il faut déjà commencer par ne pas se tromper de combat et remettre les choses à leur place.

Quant à mes consœurs défrisées, adeptes de Lace et autres, si vous vous sentez à l'aise telles que vous êtes coiffées actuellement, ne vous laissez pas intimider, et marchez la tête haute, c'est le cas de le dire. •

Jardin du Luxembourg, VIe ~ *J'ai étudié à la Sorbonne Nouvelle, non loin de là.*
C'était mon premier contact réel avec Paris, la première fois que j'ai quitté ma banlieue lointaine.
Et c'est sur le boulevard Saint-Michel que j'ai enrichi ma collection de disques, chez Gibert Jeune.

YOUSSOUPHA

Rappeur, 35 ans

Je suis né à Kinshasa. À 10 ans, vu la situation instable du pays, on m'a envoyé faire ma scolarité en France auprès de ma tante. Je suis allé au collège puis au lycée en banlieue, à Cergy et à Sartrouville. La vie en banlieue, avec son lot d'injustices, m'avait rendu un peu aigri. J'étais un adolescent en résistance. En France, on m'avait dit que je devais vivre mieux, mais ce côté positif m'échappait... Après mon bac, j'ai étudié les lettres à la Sorbonne Nouvelle. Je me suis accroché aux études. C'était la première motivation de ma venue en France, et puis j'étais bon élève. La fac m'a sorti de mon ghetto de banlieusard et m'a permis de rencontrer des gens différents.

Quand j'étais plus jeune, j'écoutais beaucoup de musique. J'écrivais aussi, mais sans faire le lien avec l'envie de devenir artiste. J'ai entendu dans le rap une forme d'écriture assez spontanée, assez brute, qui me correspondait bien. Je pouvais parler de l'ascenseur en panne dans mon bâtiment, de mes potes, de ma vie au collège. C'est devenu ma passion, mon loisir, mais en faire mon métier... pas évident. Après mes études, je ne trouvais pas de travail, j'ai sorti un petit projet, un « street CD » qui a eu beaucoup de succès. Mes projets suivants ont fait beaucoup parler de moi.

Mes cheveux étaient durs à peigner, pas soyeux. Les peignes cassaient à l'usage et ça énervait ma tante. Elle traitait mon crâne de tous les noms. Tout ça me complexait. À la télé, même les Noirs du *Cosby Show* ou Michael Jackson avaient des cheveux souples. Avec l'émergence du rap français, on voyait de nouvelles têtes, mais dans leurs clips ils étaient tous « chauves », la coupe des jeunes renoi de banlieue. On avait tous une tondeuse à la maison et c'était plus économique. Et plus de questions à se poser ! J'avais lu dans un magazine que Jay-Z ne se coupait plus les cheveux quand il préparait un album. En 2011, j'ai laissé pousser les miens pendant le mois du ramadan, alors que j'étais en studio. Et puis j'en ai eu marre d'être le cliché de tous les rappeurs : jeune, noir, banlieusard, cheveux rasés. On se ressemblait tous. Ma coiffure est devenue aussi une question de différenciation. ~ J'ai appris à aimer ma chevelure, à la mettre en valeur. Personne ne m'avait jamais appris ça. On m'a plutôt nourri de complexes par rapport à mon nom, mon parcours, mes origines. Cela peut conduire à croire qu'on a un statut culturel inférieur. J'avais besoin d'aller au bout de ça, comme lorsque j'ai adopté Youssoupha comme nom d'artiste. À l'école, la moitié de mes professeurs n'arrivait pas à le prononcer. J'ai voulu faire une force d'un complexe imposé. Récupérer une authenticité censée être une tare à la base. ~

SHIRLEY SOUAGNON

Humoriste, 28 ans

Je suis née à Clichy-la-Garenne. Ma mère est ivoirienne et mon père, d'origine alsacienne, est né lui aussi en Côte d'Ivoire. Puis j'ai grandi un peu partout : à Asnières, à La Flèche (Sarthe), en Picardie, en Angleterre, en Seine-et-Marne, puis aux États-Unis et retour à Paris.

J'ai commencé la comédie à 8 ans. L'agence de mon oncle, comédien, cherchait une gamine comme moi pour une pub. En faisant le casting, j'ai kiffé d'être devant la caméra. Ils m'ont prise direct. Après quelques pubs, j'ai tourné dans *Navarro* et des téléfilms. Jouer la comédie enfant, c'est génial. Même pendant les matchs de basket, je faisais le show. J'avais appris des mouvements aux States et les gens faisaient « Ooooh ! ». À Paris, j'ai fait du théâtre pendant deux ans mais ça m'a vite saoulée. Trop de sérieux tue le sérieux. Je me suis lancée dans l'humour et je n'ai plus jamais arrêté.

Petite, mon père me coiffait – des tresses avec le fameux fil. Ma mère n'étant pas souvent là, ça lui prenait du temps. Finalement, il m'a rasé la tête pour ne pas se prendre la sienne. Vers 13 ans, j'ai commencé à les coiffer toute seule. Au basket, on avait toutes des tresses collées, comme les basketteurs américains, donc c'était cool. Je me faisais aussi des vagues. En grandissant, j'ai cherché la coupe qui me corresponde le mieux.

D'abord le défrisage, à l'adolescence, mais avec des croûtes comme ça ! Une coupe de Blanche sur une tête de Noire, c'était juste dégueulasse. J'ai tâtonné, en cherchant quelque chose à porter tout le temps et qui me laisse tranquille le matin. Par exemple, les locks à partir de vanilles. Dans la rue, quand on me dit « rastafari ? », je réponds juste « ouais ». Je n'ai pas envie de m'expliquer. ~ Cette coupe, je l'ai cherchée depuis mes 12 ans. Je ne voulais plus d'entretien quotidien, mais je n'avais pas envie non plus d'enfiler une perruque. Dans ma famille de métis, côté Black, tout le monde met des perruques. La coupe Playmobil, ça se voit ! On dirait qu'ils sont malades… J'ai vraiment été choquée quand j'ai découvert le délire des perruques et de la peau éclaircie. ~

Dans mon spectacle, je parle de féminité et souvent les gens me disent qu'être féminine, c'est avoir des cheveux longs et lisses. Mais une Noire qui a ces cheveux-là, elle porte une perruque ! Ça n'existe pas, des femmes noires blondes. On doit pouvoir faire comprendre aux femmes que leurs cheveux naturels sont beaux. Après, elles font leur choix. Dans mon milieu, la télé, je sais qu'on a demandé à des renoi de renoncer à leur afro. Moi, on ne m'a jamais demandé ça, parce que je suis humoriste, donc je peux avoir une coupe marrante…

Rue Doudeauville, une cour d'immeuble, XVIIIe ~ *Je suis venue dans ce quartier il y a sept ans. J'ai kiffé direct son côté village, le fait de voir des artistes, des drogués, des chômeurs, des journalistes... Il y a de tout, comme dans mes spectacles.*

Boulevard Saint-Marcel, XIIIe ~ Naïma : *J'habite le XIIIe depuis près de cinq ans. J'aime bien ce quartier multifacettes : le côté chic, étudiant, très touristique, le côté très populaire et Chinatown. C'est un quartier vivant où il se passe plein de choses.*

NAÏMA BELHADJ & ORSA DJANADO

Mère & fille, assistante d'éducation, 37 ans, & étudiante, 19 ans

NAÏMA : Je suis née au Maroc, dans une ville du Rif, Al Hoceïma, mais je suis arrivée en France à l'âge de 18 mois avec mes parents, qui habitent toujours à Paris, XVIIIe. Quand on m'interroge sur mon identité, je me sens parisienne avant tout. J'ai fait toute ma scolarité à Paris. J'ai eu ma fille à 18 ans, l'année du bac... donc j'ai redoublé, puis je suis allée à la Sorbonne pour préparer un diplôme de LEA (langues étrangères appliquées) anglais et espagnol. Mais j'ai arrêté au niveau du deug. Aujourd'hui, je travaille pour le rectorat, en intervenant auprès d'enfants scolarisés en situation de handicap.

Comme beaucoup, enfant, j'ai eu un rapport catastrophique à mes cheveux. De toute ma famille, cinq enfants et parents, je suis la seule à avoir les cheveux châtains et frisés. Ceux des autres sont tous raides et noirs. Une horreur pour ma mère, qui ne savait pas du tout les traiter, ni les coiffer. Chez ma sœur, ça durait cinq secondes. Chez moi, ça s'emmêlait et n'en finissait pas. J'ai fini par développer un complexe car je me sentais trop différente d'eux. Plus tard, le coiffeur ne savait pas non plus comment s'y prendre. Il m'a fait une espèce de carré triangulaire au-dessus des oreilles. Une vraie catastrophe. À la repousse, j'ai découvert de jolies boucles et j'ai trouvé que ça m'allait bien. Je me suis sentie beaucoup mieux. En fait, j'ai découvert le potentiel esthétique de mes cheveux à l'âge de 16 ans. Et depuis, je suis très contente d'avoir les cheveux frisés. Dans mon lycée (Jacques-Decour, dans le XVIIIe arrondissement), au milieu de 3 000 élèves, j'aurais pu passer inaperçue, mais avec ma coiffure originale, on me trouvait du style, que j'ai cultivé dans les vêtements et le maquillage. Pour autant ma mère n'appréciait pas, elle trouvait ça négligé. ~ **Quand je me fais un brushing, mon père dit toujours une phrase marrante : « Ben voilà, c'est bien, tu as discipliné tes cheveux. » Au Maroc, on me prend pour une Espagnole, une Italienne ou une excentrique, mais jamais pour une Arabe. La majorité des Maghrébines veulent se défriser ou se brosser les cheveux. Ça prouve qu'il y a vraiment un problème.** ~ •••

●●● Ce problème, je l'ai retrouvé quand j'ai commencé à travailler. Impossible de porter mes cheveux frisés. J'étais assistante pédagogique dans une école de commerce et on me faisait pas mal de réflexions. ~ **Un jour, une collègue, blanche et blonde, est venue au bureau avec une permanente, donc les cheveux frisés. Tout le monde l'a complimentée pour cette mise en beauté. Qu'une Blanche se permette cette petite frivolité, c'est chouette, mais nous, dont c'est la vraie nature, nous ne pouvons pas l'assumer au travail !** ~ Si on voulait démontrer que l'identité française n'est pas reconnue dans un large panel... Pourtant, je suis française, on est français, mais on n'a rien à voir avec les prototypes aux cheveux raides. Ça fait mal...

ORSA : Je suis née à Montreuil et j'ai grandi dans le XIXᵉ arrondissement. Mon père vient du Togo. J'ai toujours été bouclée. Ma mère me coiffait tout le temps, m'appliquait des soins, me faisait des nattes, etc. Ça me saoulait, c'était douloureux et désagréable de rester assise aussi longtemps. Je m'en fichais de l'apparence de mes cheveux. C'est au collège que c'est devenu problématique, parce que je me suis retrouvée complexée dans un environnement différent. Mes copines africaines me parlaient de défrisage. Et un jour, alors que j'étais en vacances avec ma grand-mère paternelle, elle m'a défrisée parce qu'elle n'arrivait plus à me coiffer. Sur le coup j'étais trop contente, je kiffais d'avoir les cheveux lisses. Mais, au bout de deux semaines, j'ai vu le revers de la médaille. Mes cheveux n'étaient plus les mêmes. À chaque shampoing, ils avaient une odeur de produits chimiques, de brûlé. Si je passais la main dans ma chevelure, tout tombait. À mon retour à Paris, la repousse était horrible : frisés à la racine et lisses au-dessus. Des sortes de queues de rat. Trop moche et trop dégoûtant. Et j'ai recommencé à tout défriser. Le cercle infernal ! Après, j'ai tout coupé et j'ai fait ma deuxième grosse erreur capillaire, en me lissant tous les jours, toujours sous l'influence de la comparaison avec mes copines. ~ **Et finalement, c'est le mouvement *nappy* qui m'a libérée ! Libérée aussi de l'humiliation subie chez un coiffeur qui a refusé de me coiffer. Maintenant, grâce aux blogs, on peut s'entraider, et ma mère me fait profiter d'une gamme d'huiles qu'elle rapporte du Maroc. Mes cheveux sont une fierté et une richesse.** ~

Mouton

Extrait du livre de Zeina Abirached

ZEINA ABIRACHED

Auteure & dessinatrice, 34 ans

Je suis née à Beyrouth, un beau bébé avec une bonne tignasse noire. J'ai grandi au Liban et vis en France depuis dix ans. À Beyrouth, j'étudiais le graphisme et voulais me lancer dans quelque chose de créatif. Je m'essayais à la bande dessinée, mais au Liban, il n'y a pas d'éditeur spécialisé, et comme j'aime la littérature française, je suis venue à Paris. Au bout d'un an, j'ai réussi, j'en ai fait mon métier et je suis encore là.

Mon goût pour le dessin m'est arrivé tardivement ; quand, en fait, j'ai eu quelque chose à raconter. Après la guerre civile, alors que Beyrouth se reconstruisait, les lieux de mon enfance s'effaçaient. Avec la BD, j'ai raconté non le conflit politique, mais la vie quotidienne pour sauver cette ville qui tendait à disparaître, alors que je n'avais que 20 ans.

Mon rapport à mes cheveux était catastrophique. Ils étaient courts. Une vraie tête de mouton ! Le pire fut ma première visite chez le coiffeur. Je croyais qu'il allait me faire une chevelure de princesse. J'étais excitée mais, en fait, ce fut l'une des grandes déceptions de ma vie. Ma mère, qui n'a pas les cheveux bouclés, ne savait pas me coiffer. Elle brossait ma tignasse tous les matins et j'arrivais à l'école avec un volume comme ça.

Vers 15 ans, j'ai voulu reprendre les choses en main. Au Liban, toutes les filles se lissent les cheveux et font des brushings. Le coiffeur de ma rue était mon ennemi juré. Quand je passais, il bondissait de son salon de coiffure : « Rentre, rentre, je vais te lisser les cheveux ! » Je rusais pour l'éviter ou alors je rasais les murs. Les rares fois où j'ai cédé, à mon retour à la maison, j'ai passé ma tête sous l'eau. Je ne me reconnaissais pas dans le miroir.

~ Au Liban, je résistais à cette uniformisation à l'occidentale sans pour autant trouver mes cheveux beaux. Plus tard, à Paris, quand les gens m'ont arrêtée dans la rue pour me dire « vous avez des beaux cheveux », je me suis dit « ils sont fous ! ». Jamais on n'avait porté un regard positif sur ma chevelure. Là, j'ai enfin réalisé que ça pouvait être un truc de séduction. ~

J'ai écrit un film d'animation, *Mouton*, en référence à mon surnom d'avant, Tête de mouton. C'est devenu un livre pour enfants[1]. L'histoire universelle d'une fille qui dissimule ses cheveux sous des chapeaux et des turbans. Comme moi, qui prenais les jupes de maman et les mettais sur ma tête pour imiter une chevelure de princesse. *Mouton*, c'est un parcours identitaire. La petite finit par comprendre que ce mouton est en elle et qu'elle doit l'apprivoiser.

1. *Mouton*, Cambourakis, 2012.

Rue Férou, VIᵉ ~ *J'ai choisi ce lieu parce qu'il y a « Le Bateau ivre » de Rimbaud inscrit sur un mur et je trouve ça très beau. La poésie, comme ça, sur un mur, c'est gratuit. Au Liban, en général, on voit des choses plutôt revendicatrices sur les murs, des slogans, etc. Et là, d'avoir ça... Oui, c'est chouette.*

Parc de Belleville, XXᵉ ~ *Dans son quartier.*

FAROUK MANSOURI

Consultant en informatique, 46 ans

Je suis né en Algérie, où j'ai grandi. Mon diplôme d'ingénieur en poche, j'ai décidé de continuer mes études en France, en 1993. J'ai été accepté à l'Insa de Lyon, où j'ai préparé un DEA en informatique, et une maîtrise de cinéma en parallèle, avant de faire une thèse en informatique. Je suis à Paris depuis 1998.

Petit, j'aimais les cheveux courts. Mais chaque été, mon père coupait tout et alors, pour me révolter, j'ai plutôt eu envie de les laisser pousser. À partir du collège, il a cessé de nous faire subir ça. Quand mes cheveux sont longs, je deviens un « mouton », comme disent les enfants. J'aurais préféré qu'ils me tombent sur les épaules plutôt qu'ils ne montent mais, à part ça, je n'ai pas de problèmes avec mes cheveux frisés.

Je revendique mon individualité – pas mon individualisme ! Je cherche mon chemin, je le trace et j'avance tant que ça n'attente pas à la liberté des autres. Le regard des autres n'est pas important, il faut que je me sente bien dans mon esprit et dans mon corps. Je m'accepte, corps et cheveux, tel que je suis, et je ne vois pas pourquoi je les changerais.

~ Et puis, il y a un message politique. En dehors de la sphère privée, je pense que tout est politique. Dans le contexte actuel de repli identitaire, ce message invite à accepter l'autre dans sa différence. Par mon métier, je suis en contact avec une clientèle. On ne me l'a pas dit explicitement, mais ça doit certainement surprendre de voir arriver une personne qui a des cheveux comme ça. ~

Dans ce mouvement vers le naturel, il y a un retour en arrière pour chercher quelque chose, des racines. Ne pas faire abstraction du passé, toujours comprendre d'où l'on vient pour transmettre une mémoire collective et avancer en harmonie avec elle. Mais parfois, certains mouvements, au lieu d'aller du spécifique vers l'universel, font le chemin inverse, et là, danger ! Si le mouvement *nappy* permet de revenir à des racines pour défendre le particulier, ça me gêne. Sinon, je n'y suis pas opposé. Mais à titre personnel, je ne souhaite pas prendre position. C'est la liberté de chacun. Ce choix est aussi en lien avec le rejet de certaines personnes en provenance de certains pays. Ce positionnement vise à essayer de faire bouger le curseur un petit peu plus à gauche.

VANESSA DOLMEN

Comédienne & animatrice, 37 ans

Je suis née à Paris, j'ai grandi en région parisienne. Ma famille vient de la Martinique et ma grand-mère était à moitié indienne. J'ai été une bonne élève : j'ai obtenu un bac littéraire option langues et une maîtrise d'anglais lettres, langues et civilisations étrangères. Quand j'étais gamine, je voulais absolument parler l'anglais. En grandissant, mes rares *role models* vus dans les médias venaient des États-Unis. Mes études d'anglais constituaient donc une espèce d'aboutissement.

Pendant mon cursus à la fac, on m'a abordée pour participer au pilote d'une émission culturelle en anglais. Plus tard, Canal+ m'a contactée et j'ai réussi le casting de la météo. Puis j'ai présenté plusieurs émissions pour France Télévisions, dont *Intervilles* et le Loto, et j'ai eu mon talk-show sociétal, *VIP Club*, sur Demain TV. J'ai aussi une formation de comédienne, passée chez Art'aire Studio, Acting in English chez Blanche Salant et Paul Weaver, puis au Studio Pygmalion pendant un an. Récemment, j'ai joué dans un court-métrage primé. Si j'ai été un symbole ? Peut-être. Je faisais juste mon boulot, mais j'en mesurais l'importance à la réaction des gens issus des minorités visibles.

Vers 17 ans, j'ai défrisé mes cheveux, même si ma mère s'y était opposée. Je rêvais d'avoir les cheveux, bien lisses, de la chanteuse Sade. Plusieurs fois j'ai voulu revenir au naturel, à cause du coût de l'entretien et de la fragilisation de mes cheveux. Pendant ma grossesse, j'ai eu une prise de conscience, puisque mon enfant allait être métis. Une fille avec les cheveux crépus n'aurait pas compris que sa maman, sa référence, ait les cheveux lisses. Une question de cohérence, pour l'aider à être bien. Je ne fais pas du militantisme, je dis juste qu'il y a d'autres options.

~ Quand j'ai coupé mes cheveux, j'ai eu une toute petite afro et, d'un coup, je me suis sentie comme... redressée. J'avais un sentiment de liberté et même de force, comme si j'étais en accord avec moi-même à ce moment-là. J'étais moi. ~

J'avais débuté à Canal+ et France Télévisions avec les cheveux raides, mais ce n'était pas un impératif. On m'a dit juste une fois qu'il faudrait que je me « trouve un style », ce que je n'ai jamais entendu avec mes cheveux afro. Il y a une image façonnée par notre époque, par les médias. OK, la beauté aujourd'hui c'est Beyoncé, mais les gamines aussi sont jolies et n'ont pas à altérer leur nature. Quand j'emmène à l'école ma fille de 6 ans, je vois des petites défrisées. J'en voyais déjà en maternelle... Avec les cheveux naturels, on peut faire beaucoup de choses, mais les hommes et les femmes ne réalisent pas toujours cet éventail de possibilités. Et la liberté qui s'offre à eux !

Rue Censier, V^e ~ *J'étais à la fac pas très loin d'ici, à Censier. J'ai eu le grand plaisir d'accéder
à toute la littérature noire américaine en VO. Pendant mon cursus à Censier, j'ai obtenu une bourse
pour les sessions d'été à l'université de New York. Je faisais ma maîtrise sur le cinéma de Spike Lee,
or c'est là-bas qu'il avait fait ses études. Il y avait un côté un peu mythique.*

REMERCIEMENTS

Rokhaya Diallo

Je remercie toutes celles et tous ceux qui se sont généreusement
livrés à travers leur portrait, ainsi que tous les artistes dont les
textes éclairent les pages de ce livre.

~

Je remercie particulièrement mes amies Fatima Aït Bounoua,
fidèle relectrice, ainsi que Maboula Soumahoro & Virginie Sassoon
pour leurs contributions.

~

Merci à Julien Sombié pour les transcriptions & à Mélissa Biney
pour ses informations sur les formations en coiffure.

~

Grand merci à mes partenaires
Polished Hair Care et Make Up For Ever.

~

Merci à ma chère Yasmina Edwards
pour son soutien permanent.

~

Je tiens également à remercier la précurseure Juliette
Smeralda pour ses travaux, qui représentent une grande source
d'inspiration.

~

Et, *last but not least,* grand merci à ma talentueuse coauteure
Brigitte Sombié, qui a accepté sans hésiter de me suivre
dans cette riche aventure.

Brigitte Sombié

Je me joins à Rokhaya pour remercier tous les gens
qui se sont livrés pour la bonne cause.

~

Je remercie Édouard Sombié pour son aide
quant au rendu des images.

~

Et je remercie Philippe Chèvre de m'avoir mise sur ce chemin.

ISBN : 978-2-35204-461-1
Dépôt légal : octobre 2015

Achevé d'imprimer en Union européenne par Leporello en septembre 2015.